Charles Fergus stammt aus Pennsylvania. Mit seiner Familie lebt er dort in einem Steinhaus, das er selbst errichtet hat. Sein großes Interesse an Naturgeschichte und seine Verbundenheit mit der Natur kommen in seinen zahlreichen Veröffentlichungen zum Ausdruck. Seit zwanzig Jahren ist er als freier Autor tätig, und seine Bücher über seltene Tiere und Naturschutz haben in den USA begeisterte Aufnahme gefunden. Seine besondere Liebe gilt Island, das er in den letzten Jahren wiederholt bereiste.

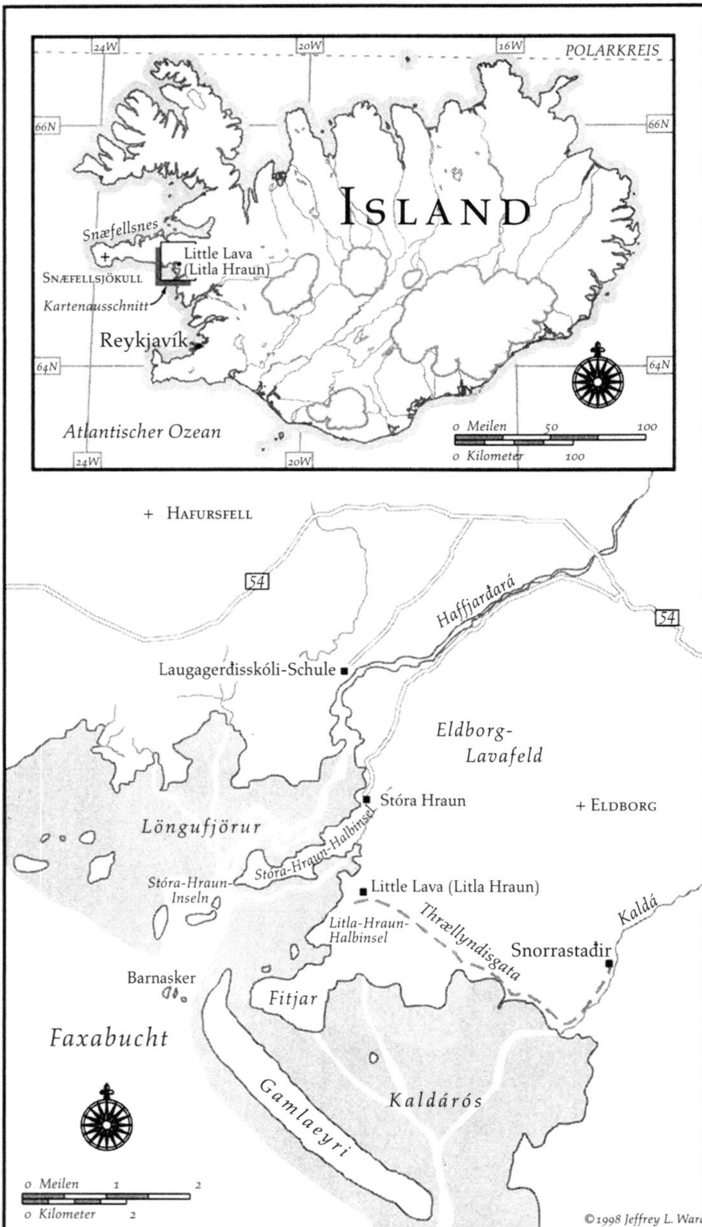
24W
20W
16W
POLARKREIS
66N
66N
ISLAND
Snæfellsnes
Little Lava
(Litla Hraun)
SNÆFELLSJÖKULL
Kartenausschnitt
Reykjavík
64N
64N
Atlantischer Ozean
0 Meilen 50 100
0 Kilometer 100
24W
20W
HAFURSFELL
54
Haffjarðará
54
Laugagerðisskóli-Schule
Eldborg-
Lavafeld
Stóra Hraun
ELDBORG
Löngufjörur
Stóra-Hraun-Halbinsel
Stóra-Hraun-
Inseln
Little Lava (Litla Hraun)
Litla-Hraun-
Halbinsel
Thrællyndisgata
Kaldá
Snorrastaðir
Barnasker
Fitjar
Faxabucht
Kaldárós
Gamlaeyri
0 Meilen 1 2
0 Kilometer 2
©1998 Jeffrey L. Ward

CHARLES FERGUS

EIN SOMMER AUF ISLAND

Rückzug in die Einsamkeit

Aus dem Amerikanischen
von Thomas Bauer

NATIONAL GEOGRAPHIC
FREDERKING & THALER

Wir danken dem Steidl Verlag für die Abdruckgenehmigung der Zitate aus:
Halldór Laxness: Am Gletscher, Göttingen 1989.

Bibliografische Information Der Deutschen Bibliothek

Die Deutsche Bibliothek verzeichnet diese Publikation in der Deutschen Nationalbibliografie; detaillierte bibliografische Daten sind im Internet über http://dnb.ddb.de abrufbar.

NATIONAL GEOGRAPHIC ADVENTURE PRESS
Reisen · Menschen · Abenteuer
Die Taschenbuch-Reihe von
National Geographic und Frederking & Thaler

2. Auflage Juli 2005

Titel der Originalausgabe: Summer at Little Lava
erschienen bei Farrar, Straus & Giroux, LLC., New York

Aus dem Amerikanischen von Thomas Bauer
Fotos: Innenteil: Charles Fergus, wenn nicht anders vermerkt,
Cover: Gary Thornbloom (oben), Petra Dorkenwald (unten)
Illustrationen: Pétur Baldvinsson
Lektorin: Gudrun Honke, Bochum
Umschlaggestaltung: Dorkenwald Grafik-Design, München
Herstellung: Caroline Sieveking, München
Druck und Bindung: Clausen & Bosse, Leck
Printed in Germany

ISBN 3-89405-208-2
www.frederking-thaler.de

Das Papier wurde aus chlorfrei gebleichtem Zellstoff hergestellt.

Zum Gedenken
an Ruth Foote Fergus
und Claire Aldona Gallagher

Wie im amerikanischen Original
ist auch in der deutschen Übersetzung
der isländische Konsonant »thorn«
(das stimmlose th) als »th« wiedergegeben.

Inhalt

Wer niemals eine Sommernacht in Island durchwacht hat,
der hat nicht gelebt.

Aus einem isländischen Gedicht

Der Weg nach Little Lava

Zwei Wege führten nach Little Lava. Der längere, der fast eine Stunde dauerte, schlängelte sich durch morastiges Weideland und führte über einen Ausläufer des Lavafelds, das an das Anwesen grenzte. Jetzt herrschte Ebbe, und ich konnte den direkten Weg über das Watt nehmen: ein Fußmarsch von 20 Minuten.

Ich zog meine Gummistiefel an und schlüpfte mit den Armen durch die Gurte meines Rucksacks. Hinter der Kiesfläche, auf der ich das Auto geparkt hatte, war der Boden durchweicht und bebte unter meinen Schritten. Breitbeinig, um nicht das Gleichgewicht zu verlieren, stapfte ich über die sumpfige Wiese und durch einen seichten Tümpel.

Die Landschaft um mich herum war mit grasbewachsenen, fußball- bis sofapolstergroßen Hügeln übersät. Solche Hügel sind typisch für die ländlichen Regionen Islands und werden als *thúfur* bezeichnet. Ein *thúfa* entsteht, wenn das Wasser im Erdreich gefriert: Das Eis dehnt sich aus und wirft die Erde auf. Ich stolperte und taumelte über das Thúfur-Feld. Die Isländer nennen diese Form der Fortbewegung *thúfnagangar* oder »Thúfa-gehen«. Es heißt, ein Bauer sei in der Stadt daran zu erkennen – abgesehen von seinem staubigen Mantel –, wie er über ebenes Pflaster stolpert und taumelt.

Ich blieb schwankend stehen, als zu meinen Füßen, in einer grasbewachsenen Spalte zwischen zwei Thúfur, eine Schnepfe aufflatterte. *Skäp-skäp-skäp*, schrie sie. Sie hatte einen nadelspitzen Schnabel, einen rostbraunen Rücken und schmale Flügel, die auf halber Länge nach hinten abknickten – die Flügel rauschten, als der Vogel dicht über dem morastigen Boden im Zickzack davonflog.

Ich setzte mich wieder in Bewegung und marschierte auf das Haus auf dem Hügel zu.

Auf meiner Karte war diese Stelle mit einem Kreuz und dem Namen *Litla Hraun* in Klammern eingezeichnet. Das Kreuz und die Klammern bedeuteten, dass es sich bei dem Gebäude um ein *eyđibýli* handelte, ein verlassenes Anwesen. Während des bevorstehenden Sommers sollte es mir, meiner Frau und unserem Sohn als Domizil dienen.

Litla bedeutet im Isländischen »klein«; *hraun*, ausgesprochen als kehliges »Hroin«, bedeutet »Lava« oder »Lavafeld«.

Wir nannten es »Little Lava«.

Little Lava lag an der isländischen Küste, etwa 80 Kilometer nördlich von Reykjavík, und war mindestens sechs Jahrhunderte lang ein Bauernhof gewesen. Die letzten Bewohner hatten ihm unmittelbar nach dem Zweiten Weltkrieg den Rücken gekehrt. Wie so viele Isländer waren sie in die Stadt gezogen und hatten die Landwirtschaft zugunsten von wöchentlichen Gehaltszahlungen, elektrischem Licht, Kühlschränken, sanitären Anlagen, Telefonanschlüssen und Straßen aufgegeben – Annehmlichkeiten, die es niemals über diesen hinderlichen Sumpf geschafft hatten.

Ich hatte meine ganz persönlichen Gründe, weshalb ich nach Little Lava gekommen war, und meine ganz persönlichen Erwartungen: Ich wollte die Einsamkeit genießen, Vögel beobachten, den heilsamen Hauch des Windes im Gesicht spüren und die Tage einen nach dem anderen leben, die langen hellen Sommertage im hohen Norden.

Das Haus stand auf einer grünen Kuppe, die einem großen Thúfa glich. Es war klein und grau, und seine Mauern waren nicht gestrichen. Dahinter erstreckte sich ein dunkles Lavafeld. Im Westen lag eine graue Linie: die Bucht. Das Haus selbst sah aus wie ein Lavabrocken, der aus dem Strom ausgebrochen war, oder wie eine wertlose Kiste, die an Land gespült und von der Ebbe zurückgelassen worden war.

Es war Ende Mai, an der Schwelle zwischen Frühling und Sommer. Ich war zwei Wochen vor meiner Frau Nancy und unserem Sohn William nach Island geflogen. In Reykjavík hatte ich bei unserem Freund Thórđur gewohnt, einem weltgewandten und kosmopolitischen Mittdreißiger, der seinen Lebensunterhalt mit dem Import und Verkauf langer Unterwäsche aus Schweden verdiente. Thórđur wohnte mit seinen Eltern in einem modernen, geräumigen Haus in einem Vorort von Reykjavík namens Seltjarnarnes.

Isländische Ortsbezeichnungen sind meist nüchtern. Seltjarnarnes bedeutet »Seehund-Teich-Halbinsel«, Reykjavík heißt »Rauchende Bucht« – in Anlehnung an den Dampf, den frühe Siedler aus der vulkanischen Erde aufsteigen sahen.

Im Haus von Thórđurs Eltern war ich im Gästezimmer untergebracht, dessen Fenster auf die Faxaflói, die Faxabucht, hinausblickten. Auf der anderen Seite der Bucht, in etwa 100 Kilometern Entfernung, erhob sich eine lange Kette Berggipfel, die das Rückgrat von Snæfellsnes, der »Schneeberg-Halbinsel«, bildeten. Little Lava befand sich dort, wo Snæfellsnes mit dem westlichen Festland verbunden war.

Thórđur führte mich durch Reykjavík und half mir dabei, die erforderlichen Behördengänge zu erledigen, ein Bankkonto zu eröffnen und ein Auto zu kaufen.

Ich wollte so schnell wie möglich nach Little Lava. Also packte ich Kleider und etwas Proviant in meinen Rucksack, verstaute ihn zusammen mit meinem Faltkajak im Wagen und fuhr in nördlicher Richtung aus der Stadt.

Hundert glucksende Schritte nachdem ich die Schnepfe aufgescheucht hatte, schreckte ich zwei Furcht einflößendere Vögel auf: Schmarotzerraubmöwen, etwa so groß wie Krähen, mit grauschwarzem Rücken und hellgrauem Bauch. Flatternd erhoben sie sich vom morastigen Boden und flogen ohne zu zögern auf mich zu. Zwischen ihren langen Flügeln baumelten mit Schwimmhäuten versehene Füße. *Kiejau-kiejau!*, schimpften sie. Ich duckte mich, als eine von ihnen auf mich zugeschossen kam – das Geräusch ihrer Flügel klang, als würde jemand ein Bettlaken über meinem Kopf zerreißen. Offenbar befand sich das Nest der Möwen ganz in der Nähe, doch die beiden dunklen Biester hatten mich so eingeschüchtert, dass ich es vorzog, nicht danach zu suchen. Ich marschierte weiter, wich den Thúfur aus und duckte mich vor den Möwen. Nach einer Weile ließen die Vögel von mir ab, flogen zurück und landeten auf einem Felsen in der Nähe meines Autos.

Da wir diesen Weg nach Little Lava noch oft in beide Richtungen zurücklegen würden, war ich froh, dass es sich um Schmarotzerraubmöwen und nicht um Große Raubmöwen handelte. Große Raubmöwen sind graubraune Kolosse, die doppelt so groß werden wie Schmarotzerraubmöwen. Wenn eine Große Raubmöwe ihr Nest verteidigt, nähert sie sich geräuschlos im Gleitflug und rammt einem von hinten ihren Schnabel oder ihre Krallen gegen den Kopf. Angeblich kann man durch die Wucht des Aufpralls das Bewusstsein verlieren.

Wo Sumpf und Watt aufeinander trafen, war eine mehr als einen Meter hohe Stufe im Boden. Eine Rinne führte hinunter zum Watt. Der morastige Uferbereich bestand aus Torf, einer komprimierten, kaffeefarbenen und vor Feuchtigkeit triefenden Masse, die von geschwärzten Zweigen und Wurzeln gefleckt war. Island ist zu einem Zehntel von Torfmooren bedeckt, was etwa der Hälfte der bewachsenen Fläche entspricht. Früher verbrannten die Isländer Torf zum Kochen und zum Heizen ihrer Häuser. In letzter Zeit sind sie dazu übergegangen, diese Feuchtbiotope mit Hilfe von Gräben trockenzulegen, um auf Kosten der dort heimischen Vögel Weiden und Felder zu gewinnen.

Bei meinen ersten Schritten auf dem Watt versank ich knöcheltief im Schlamm. Weiter draußen bot der höhere Sandanteil festeren Halt. Zweimal am Tag kam die Flut und überschwemmte das Watt. Zweimal am Tag schnitt das Meer Little Lava von der Außenwelt ab. Jetzt, da Ebbe herrschte, durchzogen Süßwasserpriele die weite Fläche aus Sand und Schlamm wie Adern.

Kreischend erhob sich ein Rotschenkel mit orangefarbenen Beinen und braunen Flügeln in die Luft. Möwen suchten gemächlicher das Weite, als ich mich näherte. Über der schmalen, südlich von Little Lava gelegenen Halbinsel schwebte ein Rabe, schlug mit den Flügeln und schwebte weiter.

Die Wolken wuchsen zusammen, und der Wind frischte auf. Die Luft war bitterkalt. Ich war froh, dass ich einen dicken Wollpullover unter meinem Parka trug. Der Regen peitschte mir ins Gesicht. Ich setzte meine Kapuze auf und stapfte weiter.

Das Herz war mir schwer; mein Leben war voller Schmerz. Von Zeit zu Zeit ließ der Schmerz nach, doch er war immer da, immer in Warteposition und jederzeit bereit, über mich hereinzubrechen wie der Regen an diesem launischen, typisch isländischen Tag.

Neun Monate zuvor hatte ich meine Mutter verloren. Sie wurde 73 Jahre alt. Die Polizei vermutete, dass sie einen Einbrecher überrascht hatte, als sie von der Geburtstagsfeier ihrer dreijährigen Enkelin, der Tochter meines Bruders, nach Hause kam. Er griff nach einem Küchenmesser, drängte sie ins Schlafzimmer und stach so lange auf sie ein, bis sie tot war.

Mein Haus in Pennsylvania ist nur 30 Kilometer von dem meiner Mutter entfernt, und ich war es, der sie fand. Seit jenem Tag wurde mein Leben von Trauer und Furcht bestimmt und von Hass auf denjenigen, der zu einer solchen Tat im Stande war. Die Polizei hatte wenige Tage nach der Bluttat einen Mann verhaftet, einen Mann, den ich nur kurz zu Gesicht bekommen hatte, einen Mann, der das Gegenteil der sanften, weisen Frau sein musste, die ich mein Leben lang geliebt hatte.

Kurz vor ihrem Tod hatte ich meiner Mutter erzählt, dass wir den kommenden Sommer in Island verbringen wollten. Wir saßen an ihrem Esszimmertisch. Von der baumgesäumten Straße wehte eine sanfte Brise durch die offenen Fenster. William saß im Wohnzimmer auf dem Boden und spielte mit farbigen Holzklötzen, mit denen bereits ich als kleiner Junge gespielt hatte; Mom hatte auf ihn aufgepasst, während ich in der Stadt einige Besorgungen erledigt hatte.

»Bleibt ihr den ganzen Sommer dort?« Sie warf mir einen fragenden Blick zu und legte ihren roten Kugelschreiber beiseite. Sie war gerade dabei, einen Artikel eines Ingenieurwesen-Professors von der Penn State University zu redigieren, wo mein Vater bis wenige Jahre vor seinem Tod gelehrt hatte. Seit ich mich erinnern kann, hatte meine Mutter als freie Lektorin gearbeitet, meist für Studenten und Dozenten, für die Englisch keine Muttersprache war.

Ich nickte. »Von Ende Mai bis Ende August. Wir werden in einem verlassenen Bauernhaus wohnen, das Freunden von Nancy gehört. Es gibt dort weder Strom noch Telefon. Das Haus liegt an der Küste, und man erreicht es nur, wenn man bei Ebbe ein Sumpfgebiet durchquert.«

»Ganz nach deinem Geschmack«, meinte Mom.

Nach meinem Geschmack, aber auch nach dem meiner Frau. Nancy war dafür verantwortlich, dass es uns bereits früher nach Island verschlagen hatte. Während ihres Studiums hatte sie ihre Vorliebe für isländische Sagen entdeckt, die heroischen, im Mittelalter niedergeschriebenen Geschichten über frühe Siedler. Wir waren bereits dreimal zusammen nach Island gereist: einmal vor Wills Geburt, einmal mit ihm, als er wenige Monate alt war, und einmal kümmerte sich Mom während unserer Abwesenheit um ihn. Zweimal war Nancy allein nach Island geflogen, um an Reittouren durch die unbewohnte Vulkanlandschaft im Landesinneren teilzunehmen und um Isländisch zu lernen. Während dieser beiden Aufenthalte hatten Freunde sie nach Little Lava mitgenommen.

Nancy war fasziniert von der Kultur und der Literatur Islands. Ich hatte das Land wegen seiner Wildheit, seiner reichen Vogelwelt, der Reinheit seiner Luft und seines Wassers und wegen der grandiosen Kulisse der windgepeitschten Landschaft schätzen gelernt.

Mom stellte mir einige Fragen über Little Lava. In welchem Zustand war das Haus? Würde es uns warm und trocken halten? Ich wusste nicht viel über das alte Bauernhaus, das ich bislang nur auf Nancys Fotos gesehen hatte. »Es ist sicher besser als ein Zelt«, scherzte ich. Wären wir im Notfall zu erreichen? Ich versicherte ihr, dass man uns schon auf irgendeine Weise benachrichtigen würde.

»Was ist, wenn einer von euch krank wird?«

Ich zuckte mit den Achseln; darüber hatte ich mir noch keine Gedanken gemacht. Thórđur hatte mir geraten, ein Mobiltelefon mitzunehmen, doch das kam für mich nicht in Frage. »Wir sind doch nicht in Alaska«, sagte ich. »Etwa anderthalb Kilometer entfernt befindet sich ein Bauernhof.«

Sie sah zu Will hinüber, der noch immer mit den Klötzen spielte und auf dem Boden ein kleines Haus baute. »Meinst du, es wird ihm dort gefallen?«

Ich zuckte wieder mit den Achseln. Was das betraf, war ich ganz und gar nicht sicher.

Sie sah mich mit ihren grünen Augen fest an. »Du wirst mir fehlen.«

Sie würde mir auch fehlen. Ich war ihr Erstgeborener. Wir hatten uns immer nahe gestanden, und seit mein Vater am ersten Weihnachtsfeiertag 1986 an einem Herzinfarkt gestorben war, standen wir uns noch näher.

Die Erinnerungen an diesen Tag erschüttern mich noch heute bis ins Mark. Will war damals noch nicht auf der Welt. Ich fuhr mit Nancy Weihnachten zu meinen Eltern zum Essen. Als wir dort ankamen, war niemand zu Hause, obwohl die Lichter am Baum brannten; dann klingelte das Telefon. Am Abend saßen wir zu dritt im Wohnzimmer – Mom, Nancy und ich. Wir waren wie betäubt. Ich erinnere mich, dass wir unsere Geschenke auspackten und am

Einwickelpapier herumfingerten; ich nehme an, wir versuchten, uns abzulenken. Wir standen unter Schock. Mein Vater war plötzlich und unwiderruflich von uns gegangen. Noch einen Tag zuvor war er bei uns gewesen, voller Leben. Jetzt würden wir ihn nie wieder sehen.

Was konnte schrecklicher sein, was konnte trauriger sein, als einen Elternteil zu verlieren, aus heiterem Himmel, an Weihnachten? Ich hatte die Antwort erhalten: einen Elternteil durch Mord zu verlieren.

Erst nachdem mein Vater starb, wurde mir bewusst, wie sehr meine Mutter ihren Mann geliebt hatte, wie tief sein Tod sie getroffen hatte. Neun Jahre waren vergangen, und Mom trauerte noch immer um ihn; mir wurde klar, dass sie bis an ihr Lebensende um ihn trauern würde. Trotzdem liebte sie das Leben. Ihr Leben hatte nicht mit dem Tod meines Vaters geendet. Nach und nach entwickelte sie eine Selbständigkeit, die sie zuvor weder gewollt noch gebraucht hatte. Sie nahm mehr Lektoratsarbeiten an. Sie arbeitete ehrenamtlich für die Stadtplanungskommission. Sie engagierte sich für die Kirche und fungierte als Kontaktperson zu anderen Organisationen – einer Ganztagsschule, dem Jugendamt, einer Beratungsstelle für Rauschgiftsüchtige –, die im selben Gebäude untergebracht waren. Sie half der Kirche bei der Suche nach einem Orgelbauer, bei der Auswahl der geeigneten Orgel für den Altarraum und bei der Beschaffung des Geldes, um sie zu finanzieren.

Als wir an jenem Nachmittag an ihrem Esszimmertisch saßen, skizzierte ich ihr in groben Zügen das Buch, das ich schreiben wollte. Es sollte darin um die Natur in Island und um das Leben an einem abgeschiedenen, einsamen Ort gehen.

Ein Buch, das ich ganz besonders bewundere, ist Henry Bestons in den 1920er-Jahren entstandenes *The Outermost House*, »Das entlegenste Haus«. Beston beschreibt darin ein kleines Haus, das er in den Dünen der Cape-Cod-Halbinsel in Massachusetts errichtet hatte, und die Zeit, die er dort damit verbrachte, die Natur zu beobachten und jeden Tag aufs Neue zu genießen. Wenn ich nach Cape Cod gegangen wäre, hätte ich nicht die Einsamkeit gefunden, die dort zu Bestons Zeiten herrschte. Im Sommer wird Cape Cod von Touristen überschwemmt, und viele von ihnen haben eine Ausgabe seines unvergänglichen Buchs im Gepäck. Bestons Haus, das offiziell zum Nationalen Literarischen Wahrzeichen erklärt worden war, wurde in den 1970er-Jahren von einem Sturm aus seinem Fundament gerissen und aufs Meer hinausgetragen. Ich hätte auch versuchen können, weiter oben an der Küste, in Maine oder Nova Scotia, einen ruhigen Fleck zu finden, doch mir schien, dass man sich am Ende des 20. Jahrhunderts weiter von der bekannten Welt entfernen und dem sprichwörtlichen Ende der Welt nähern musste, um einen echten Zufluchtsort zu finden. In meiner Vorstellung war Island selbst bereits das »entlegenste Haus« der westlichen Welt. Und das tatsächliche Haus, das wir Little Lava nannten – am Ufer einer Gezeitenlagune, umgeben von Sumpfland und Bergen und Meer und dem unermesslichen isländischen Himmel –, kam mir vor wie der Inbegriff des entlegensten Hauses.

Mom teilte meine Begeisterung für wildromantische Orte nicht. Doch weder sie noch mein Vater hatten jemals versucht, mir auszureden, mit dem Rucksack durch die Rocky Mountains zu wandern, im Norden von Minnesota Kanu zu fahren oder in den unwegsamen, bewaldeten Hügeln von Pennsylvania auf Raufußhuhn- und Rotwildjagd zu gehen. Sie schien zu verstehen, dass ich mich nach Einsamkeit sehnte, dass ich klarer denken, leichter atmen und tiefer in meine Seele blicken konnte, wenn ich mich an einem Ort befand, der abgeschieden und einsam war – an einem Ort, an dem die Natur rein und ursprünglich war. Sie hatte keine Einwände, was unsere Island-Pläne betraf, obgleich ich an ihrer Stimme erkannte, dass es ihr lieber gewesen wäre, wir würden nicht so lange bleiben. Vielleicht erinnerte sie sich an die beiden Male, als sie und mein Vater mich und meine Brüder mit in die Schweiz nahmen, wo Dad während seines Forschungsurlaubs von der Penn State University arbeitete. Wir sprachen noch immer von unseren Aufenthalten in Europa, über das, was wir gesehen und erlebt hatten, über die Menschen, die wir kennen gelernt hatten. Mom wusste, welchen Wert es hat zu reisen: dass es einem dabei hilft, die Dinge aus einem anderen Blickwinkel zu sehen, dass es einem dabei hilft, seinen Platz in der Welt zu finden.

Und dann brach eine Welt für mich zusammen, als ich an jenem heißen Septembernachmittag ihr Schlafzimmer betrat.

Schließlich nahte der Sommer, und unsere Freunde waren überrascht, als wir ankündigten, dass wir trotz allem wie geplant nach Island reisen würden. In Wahrheit war uns die Entscheidung nicht schwer gefallen. Ich wollte weg von zu Hause. Ich wollte weg vom Haus meiner Mutter – einst ein Ort der Wärme und Geborgenheit, jetzt ein Mahnmal für ihren grausamen, verfrühten Tod. Ich brauchte eine Pause in meinen Aufgaben als Verwalter ihres Nachlasses. Ich musste mich für eine Weile von meinen Brüdern und Freunden zurückziehen, die mich ohne ihr eigenes Zutun ständig daran erinnerten, was Ruth Fergus zugestoßen war – was uns allen zugestoßen war.

Ich hatte das Gefühl, dass Little Lava ein Ort war, wo ich einfach leben konnte. Wo ich die Tage in Frieden verbringen und die ersten Schritte in eine Zukunft tun konnte, die, wie ich hoffte, nicht von Trauer und Schmerz verschleiert sein würde.

Als ich das Watt überquerte, schlugen mir Wind und Regen entgegen. Ich kam zu einem quaderförmigen, etwa anderthalb Meter hohen braunen Stein, den ich bereits von weitem gesehen, aber nicht beachtet hatte. Der Stein war von Spalten durchzogen, und seine Oberfläche von Rankenfüßern bedeckt. Sein mit blau-violetten Muscheln besetzter Fuß stand im Sand und war von einem Ring klaren Wassers umgeben. Laut einer meiner Landkarten, einer von der isländischen Regierung herausgegebenen Vegetations- und Topographiekarte, hatte der Fels einen Namen: Stakkholtssteinn. Er markierte die Grenze zwischen Little Lava und dem Bauernhof Stóra Hraun, »Große Lava«, dessen Name daher rührte, dass es das größere der beiden Anwesen war. Ich hatte Thórđur gebeten, das Wort »Stakkholtssteinn« für mich zu übersetzen. Seiner Meinung nach bedeutete es »Stein in der Nähe des Schafpferchs im Wald«. Auf den Weiden um Little Lava grasten zwar zahlreiche Schafe, aber weit und breit war kein einziger Baum, nicht einmal ein Busch zu sehen, was darauf hindeutete, dass der Name sehr alt war und aus einer Zeit stammte, als es in Island noch Wälder mit kümmerlichen Birken gab.

Es hörte auf zu regnen. Ich nahm meinen Rucksack ab und lehnte ihn gegen den Stakkholtssteinn. Während ich meine Schultern massierte, blickte ich mich um. Die Wolken hatten sich zurückgezogen und die Sicht auf zerklüftete Berge freigegeben.

Der nächstgelegene Berg war der Hafursfell, der »Ziegenberg«, eine Erhebung aus Fels und Geröll mit einer Schlucht, die wie mit dem Messer herausgeschnitten nach unten lief. Auf den flacheren, grasbewachsenen Hängen des Hafursfell weideten Schafe. Sie sahen aus wie Krümel auf einer verknitterten Tischdecke.

Der Kolbeinsstađafjall, dessen Gipfel noch höher emporragte, hatte schräge Furchen im Fels und erinnerte mich an einen mehrschichtigen Kuchen, der umgekippt war.

Zwischen dem Hafursfell und dem Kolbeinsstađafjall befand sich das Hnappadalur, das »Kuppental«, das seinen Namen den vielen vulkanischen Gesteinsformationen zu verdanken hatte, die aus der Talsohle ragten. Die auffallendsten waren zwei kegelförmige Hügel, deren Farbe sich mit der Tageszeit und dem Licht veränderte. Jetzt trugen die Hügel das dunkle Rostbraun geronnenen Bluts.

Hinter dem Haus erhob sich ein weiterer Vulkan mit dem Namen Eldborg, »Feuerfestung«. Sein gedrungener, stumpfer Kegel ragte etwa drei Kilometer von Little Lava entfernt in den Himmel. Der Eldborg hatte das Lavafeld ausgeworfen, das der Hauswiese des Anwesens gefährlich nahe gekommen war.

Ich blickte nach Westen auf die Faxabucht, die sich grau in den Atlantik öffnete. Meine Augen suchten nach dem Snæfellsjökull, dem »Schneeberggletscher«, einem eisbedeckten Stratovulkan, der sich am Ende von Snæfellsnes erhob und der Halbinsel ihren Namen gab. Doch die Wolken waren zu dicht; der Snæfellsjökull war nicht zu sehen.

Nach dem Tod meiner Mutter schickte mir ein in Amerika lebender Isländer ein Gedicht eines bekannten isländischen Dichters. Nancy übersetzte es. Ich erinnerte mich an eine Zeile, die etwa folgendermaßen lautete: »Man dreht den Kopf und blickt dorthin, wo sich immer ein Berg befunden hat, doch er ist nicht mehr da.«

Ich schulterte meinen Rucksack und machte mich wieder auf den Weg. Beim Gehen konzentrierte ich mich darauf, nicht in einen Bach zu rutschen, im Morast zu versinken oder über einen Thúfa zu stolpern. Schritt für Schritt arbeitete ich mich voran.

Ich erreichte den Sumpf auf der anderen Seite des Watts. Ein schwarzes Schaf starrte mich mit seinen gelben Augen an, dann machte es kehrt und nahm durchs Gras Reißaus. Sein weißes Lamm lief ihm hüpfend hinterher. Der Regen hatte eine Wand des Hauses dunkel verfärbt. Auf der Hauswiese, deren steinerne Einfriedung an vielen Stellen eingestürzt war, grasten weitere Schafe. Hoch oben am Himmel flogen Schnepfen; sie schraubten sich in großen Kreisen in die Höhe und stießen dann wieder in die Tiefe herab, wobei ihre Schwanzfedern zu singen begannen – *ju-ju-ju-ju-ju-ju-ju?*, ein fragender, ansteigender Ton.

Als ich zum Haus hinaufkletterte, blickte ich noch einmal zurück. Die regennassen Weiden reflektierten das strahlend graue Licht, das den Himmel überflutete.

Ein Vogel näherte sich über das Watt. Er schlug langsam und gleichmäßig mit seinen langen Flügeln. Der Vogel war riesig. Es war ein Adler mit weißen Schwanzfedern, ein Seeadler, der größte Vogel Islands und der seltenste. Ich hatte gehört, dass in der Nähe

Der Seeadler.

von Little Lava Adler nisteten, aber bislang noch keinen zu Gesicht bekommen.

Ein isländisches Sprichwort besagt: »Wenn der Adler fliegt, schweigt die Natur.« Mir wurde bewusst, dass diese Redewendung im übertragenen Sinn zu verstehen war. Als sich der Adler dem Ufer näherte, erhoben sich zwei Rotschenkel und umkreisten ihn kreischend. Eine Seeschwalbe stieß ihren heiseren Schrei aus und flog einen Scheinangriff auf den größeren Raubvogel. Sie wich erst im letzten Moment aus, dann flog sie wieder nach oben, um sich erneut in die Tiefe zu stürzen. Der Adler flog unmittelbar über Little Lava hinweg. Als er die Lavaheide erreichte, flatterten zwei Schneehuhnmännchen auf und stießen ihre gellenden Warnschreie aus.

Der Adler flog weiter, ohne dem Aufruhr Beachtung zu schenken. Er ruderte mit seinen Flügeln über den Himmel, überquerte das Lavafeld und nahm Kurs auf den Kegel des Eldborg, wo er im Regen verschwand.

Eiseskälte

Pétur und ich sprangen vom Anhänger in den Schlamm. Der Traktor steckte bis zum Getriebe im Schlick. Der Bauer schwang sich aus dem Führerhaus, besah sich die Lage und sagte etwas auf Isländisch zu Pétur, der darauf antwortete. Dann schniefte er und schüttelte nachdenklich den Kopf.

Es war der siebte Juni, ein bitterkalter Tag, überdacht von einem strahlend blauen Himmel. Der Traktor wirkte winzig, als er bewegungsunfähig im Watt stand. Eine vorbeiziehende Schmarotzerraubmöwe hörte auf, mit den Flügeln zu schlagen, und ließ sich vom Wind tragen; sie betrachtete uns in unserer misslichen Lage, dann senkte sie einen Flügel und drehte ab.

Pétur begleitete mich, um mir beim Herrichten des Hauses zu helfen. Wir hatten in Reykjavík Bretter, Sperrholz und Dachpappe gekauft, die mit dem Lkw nach Norden gebracht und auf der Kiesstraße in der Nähe von Stóra Hraun abgeladen worden waren. Ich hatte Bekanntschaft mit den Bewohnern des Bauernhofs gemacht, die mir anboten, das Baumaterial bei Ebbe mit ihrem Traktor über das Watt zu transportieren. Doch der Traktor war kaputt und würde wohl so schnell nicht repariert werden. Also riefen sie einen Nachbarn. Er erschien mit seinem Traktor, an dem ein roter Heuanhänger mit hohen Seitenwänden aus Metall hing. Auf diesen Anhänger luden Pétur und ich das Baumaterial, Péturs Werkzeugkiste, ein zusammengeklapptes Feldbett aus Metall, eine Matratze und unsere Rucksäcke, die mit Essensvorräten und allerlei sonst bepackt waren.

Der Bauer wandte sich erneut an Pétur.

»Gibt es auf Litla Hraun eine Schaufel?«, fragte mich Pétur.

»Ich glaube schon.«

Ich stapfte durch den Schlamm davon und marschierte dann über den Kies in Richtung Hauswiese, geradewegs dem kalten Nordwestwind entgegen, der aus dem Hnappadalur blies und mir die Tränen in die Augen trieb.

Ich betrat das Haus und ging nach rechts in die Werkstatt. Der Raum war zum Bersten voll mit Unrat. Aus dem Durcheinander fischte ich eine Schaufel mit verwittertem Stiel und rostigem Blatt, nahm sie mit nach draußen und lief zum Watt zurück.

Pétur ging am Ufer entlang und sammelte Steine. Er war der Halbbruder eines Isländers, den ich in den Vereinigten Staaten kannte, war Anfang dreißig, hatte ein hübsches, ebenmäßiges Gesicht, und der Ausdruck in seinen Augen wechselte zwischen Lachen und Nachdenklichkeit. Pétur war freischaffender Künstler, und mit seinem zum Pferdeschwanz gebundenen Haar und seinem Spitzbart entsprach er diesem Bild. Er war groß und muskulös und hatte breite Schultern und schmale Hüften. Wenn er lachte, pulsierte auf seiner Stirn eine Ader. Seine Bewegungen waren flink und kraftvoll.

Pétur war der langjährige Lebensgefährte von Anna, deren Familie Little Lava gehörte. Er hatte sich bereit erklärt, das Haus für uns auf Vordermann zu bringen, und wir hatten ihm Geld geschickt, damit er Baumaterial kaufen konnte. Als ich nach Reykjavík kam, stellte sich allerdings heraus, dass Pétur nichts unternommen hatte, um das Haus wohnlicher zu machen; er hatte nichts von dem Geld ausgegeben und war seit unserer Erkundungstour im vorangegangenen Dezember nicht ein einziges Mal auf Little Lava gewesen. Ich war nicht überrascht. So zuvorkommend und begeisterungsfähig Pétur auch sein mochte, ich wusste, dass er auch unstet und leicht ablenkbar war. Wenn er sich dahinter klemmte, konnte er jedoch fast alles: ein Porträt zeichnen, ein Boot segeln, eine Küche renovieren.

Jetzt war ich allerdings ein wenig beunruhigt, da sich Anna und Pétur getrennt hatten und er allein in ihrer gemeinsamen Wohnung in der Innenstadt von Reykjavík wohnte. Seit dem Tod meiner Mutter ging ich immer vom Schlechtesten aus. Abgesehen von unserer noch recht neuen Freundschaft schien Pétur jetzt keinen Grund mehr zu haben, mir zu helfen – unsere Freundschaft und seine Vorliebe für Little Lava: für die Ursprünglichkeit der Umgebung, für die einzigartigen Lichtverhältnisse.

Ich betrachtete den Traktor und fragte mich, ob wir ihn jemals wieder freibekommen würden. Die Flut war im Anmarsch, und in ein paar Stunden würde das Watt unter Wasser stehen. Ich fragte mich, wie viel die Überholung eines Traktormotors wohl kostete. In Island war alles teuer, etwa dreimal so teuer wie zu Hause. Ich fragte mich, ob man mich dafür verantwortlich machen würde, wenn der Motor voll Wasser lief.

Der Bauer nahm die Schaufel und fing an, neben den Rädern zu graben. Der Schlick war grau und klebrig. Mir war schleierhaft, weshalb er genau diese Route genommen hatte, obwohl ich zunächst davon ausgegangen war, dass er wusste, was er tat. Er hatte nicht bei Stóra Hraun angehalten, um sich bei den Bewohnern zu erkundigen, hatte niemanden von dort mitgenommen, der vielleicht den richtigen Weg gekannt hätte. Nachdem wir den Anhänger beladen hatten, nahm der Bauer eine schlechte Straße, die von Stóra Hraun nach Süden führte, fuhr von der Halbinsel zum Watt hinunter und steuerte auf Little Lava zu. Dann wurde er langsamer und fuhr einen weiten Bogen, um das Gelände zu erkunden. Schließlich nahm er Kurs auf eine kleine Bucht und gab Gas, um das Ufer zu erreichen. Hundert Meter vor dem Ziel versank der Traktor im Schlamm.

Der Bauer machte sich mit der Schaufel vor und hinter den Rädern zu schaffen. Dann übernahm Pétur und schaufelte weiter. Ich warf die Steine, die Pétur gesammelt hatte, in die Gräben vor und hinter den Rädern. Sie landeten mit einem Plumpsen im

Schlamm und verschwanden. Dann war ich mit schaufeln an der Reihe. Irgendwann löste mich der Bauer wieder ab und widmete sich den Vorderrädern.

Schließlich kletterte er wieder ins Führerhaus und setzte den Traktor in Gang. Die großen, geriffelten Reifen rutschten durch, fanden Halt auf den Steinen, rutschten durch, fanden Halt. Der Traktor bewegte sich einige Zentimeter vorwärts, dann sackte er wieder in den Schlick zurück.

Der Bauer stieg aus. Er rieb sich das Gesicht und murmelte etwas auf Isländisch.

Ich warf einen Blick auf die Stromrinne. Noch war das Watt trocken, doch der große Priel auf unserer Seite der Lagune war bereits merklich angestiegen. Ich hatte mir in Reykjavík eine Gezeitentafel besorgt, doch es war mir noch nicht gelungen herauszufinden, mit welcher Verzögerung hier an der Küste nördlich der Hauptstadt oder in der Lagune hinter dem Strandwall zu rechnen war.

Wir gruben weiter. Wir warfen mehr Steine vor die Reifen. Der Bauer lief hin und her, auf der Suche nach einer festen Unterlage. Trotz der Kälte schwitzte ich. Pétur sagte leise: »Der Bursche ist nicht gerade der Hellste.«

Ich war geneigt, ihm Recht zu geben, obwohl ich gelernt hatte, dass die Bewohner Reykjavíks ihre Mitmenschen vom Land oft übereilt und ungerechtfertigterweise gering schätzen und sie gern als *heimskur* bezeichnen, was im Isländischen »dumm« bedeutet. Eigentlich heißt *heimskur* »häuslich«, und zwar in dem Sinn, dass jemand, der niemals gereist ist, nur einen engen Horizont hat. Ich habe gehört, dass diese Verunglimpfung ursprünglich von den Wikingern – den frühen Isländern, die in ihren Langschiffen auf Raubzug gingen – als Bezeichnung für ihre Landsmänner verwendet wurde, die zu Hause blieben.

Wir schaufelten und schaufelten. Wir hoben vor den Rädern zwei Gräben aus und pflasterten sie mit Schotter. Der Bauer stieg wieder ins Führerhaus und ließ den Traktor vor und zurück schaukeln. Mit dröhnendem Motor und qualmendem Auspuff kämpfte sich der Traktor frei, und seine Räder bewarfen Pétur und mich mit Schlamm. Dann erreichte er festeren Sand und kroch in Richtung Ufer. Bald wälzten sich seine Reifen über felsigen Untergrund und schließlich über Gras. Pétur und ich trotteten hinter dem Bauern her, der zügig auf Little Lava zusteuerte.

Dort angekommen, begannen wir sofort mit dem Abladen. Wir trugen die Bretter auf eine Seite des Hauses, das Sperrholz ließen wir im Gras liegen und beschwerten es mit den Dachpapperollen, für den Fall, dass der Wind auffrischte. Am liebsten wären wir nach drinnen gegangen und hätten für uns und den Bauern Kaffee gekocht, doch es war allen klar, dass wir uns auf den Rückweg machen mussten. Die Schaufel nahm ich mit, falls der Traktor nochmals stecken bleiben sollte. Diesmal schaffte er die Überquerung allerdings ohne Probleme. Pétur und ich standen auf dem Anhänger, hielten uns an den Seitenwänden fest und federten mit den Knien die Erschütterungen ab. Der Traktor rollte die Stóra-Hraun-Halbinsel hinauf und erreichte nach einer Viertelstunde das Anwesen. Einige der Bewohner standen beim Briefkasten und plauderten mit den Insassen eines ramponierten Autos.

Es war unklug gewesen, dass ich mich nicht im Voraus auf ein Entgelt geeinigt hatte. Der Bauer stieg vom Traktor und blieb erwartungsvoll stehen. Pétur sprach mit ihm. Der Mann sah zu Boden. Er legte den Kopf auf die Seite und hielt die Hände mit den Handflächen nach oben. Schließlich drückte ihm Pétur einige Geldscheine in die Hand. Ohne einen Blick darauf zu werfen, steckte der Bauer die Scheine in die Tasche. Pétur richtete einen Abschiedsgruß an alle Anwesenden, nahm mich am Ellbogen und bugsierte mich auf den Feldweg nach Little Lava. Ich sagte »*takk*« zu dem Bauern, das isländische Wort für »danke«. Er nickte barsch, und Pétur und ich machten uns auf den Weg. Ich bemerkte, dass wir die Schaufel vergessen hatten, die an einem Stapel Dünger-Plastiksäcke lehnte, beschloss jedoch, sie ein andermal zu holen.

Wir gingen zügig, um vor der Flut anzukommen. Als wir über das Watt marschierten, erklärte Pétur, dass der Mann eine exorbitante Summe verlangt hatte. »Er dachte, du wärst ein reicher Amerikaner.« Pétur grinste und zeigte seine weißen, gleichmäßigen Zähne. »Ich habe ihm 5000 gegeben.« 5000 *krónur* oder Kronen entsprachen knapp 100 Dollar; wie mir schien, ein angemessener Betrag. Pétur hatte den Bauern von dem Geld bezahlt, das ich ihm zum Herrichten des Hauses geschickt hatte.

Péturs lange Beine trugen ihn über das Watt. Ohne auf seine ledernen Wanderstiefel zu achten, stapfte er durch die ansteigenden Priele. Ich folgte ihm und hoffte, dass der Bauer nicht allzu enttäuscht war und dass mich die Bewohner von Stóra nicht für einen Geizhals hielten. Ich warf einen Blick auf die kleine Bucht, wo der Traktor stecken geblieben war. Tiefe Furchen verunzierten den Schlick. Im Lauf des Sommers würden die Gezeiten die Furchen glätten, aber sie würden sie nicht verschwinden lassen. Sie würden bleiben und zweimal täglich bei Ebbe bloßliegen.

Verlassene Bauernhöfe wie Little Lava gibt es überall an der Küste Islands. Man findet sie in grasbewachsenen Tälern, die auf die unbesiedelten Hochebenen führen, auf Halbinseln, die ins Meer hinausragen, und auf Inseln in den Fjorden. In der Umgebung von Little Lava befanden sich Dutzende ähnlicher Anwesen mit Namen wie Hömluholt und Moldbrekka und Miđbakki und Kotdalur und Landbrot.

Einige dieser Bauernhöfe waren sehr alt und stammten aus der Zeit der Besiedlung zwischen etwa 870 v. Chr. und 930 n. Chr., als ein Großteil der nutzbaren Fläche Islands erstmals bevölkert wurde. In *Fornbréfasafn*, einer alten isländischen Dokumentensammlung, entdeckte Thórđur einen Hinweis auf Little Lava. Das Bauernhaus erschien in einem Verzeichnis von Ländereien, die 1354 von der katholischen Kirche an Kleinbauern verpachtet wurden. Damals lautete sein Name Seta Hraun oder Setuhraun. Thórđur übersetzte *seta* mit »besiedelt«, was bedeutete, dass es bewohnt war. Der geläufige Zusatz *hraun* war eine Anspielung auf das Lavafeld. Nancy stellte fest, dass das Wort *setur* auf einen Priestersitz schließen ließ, und zog in Erwägung, dass das Anwesen einst als Pfarrhaus genutzt worden war.

Auf den etwa vier Hektar der Hauswiese von Little Lava befanden sich zahlreiche Ruinen: niedrige Mauern, gemauerte Ställe und seltsame, grasbewachsene Hügel, die aussahen wie überdimensionale Thúfur. Sie zeugten von sechs oder vielleicht sogar mehr Jahrhunderten menschlicher Gegenwart.

Drei Gebäude waren noch zu identifizieren:

Eine Scheune von der Größe einer Einzelgarage mit Wänden aus Stein und Torf lag in sich zusammengefallen da. Einer ihrer verfaulten Dachsparren war ein ehemaliges Ruder. Das Gras auf dem eingestürzten Dach war noch immer grün. Jetzt diente die Scheune nur noch als Windschutz für die Schafe, deren olivfarbener Kot überall auf der Hauswiese herumlag.

Das zweite Gebäude war ebenfalls eine Ruine: Es handelte sich um ein Gartenhaus, das Annas Mutter Oddný und ihr Mann Guđbjartur in den 1960er-Jahren zu bauen begonnen, aber niemals fertig gestellt hatten. Die Wandpfosten waren grau und verwittert, die Bodenbretter zersplittert. Den Schafen gefiel auch das Gartenhaus; sie schliefen darin oder wanderten von der einen Seite auf die andere, um im Windschatten die Sonnenstrahlen auszukosten.

Das dritte Gebäude war das, in dem wir wohnen würden. Es war in den 1940er-Jahren errichtet, aber nie vollendet worden. Im Grundriss maß es 6,70 mal 8,25 Meter. Die Oberfläche der Betonwände trug die Maserung der Bretter, die den Zement gehalten hatten. Das Dach war mit Asbestplatten gedeckt, die im Lauf der Zeit brüchig geworden waren. Von jeder Außenwand führte eine schräge Dachfläche zu einem kurzen, von einem Kamin aus Beton unterbrochenen First.

Das Haus stand auf einer Kuppe, die nach allen Seiten Aussicht bot. Der Wind rüttelte an den Fenstern und pfiff durch die Ritzen um die Holztür. Graue, grüne und orangefarbene Flechten sprenkelten die Außenwände. An einem Dachvorsprung war die betonierte Regenrinne zerbröckelt, und das Wasser lief an der Wand nach unten. Wo die Dachflächen aneinander stießen, waren die Bretter verfault und ließen den Regen durch. Die Feuchtigkeit war auf die Grasnarben getröpfelt, die der Isolierung des Speichers dienten, was dazu geführt hatte, dass im Innern des Hauses die Decken- und Wandverkleidungen aus Hartfaser wellig und fleckig geworden waren und die Fensterrahmen angefangen hatten zu verfaulen.

Wenn man das Haus durch die Eingangstür betrat, stand man in einem kleinen Vorraum, der mit betonverschmierten Brettern ausgekleidet war – offenbar mit denen, die auch zum Errichten der Außenmauern verwendet worden waren. In die Bretter waren Nägel geschlagen worden, die zum Aufhängen von Jacken dienten. Eine kurze Leiter führte in den Speicher hinauf. Genau genommen handelte es sich bei der Leiter um eine steile Treppe; sie schien aus einem Schiff zu stammen und war vermutlich am Strand angespült worden. Auf den verschimmelten Grasnarben im Speicher lagen alte Bretter und Seilrollen. Durch die Ritzen im Dach blinzelte der Himmel.

Auf der rechten Seite des Vorraums führte eine Tür in die Werkstatt, die so voller Unrat war, dass man sich nur seitwärts hineinzwängen konnte.

Durch eine Tür auf der linken Seite des Vorraums gelangte man in einen Wohnraum, in dem mehrere alte Stühle, ein Bett und zwei Seemannstruhen standen. Von dort führte eine Tür in die lange, schmale Küche, in der sich noch ein Bett, zwei Tische, ein Regal und ein verrosteter Ofen befanden; außerdem gab es in der Küche eine fensterlose, zugenagelte Tür nach draußen. Auf der Nordseite des Hauses schloss sich eine kleine Speisekammer an die Küche an.

Mehr gab es nicht auf Little Lava.

Im Dezember zuvor hatte Pétur vor einem Hotel in Reykjavík auf mich gewartet, bei dem der Flughafenbus Neuankömmlinge absetzt. Es war ein paar Minuten nach acht Uhr morgens. Der Himmel war nachtschwarz, und der Wind blies den Regen in Wogen über den Parkplatz. Wir stiegen in Péturs alten Citroën. Nein, er hatte noch keine Zeit gefunden, nach Little Lava zu fahren. Er erklärte, dass er an einem Grafikdesignkurs teilnahm und seit Monaten wie verrückt schuftete, um seine Arbeiten noch vor den Weihnachtsferien fertig zu bekommen.

»Sobald ich fertig bin, in ein oder zwei Tagen« – Pétur grinste breit, streckte den Arm aus und klopfte mir mit einer großen Hand auf die Schulter –, »fahren wir nach Litla Hraun.«

Bis dahin wollte er mich in seiner Wohnung in der Altstadt einquartieren. Ich hatte bereits sieben Jahre zuvor in diesem Teil der Stadt gewohnt, etwa vier Straßen weiter; den Großteil meiner Zeit hatte ich damit zugebracht, mich um Will zu kümmern, der damals erst ein paar Monate alt war, während Nancy in der Staatsbibliothek recherchierte.

Pétur setzte mich in seiner Wohnung ab und eilte zum Unterricht. In der Zweizimmerwohnung war es erdrückend heiß – das Haus wurde wie alle Gebäude in Reykjavík mit geothermischer Wärme geheizt, die aus unterirdischen Magmakammern in der Nähe der Stadt gewonnen wird. Ich legte mich im Wohnzimmer auf einem Feldbett schlafen. Als ich gegen zehn Uhr aufwachte, wurde der Himmel gerade hell. Auf der anderen Straßenseite befand sich ein dreistöckiges Bürogebäude: Ich blickte aus dem Fenster und sah mehrere Leute an ihren Schreibtischen arbeiten.

Zu dieser Zeit war ich kaum lebensfähig. Der Tod meiner Mutter lag erst drei Monate zurück. Die Tage waren keine Tage, sie waren zerstückelte Zeit. Nachts hatte ich Schwierigkeiten zu schlafen. Sobald ich die Augen schloss, sah ich Mom, so wie ich sie aufgefunden hatte. Und ich sah den Mann, der als mutmaßlicher Mörder verhaftet worden war. Seit mich die Polizei und der Staatsanwalt über die Beweislage in Kenntnis gesetzt hatten, war ich von seiner Schuld überzeugt; ich überlegte, wie ich den Mann töten würde, wenn ich die Gelegenheit dazu hätte, und vieles, was ich mir in meiner Rachsucht ausmalte, war noch viel brutaler und bestialischer als das, was er meiner Mutter angetan hatte. Ich hatte wiederholt Träume, in denen ich dem mutmaßlichen Mörder begegnete, der aus irgendeinem Grund nicht im Gefängnis war. In einem dieser Träume befanden wir uns im Keller eines Hauses. Er stand da und grinste mich hämisch an, und mir wurde bewusst, dass er überhaupt keine Reue für seine Tat empfand und nicht erwartete, bestraft zu werden; außer ihm waren noch andere im Haus, andere Mörder. Es gelang mir, aufzuwachen und mich aus dem Traum zu reißen.

Morgens wollte ich nicht aufstehen. Der späte Tagesanbruch und der graue, weinende Himmel machten es mir nicht leichter. Die Tage dauerten nur etwa sechs Stunden. Morgengrauen und Sonnenuntergang schienen drei der sechs Stunden in Anspruch zu nehmen. Doch ich zwang mich aufzustehen. Ich frühstückte – Getreideflocken, Toast, starken Kaffee. Ich spülte ab. Ich machte das Feldbett, das Pétur – wie er mir erzählte – angeschafft hatte, damit wir es später einmal auf Little Lava benutzen konnten. Ich wartete, bis Pétur mit seiner Arbeit auf der Kunstschule fertig war.

Vermutlich hätte er mir sein Auto geliehen, doch da ich noch nicht auf Little Lava gewesen war und nicht wusste, wie man dort hinkam oder wo man das Watt und das Sumpfgebiet überqueren musste, hielt ich es für unklug, mich allein auf den Weg zu machen.

Ich beschäftigte mich, indem ich Verschiedenes erledigte: Ich kaufte Karten, erkundigte mich in Werkzeuggeschäften nach Preisen und Verfügbarkeit, schmökerte in der Staatsbibliothek in Büchern. Ich wanderte durch die Straßen von Reykjavík, vorbei an den kleinen Häusern aus der Zeit um die Jahrhundertwende mit ihren ordentlichen Gärten, ihren blechverkleideten Wänden und ihren bunt gestrichenen Dächern. Ich schlenderte über den Friedhof. Wenn ich die Grabsteine betrachtete, erfüllte mich ein quälender Schmerz. Die Steine trugen isländische Namen: Ragnar Jónsson. Hallgerður Jakobsdóttir. Bryndís Gunnarsdóttir. Einar Einarsson. Söhne, Töchter, Eltern, die alle von dieser Welt gegangen waren.

Ich las ein Buch über Seekajaks, das ich von zu Hause mitgebracht hatte, und überlegte, welche Art Kajak ich mir kaufen sollte. Einen Roman hatte ich ebenfalls mitgebracht, konnte mich aber weder auf die Figuren noch auf die Handlung konzentrieren.

Die Schaufenster der Geschäfte in der Bankastræti, der Haupteinkaufsstraße, waren voll mit modischer Bekleidung, glitzerndem Schmuck und eleganten Möbelstücken. Weihnachtseinkäufer bevölkerten die Gehwege. Es war kalt geworden, und dicke Schneeflocken schwebten vom Himmel und sammelten sich auf den Straßenlaternen und Festtagsgirlanden. Ich traf mich mit einem Freund in einem Bistro auf einen Kaffee. Ein Chor Kinder mit rosigen Gesichtern kam herein und sang Weihnachtslieder. Die Gäste hörten auf zu plaudern und stellten nach jedem Lied ihre Tassen ab, um zu applaudieren. Ich erzählte meinem Freund von dem Vorhaben, einige Zeit auf Little Lava, Litla Hraun, zu verbringen. Er grinste und sagte mir, dass ein Staatsgefängnis im Süden von Island ebenfalls Litla Hraun hieß; bei vielen anderen Gelegenheiten, wenn ich den Namen des Anwesens gegenüber Isländern erwähnte, grinsten oder lachten sie bei dem Gedanken, dass ein amerikanischer Schriftsteller den Sommer im Gefängnis verbringen wollte.

Als um vier Uhr die Dämmerung einsetzte, ging ich zurück zu Péturs Wohnung. Ich wollte unbedingt nach Little Lava, um mich vor Ort umzusehen und mich zu vergewissern, dass es sich bei dem Gebäude und seiner Umgebung tatsächlich um eine Zufluchtsstätte handelte, um ein Refugium, und nicht um ein grimmiges Gefängnis. Doch mir blieb nichts anderes übrig als zu warten.

Eines Mittags fuhren wir schließlich im Hafen auf die Autofähre; die Überfahrt ersparte uns die lange Fahrt um den Fjord, der sich östlich der Stadt ins Land fraß. Nachdem das Schiff die Wellenbrecher am Hafen passiert hatte, wurde der Kegel des Snæfellsjökull sichtbar, der sich auf der gegenüberliegenden Seite der Faxaflói erhob. Die Bucht war grau-grün und düster und wirkte eisig. Reykjavík und die ganze Halbinsel Reykjanes hinter uns waren in graue Wolkenfetzen gehüllt. Die Sonne linste blass und wenig überzeugend durch die Wolkendecke. Wir blieben eine Zeit lang an Deck, bis uns ein Besatzungsmitglied bemerkte und auf die Brücke winkte. Überrascht stellte ich fest, dass niemand die Fähre steuerte; ein Computerprogramm übernahm das Lenken des Schiffs. Der Kapitän saß in einem Drehstuhl, trank Kaffee und blickte dabei mit einem Auge auf einen Sonar-Monitor, mit dem anderen nach draußen über das Wasser. Pétur unterhielt sich einige Zeit lang mit ihm auf Isländisch. »Wale«, sagte Pétur zu mir. »Er muss nach Walen Ausschau halten.«

Wir gingen in den Gesellschaftsraum. Die Passagiere aßen Hot Dogs und Sandwiches und lasen Zeitung. Die Kinder sahen sich Disney-Zeichentrickfilme auf Video an, die auf einem an der Wand montierten Fernseher liefen. Pétur kaufte eine Zeitung und studierte die Gezeitentafel. Er machte ein mürrisches Gesicht. »Wir werden kurz bevor die Flut einsetzt ankommen. Außerdem ist *stórstreymi* – wie sagt man auf Englisch? –, der höchste Wasserstand des Monats.« Er dachte einen Moment nach und legte die Stirn in Falten. »Springtide«, sagte er schließlich.

Die Fähre wurde langsamer, schaltete auf Umkehrschub und legte im Hafen von Akranes an. Wir fuhren die Rampe hinunter und durch die kleine Stadt; am Stadtrand drehten wir nach Norden ab.

Im verwelkten Gras entlang der Straße weideten Schafe und Pferde. Zerklüftete, eisbedeckte Berge erhoben sich in den mit rosafarbenen Wolken verhangenen Himmel. Im Westen, hinter dem Snæfellsjökull, lag ein gelber Lichtstreifen über dem Horizont. Wir erreichten eine noch kleinere Stadt mit dem Namen Borgarnes. Als wir an einer Lkw-Raststätte anhielten und tankten, flogen zwei Raben vorbei, die wogend auf dem bitterkalten Wind ritten. Nachdem wir die Stadt hinter uns gelassen hatten, bog Pétur in westlicher Richtung auf eine Straße ein, die, wie er mir erzählte, erst wenige Jahre zuvor geteert worden war.

Wir fuhren am Lavafeld des Eldborg vorbei. Der Vulkan sah aus wie ein umgedrehter Suppenteller. Zu unserer Rechten bewachten zwei rötliche Kegel den Eingang zum Hnappadalur. Wir drehten von den Kegeln ab und fuhren auf einer unbefestigten Straße an einem reißenden Fluss entlang, dem Haffjarđará. Wahrscheinlich hätten wir bei Stóra Hraun anhalten sollen, doch das hätte uns dazu verpflichtet, zum Kaffeetrinken und Plaudern zu bleiben, und uns gezwungen, das Watt in der Dunkelheit zu überqueren.

Pétur parkte den Citroën neben einer niedrigen, gelbbraunen Felswand. Die Flut hatte bereits eingesetzt und bedeckte das Watt. Meine Augen suchten das Haus und fanden es. Nackt, winzig und einsam stand es auf der anderen Seite der windgepeitschten Wasserfläche.

Pétur wuchtete seinen schweren Rucksack hoch. Auch ich schulterte meinen Rucksack. Wir trugen beide Handschuhe, und jeder von uns nahm zwei ineinander gesteckte, mit Kohlebriketts gefüllte Plastiktüten. Nancy hatte mich vor den Strapazen des längeren Wegs um das Watt gewarnt, die ich jetzt am eigenen Leib erfahren sollte.

Wir marschierten los in Richtung Norden und drehten zunächst von Little Lava ab. Der Wind ließ unsere Augen tränen und unsere

Nase laufen. Das durchweichte Weideland unter unseren Füßen wurde härter und begann zu frieren. Wir mussten mehrmals umkehren und uns eine Stelle suchen, wo wir über die von der Flut gefüllten Priele springen konnten. Schließlich erreichten wir das nördliche Ende des Watts und gingen in südlicher Richtung weiter. Jetzt hatten wir den Wind im Rücken, der uns auf Little Lava zuschob.

Die Flut drängte uns bis an den Rand des Lavafelds. Als wir auf Wasserläufe stießen, die bis zum Überlaufen gefüllt waren, und auf Quellen, die aus der Lava sprudelten, mussten wir über die Felsen klettern. Wir marschierten durch gefrorenes, graues Gras und suchten nach Schafspuren, die durch die zerklüfteten Felsen führten. Hin und wieder erhaschte ich von einer hoch gelegenen Stelle einen Blick auf das Haus, das kein Stück näher zu kommen schien.

Mein Atem ging stoßweise. Ich schwitzte. Ich öffnete den Reißverschluss meines Parkas und setzte meine Strickmütze ab. Pétur war zwar ein starker Raucher, aber trotzdem gut in Form; er war zehn Jahre jünger als ich und kräftiger. Er ließ mich immer wieder hinter sich und musste warten, bis ich ihn einholte.

Das Tageslicht begann zu schwinden. Die Wolkendecke brach auf, und in den Lücken zeigte sich der blassgrüne Himmel. In der Lava heulte der Wind.

Wir umrundeten einen Haufen Lavagestein, und dort stand das Haus. Ich folgte Pétur, als er über die Hügel auf der Hauswiese kletterte. An dem eingestürzten Gebäude neben dem Haus hing ein Blechstreifen, der unaufhörlich flatterte und klapperte.

Pétur lehnte seinen Rucksack gegen die Wand. Er ging zum Eingang, hob eine hölzerne Abdeckung aus ihrer Verankerung, die aussah wie ein Fensterladen, und stellte sie beiseite. Dann entknotete er einen Strick, mit dem die innere Tür verschlossen war, drehte den Knauf und drückte die Tür auf.

Das Licht im Inneren war schwach. Seit Monaten, vielleicht sogar seit einem Jahr, war niemand mehr im Haus gewesen. Niemand hatte Feuer gemacht oder am Herd gekocht, und das Gebäude hatte dieselbe Temperatur wie der Boden, auf dem es stand, wie die Felsen, die aus dem Betonfußboden herausragten. Die Kälte, die in einem verlassenen Haus herrscht, geht einem mitten ins Herz, und in diesem Moment war Little Lava der trostloseste Ort, den man sich vorstellen konnte.

Mein Mut sank, als ich die schäbige, zusammengewürfelte Einrichtung betrachtete. Irgendwie hatte ich mir das Haus sauberer, freundlicher und einladender vorgestellt. Stattdessen erinnerte es mich an eine alte, verfallene Jagdhütte. Das Haus roch nach Versagen, nach Verzweiflung. Vielleicht spürte ich aber auch das ganze Ausmaß meiner eigenen Verzweiflung.

Was hatte ich hier verloren? Es war verrückt. Das war kein Abenteuer, das war eine Tortur. Ich wollte weg aus diesem bitteren Einsiedlerleben. Ich wünschte mir von ganzem Herzen, daheim zu sein, in meinem gemütlichen warmen Haus, mit Nancy und Will an meiner Seite.

Doch ich war auf Little Lava. Und vor Einbruch der Nacht gab es noch eine Menge zu tun.

Als Erstes nahmen wir die Quelle in Augenschein, die sich ein Stück unterhalb des Hauses am Rand des Lavafelds befand, und stellten fest, dass sie trüb und voller Algen war. »Da waren Schafe drin«, meinte Pétur. Er ging voraus, um einen niedrigen Hügel aus erstarrter Lava herum und weiter in eine grasbewachsene, windgeschützte Senke. In einer der Felswände befand sich eine kleine Höhle, auf deren Steinboden sich in einer Mulde klares Wasser gesammelt hatte. Mit Hilfe einer Pfanne füllten wir unsere Eimer.

Wir gingen zurück zum Haus. Ich fand eine Petroleumlampe, deren Docht schmutzig war, sich aber trotzdem entzünden ließ. Pétur zerriss eine Zeitung und zerkleinerte ein Brett zu Anzündholz. Dann legte er Papierschnipsel und Holzsplitter in den alten gusseisernen Ofen, schüttete etwas Petroleum auf den Haufen und hielt ein Streichholz daran. Draußen war es bereits kalt geworden – es fühlte sich an wie fünf Grad unter null. Der aufklarende Himmel und der auffrischende Wind verhießen noch weiter sinkende Temperaturen. Wir holten ein zweites Bett aus dem Wohnraum und machten die Tür zu, um uns in einem Zimmer einzuschließen. Als das Feuer im Herd zu prasseln begann, schaufelte Pétur Kohlen auf die Flammen. Er stellte einen zweiflammigen Gaskocher auf einen schmutzigen Tisch und schloss seine Zuleitung an einer Propangasflasche an. Dann zündete er den Kocher an und stellte einen Topf mit Wasser darauf. Ich fand ein von Mäusen ramponiertes Bettlaken und schnitt es in Streifen; mit Hilfe des Schraubenziehers an meinem Taschenmesser drückte ich die Streifen in die Ritzen an den Fenstern und an der zugenagelten Hintertür, um die kalte Zugluft am Eindringen zu hindern.

»*Eitur kalt*«, sagte Pétur. Dann: »Eiseskälte.«

Wir behielten unsere Pullover und unsere Daunenwesten an und rückten nah an den Herd. Ich saß auf einem Stuhl, der aus der Wirbelsäule eines Wals gemacht war. Pétur bereitete eine Mahlzeit aus Fischfrikadellen und Kartoffeln zu. Zum Fisch und den Kartoffeln aßen wir Kräcker, Knäckebrot und geräuchertes, durchwachsenes Lammfleisch; als Nachtisch gab es Schokolade. Anschließend wischten wir den Mäusekot von den Matratzen und rollten unsere Schlafsäcke aus. Pétur hatte einen dicken, warmen Bergsteigerschlafsack. Ich hatte nur den dünnen Schlafsack dabei, den ich in seiner Wohnung benutzt hatte, da ich nicht damit gerechnet hatte, dass es auf Little Lava so bitterkalt sein würde. Ich suchte mir die drei am wenigsten von den Mäusen beschmutzten Decken aus und legte eine davon unter meinen Schlafsack, die anderen beiden darüber.

Wir schaufelten noch mehr Kohlen in den Herd. Unser Atem dampfte im goldenen Licht. Nach einiger Zeit war klar, dass der Ofen die Küche nicht auf eine angenehme Temperatur aufheizen würde. Als Pétur versuchte, eine der Umlenkplatten im Ofen zu verstellen, damit die Flammen mehr Platz hatten, um sich auszubreiten, löste sich der Griff, und die Umlenkplatte hing unnütz und klappernd im Ofen. Die Flammen loderten geradewegs in den Kamin und heizten die Luft über Little Lava. Im Haus bildete sich Eis an den Fensterscheiben. Draußen herrschte pechschwarze Nacht. Das Stöhnen des Winds schwoll zu einem Heulen an, klang aus und steigerte sich wieder.

Útburđarvæl nannte Pétur das Geräusch, das »Wehklagen der Ausgesetzten«: Es heißt, das Klagen des Winterwinds sei das Echo der Schreie Neugeborener, die in heidnischen Zeiten, als das Land von Hungersnöten gebeutelt wurde und es nicht genug Nahrung gab, um eine weitere Seele zu ernähren, im Freien ausgesetzt wurden, damit sie erfroren.

Wir rutschten dicht an den Ofen. Pétur setzte noch einmal Wasser auf und machte eine Kanne Kaffee. Ich ließ ihn das meiste davon trinken, weil ich hoffte, er würde auf diese Weise früh aufwachen und das Feuer wieder anschüren.

Bevor ich mich schlafen legte, ging ich nach draußen, um meine Blase zu erleichtern. Der Wind blies mich fast von der Eingangstreppe, und ich eilte auf die windabgewandte Seite des Hauses. Die Wolken waren alle fortgeweht worden, und der Himmel war mit Sternen übersät. Im Sternenlicht leuchteten die Berge auf Snæfellsnes gespenstisch grau. Der schneebedeckte Snæfellsjökull am Ende der Halbinsel schimmerte eine Spur blasser als die anderen Gipfel der Gebirgskette. Während ich auf die Berge blickte, durchschnitt ein kegelförmiger Lichtstrahl die Schwärze über dem Snæfellsjökull. Der Lichtkegel wurde heller und teilte sich in fünf Finger auf, die ebenso weißlich grau leuchteten wie der Berg selbst. Dann bewegten sich die Lichtfinger. Sie wogten langsam und unabhängig voneinander. Ich bemerkte, dass ich den Atem anhielt und lauschte: Das Spiel des Nordlichts wirkte irgendwie lebendig, und ich hatte das Gefühl, ein leises, gleichmäßiges Atmen oder einen reinen, himmlischen Ton zu hören, wenn ich angestrengt lauschte. Ich blieb zitternd stehen, bis die Kälte unerträglich wurde, und sah zu, wie die Lichtfinger sich bewegten und leuchteten. Die Sterne waren heller und klarer, als ich sie je gesehen hatte. Meine Ohren schmerzten. Meine Hände wurden taub. Der Wind fegte kreischend ums Haus und ließ den losen Blechstreifen am Dach der alten Torfscheune klappern.

In jener Nacht trug ich in meinem Schlafsack alle Kleidungsstücke, die ich mitgebracht hatte, unter anderem zwei lange Unterhosen, eine Hose und ein Hemd aus Baumwolle, einen Pullover und eine Daunenweste. Ich hatte mir meine Mütze über die Ohren gezogen und einen Schal um den Hals gewickelt. Mein Atem stieg in Wolken zur Decke. Ich lauschte dem Wind, dem Knistern der glühenden Kohlen und dem leisen Rieseln der Asche, die durch das Gitter im Ofen fiel. Das Sternenlicht durchflutete das Zimmer. Ich drehte mich auf die Seite, zog die Beine nah an den Körper heran und steckte die Hände zwischen die Oberschenkel. Nie zuvor hatte ich mich so leer und so allein gefühlt. Ich war in Island, in einem winzigen Haus an einer schroffen Küste, und der Wind brüllte aus Norden, ein Wind, der über die Grönlandsee und das unter einer Eisdecke gefangene Nordpolarmeer gefegt war.

Ich schlief. Wenn ich aufwachte, schmerzten meine Hüftgelenke vor Kälte. Der Wind heulte, das Feuer im Ofen war erloschen. Ich rollte mich zusammen. Pétur lag in dem Bett neben meinem – diagonal, weil er sonst nicht hineingepasst hätte –, und ich dachte daran, ihn aufzuwecken und zu fragen, ob ich zu ihm in seinen Schlafsack kriechen durfte. Ich war nicht sicher, wie er auf eine solche Bitte reagieren würde; für Isländer ist es nichts Ungewöhnliches, zu mehreren in einem Bett zu schlafen, und vermutlich hätte er mir Platz gemacht. Doch ich vergrub den Kopf noch tiefer in meinem eigenen Schlafsack und schlief wieder ein.

Am Morgen zeigte der Kaffee Wirkung. Pétur stolperte nach draußen in den heulenden Wind. Als er zurückkam, schürte er im

Ofen ein. Ich blieb noch eine Stunde im Bett liegen. Ich hatte Halsschmerzen und fühlte mich erbärmlich. Als ich endlich aufstand, war noch immer eine dicke Eisschicht an den Fenstern, durch die rötliches Licht drang. Zum Frühstück aßen wir Haferbrei und tranken zwei Kannen Kaffee. Dann fütterten wir den gierigen Ofen. Langsam wurde es im Haus heller. Wir machten uns daran, die Zimmer mit einem Maßband auszumessen. Wir nahmen die Möbelstücke unter die Lupe und versuchten zu entscheiden, was im Sommer benutzt werden konnte und was ausgemustert oder anderswo gelagert werden sollte.

Als wir einen Raben krächzen hörten, streckten wir die Köpfe zur Tür hinaus, konnten jedoch weit und breit keinen Raben entdecken. Weit entfernt im Süden stieg die Sonne über die Wolkenbank, die noch immer über Reykjavík hing. Sie sandte ihre Strahlen über das Lavafeld, tauchte die Erhebungen und Brocken in Licht und warf Schatten über die Spalten. Der gedrungene Eldborg ragte lohfarben und wuchtig empor. Die Berge auf Snæfellsnes glühten wie geschmolzenes Metall.

Wir zogen uns warm an und gingen nach draußen. Die Sonne glich einer Abendsonne und schien nicht mehr Wärme zu spenden als der Mond. Wir wanderten die Halbinsel hinunter. Im windgeplätteten Gras lagen Treibholz, alte Flaschen, Seilstücke und farbige Plastikbojen von Schleppnetzen, die aussahen wie übergroße Weihnachtsbaumkugeln. Ich schlurfte mit gesenktem Haupt dahin. Der Wind ließ meine Augen so stark tränen, dass ich kaum etwas sehen konnte. Wir bekamen keinen einzigen Vogel zu Gesicht, sahen aber vier Pferde: ein kastanienbraunes, ein graues, ein weißes und ein schwarz-weißes; es waren isländische Pferde mit großem Kopf und gewölbter Brust, die mit kurzen Riemen aneinander gekoppelt waren. Sie kamen auf uns zu und starrten uns an. Ihr Fell war flauschig wie der Kälte abweisende Pelz eines Bären. Im gefrorenen Schlamm waren die Spuren von Pferden, Schafen und Füchsen zu erkennen. Der Wind hatte Gischt von der Lagune fortgeweht und an den Felsen abgeladen, wo sie zu filigranen, spitzenähnlichen Gebilden gefroren war. Das Eis auf den Pfützen war dick genug, dass man sich darauf stellen konnte. Die Sonne hing nur knapp über dem Horizont. Im Westen leuchtete der Snæfellsjökull rosafarben und erstarrte jedes Mal, wenn die Sonne hinter den Wolken verschwand, zu einem stumpfen Blau.

Eigentlich hatten wir vorgehabt, noch einen zweiten Tag zu bleiben, doch die Kälte war unerträglich. Der Ofen hatte fast den ganzen Zentner Kohle verschlungen, den wir hergeschleppt hatten, und obwohl im Kofferraum des Citroëns noch ein zweiter Sack Kohle lag, sahen wir keinen Sinn darin, ihn zu holen und uns eine weitere Nacht mehr schlecht als recht von ihm wärmen zu lassen.

Wir verstauten unsere Sachen in den Rucksäcken, schlossen das Haus ab und brachen auf. Als wir beim Auto ankamen, war der Himmel bereits dunkelviolett. Die Batterie drehte den Motor mit letzter Kraft durch, bis er schließlich ansprang. Das Licht wurde immer schwächer, als wir an Stóra Hraun vorbeifuhren, wo uns die Hunde hinterherrannten und nach dem Staub schnappten, den wir aufwirbelten. Wir folgten der Straße flussaufwärts. Gestern hatten sich die Wassermassen noch schäumend über die Felsen im Flussbett gewälzt. Jetzt war der Fluss von einem Ufer zum anderen gefroren.

Die Bischofsquelle

An dem Nachmittag, an dem der Traktor unser Baumaterial nach Little Lava brachte, machten wir uns unverzüglich an die Arbeit. Pétur kümmerte sich um die Fenster und ersetzte die verrotteten Fensterbretter und Fensterpfosten aus Hartfaserplatte, die von der Nässe verfärbt und verzogen waren. Wir strichen das Holz weiß: Es rahmte den Ausblick auf den Salzsumpf, der unter den Wolken und der Sonne dunkler und heller wurde, und auf die bergige Halbinsel Snæfellsnes mit dem Snæfellsjökull an ihrem westlichen Ende.

Der Snæfellsjökull ist ein eindrucksvoller Berg. Er ähnelt dem Fujiyama, den ich allerdings nur von Bildern kenne. Der Gletscher auf seinem Gipfel wird von zwei weit auseinander liegenden Felsspitzen durchbohrt; bei bestimmten Lichtverhältnissen erinnern die Felsformationen an Hörner, manchmal gleichen sie den Augen eines Rochens.

Anfang Juni war die obere Hälfte der Bergs noch immer schneebedeckt. Der Fuß des Snæfellsjökull hatte dieselbe Farbe wie das blaugraue Meer, sodass der verschneite Gipfel aussah wie ein weißes Dreieck, das in der Luft schwebte. Der Berg schien zu leben – er schien vor sich hin zu brüten, während er die Halbinsel bewachte und darauf wartete, dass etwas geschah. Aber was? Obwohl die meisten Reiseführer den Vulkan als erloschen bezeichnen, hatte mir ein isländischer Geologe gesagt: »Eines Tages wird er wieder ausbrechen.«

Während Pétur die Fenster reparierte, trug ich Berge von Müll aus der Werkstatt: morsche Bretter, von Mäusen zernagte Fisch-

Little Lava mit dem Snæfellsjökull im Hintergrund.

netzbojen aus Kork, Stöße vergilbter Zeitungen, modrige Plastikplanen, leere Petroleumkanister. Ich machte Feuer in einem alten Fundament. Der Wind ließ die Flammen auflodern und trieb schwarzen Rauch die Litla-Hraun-Halbinsel hinunter.

In dem unfertigen Gartenhaus nebenan war ein Teil des Bodens noch in Ordnung. Pétur und ich stellten dort die zu kurzen Betten mit ihren verkratzten, zersplitterten Rahmen und ihren modrigen Rosshaarmatratzen ab. Da wir nicht wussten, ob Annas Familie sie als Antiquitäten betrachtete, hatten wir beschlossen, sie aufzuheben.

Wir arbeiteten den ganzen Tag bei unverminderter Helligkeit. Zum Abendessen gab es mit Butter bestrichenes Knäckebrot und geräuchertes Lammfleisch. Gegen Mitternacht legten wir unsere Werkzeuge und Pinsel beiseite. Pétur trank seinen Gutenachtkaffee, dann kroch er in seinen Schlafsack, band sich ein blaues Halstuch über die Augen und begann bald darauf zu schnarchen.

Ich legte mich auf das Feldbett im Wohnraum und schlief eine Zeit lang. Irgendwann weckten mich der Wind, der an den Fensterscheiben rüttelte, blökende Schafe, flatternde Schnepfen und das Licht, das jetzt in diesem nördlichen Teil der Welt allgegenwärtig war.

Ich zog meinen Pullover an. Als ich die Haustür öffnete, sah ich das Lavafeld und den gedrungenen Kegel des Eldborg.

Stahlblaue Wolkenbänke zogen über den blassblauen Himmel. Es war kurz nach zwei Uhr und nicht mehr lange bis Sonnenaufgang. Als ich auf der Eingangstreppe stand, hörte ich ein seltsames Geräusch aus der Lava, ein klagendes, bellendes Gejaule, dessen letzter Ton lang und ausgedehnt war: *haup-haup-haup-hauwuh*. Dann ertönte der Ruf abermals, traurig und wild und argwöhnisch. Er war schwer zu lokalisieren und schien hin und her zu wandern. Ich ließ den Blick über das düstere Geröll schweifen, konnte jedoch nichts Außergewöhnliches entdecken. Doch was war schon gewöhnlich an dieser abweisenden, zerklüfteten Gesteinswüste.

Das unregelmäßige, kehlige Jaulen schwoll an und verklang wieder. Ich war ziemlich sicher, dass die Laute von einem Fuchs stammten. Vor langer Zeit, so heißt es, verliebte sich in Lappland eine Hexe in einen Isländer und wurde von ihm zurückgewiesen; aus Rache sandte die Hexe den Fuchs nach Island, damit er die Vögel fraß, ihre Nester plünderte, Schafe tötete und den Bewohnern dieser abgeschiedenen, einsamen Insel das Leben noch mehr erschwerte.

Ich lauschte dem Jaulen, das immer leiser wurde. Es schien sich auf der felsigen Landzunge zu entfernen, die sich von Little Lava nach Süden erstreckte. Das Geräusch verstummte, doch die Melodie des isländischen Frühlings war weiterhin zu hören: der Wind, der das Gras kämmte, der Flügelschlag der Schnepfen, das Blöken der Schafe, das blubbernde, wehmütige Pfeifen der Regenbrachvögel.

Die Sonne kroch hinter einem Berg im Hochland hervor und ließ die Wolken in einem grellen Orangerot erstrahlen. Die beiden Bergkegel am Eingang zum Hnappadalur färbten sich tiefviolett.

Die Landschaft schien zu schwelen. Das Lavafeld sah aus, als würde es sich jeden Moment polternd in Bewegung setzen. Die Grashalme auf der Hauswiese glichen flammenden Speeren. Im Salzsumpf glühten die winterfesten Pflanzen rosafarben und zitronengelb, bernsteinfarben und fichtengrün.

Drei Schnepfen, die im Zickzack über das Haus flogen, hoben sich leuchtend vom Firmament ab. Ein Goldregenpfeifer segelte vorüber und sang sein wehmütiges *Tirr-pie-oh*. Aus dem Gras erhob sich ein Wiesenpieper, schraubte sich in die Luft und gaukelte wieder herab wie ein winziger Fallschirmspringer, während er ununterbrochen bezaubernd zwitscherte.

Schneehühner flatterten über der Lava, im Sumpf schnatterten Gänse. Ich fragte mich, ob die Vögel und alle anderen Tiere überhaupt schliefen an einem so warmen, klaren Morgen – oder war es noch immer Nacht?

Ich legte mich wieder ins Bett, konnte jedoch nicht mehr schlafen. Ich dachte an meine Mutter. In jenen Tagen dachte ich fast ständig an sie; andere Gedanken waren nichts weiter als eine Ablenkung von dem Ereignis, das mir aufgezwungen worden war. Manchmal bemühte ich mich trotzdem, Mom aus meinem Kopf zu verbannen, um meinen Kummer zu vertreiben. Doch das verursachte mir Schuldgefühle. Weshalb sollte ich sie verdrängen? Warum sollte ich meine Mutter verleumden, indem ich mich weigerte, mich an sie zu erinnern? Was ich nicht vergessen konnte, war mein letztes Bild von ihr.

Sie lag auf dem Rücken in geronnenem Blut. Ich weiß nicht, wie lange ich sie anstarrte, ihre Wunden und ihr Gesicht; wahrscheinlich nicht länger als eine halbe Minute. Und doch kam mir diese kurze Zeitspanne vor wie eine Ewigkeit. Meine Mutter, meine eigene Mutter war tot, und irgendjemand hatte sie ermordet. Ich war nicht im Stande, zu ihr zu gehen, und ich wagte es nicht, das Gesicht des Menschen zu berühren, der mir so viel bedeutet hatte.

Schließlich gelang es mir, mich loszureißen. Ich drehte mich um und stolperte den Flur entlang. Ich nahm Will auf den Arm und trug ihn nach draußen. Er war nur wenige Schritte davon entfernt gewesen, sie zu finden; er hatte bereits die Hälfte des Flurs zurückgelegt – und »Grandma! Grandma!« gerufen –, als irgendetwas in meinem Kopf »klick« machte: Verschiedene unscheinbare Anzeichen von Unordnung im Haus sagten mir, dass etwas nicht stimmte. Ich rief Will in die Küche zurück und ließ ihn dort warten.

Draußen marschierte ich mit Will auf dem Arm die Zufahrt hinunter. Die Nachbarn kamen mir mit besorgten Gesichtern auf dem Gehweg entgegen. Ich sagte ihnen, dass Mom tot sei. Ich erinnere mich noch an die Gedanken, die mir durch den Kopf schossen: dass mein Leben nie wieder dasselbe sein würde, dass ich nie wieder derselbe Mensch sein würde, dass das, was ich gesehen hatte und womit ich von nun an leben musste, mich unvermittelt und unwiderruflich verwandelt hatte. Es hatte meine gesamte Weltsicht verändert.

Jetzt, tausende von Kilometern entfernt, ließ ich mich vom Grauen überrollen, während ich an die fleckige braune Decke des Wohnraums von Little Lava starrte. Ich hatte das Gefühl, das Ereignis noch einmal durchleben zu müssen, es mir in Gedanken immer und immer wieder vor Augen führen, um akzeptieren zu können, was geschehen war. Manchmal kann es einem Schriftsteller zum Verhängnis werden, über die Art von Phantasie zu verfügen, die es ihm ermöglicht, sich in die Gedanken eines anderen Menschen hineinzuversetzen. Ich befand mich in ihrem Haus. Ich sah den Mord mit ihren Augen. Ich fühlte, was sie fühlte.

Ich lag auf dem Feldbett, lauschte dem Wind, der um das Haus fegte und die Fensterscheiben in ihren Rahmen erbeben ließ, und empfand unbeschreiblichen Kummer.

Ich fragte mich, ob ich mich irgendwann, wenn ich an meine Mutter dachte, so an sie erinnern würde, wie ich sie gekannt hatte. Ob ich mich daran erinnern würde, wie sie Will auf dem Schoß hatte und ihm vorlas. Wie sie in der Küche das Essen zubereitete, wie sie Klavier spielte, wie sie über Politik diskutierte, in ihrer ruhigen, aber bestimmten Art; wie sie sich im Fernsehen Sportereignisse ansah oder wie sie mit kurzen, nach außen gerichteten Schritten ihren Hund spazieren führte. An ihr Lächeln beim Gedanken an irgendein gemeinsames Erlebnis in der Vergangenheit, an ihr Lächeln, mit dem sie mir ihre Liebe zeigte.

Mir fiel eine Passage aus einem Roman des großen isländischen Schriftstellers Halldór Laxness ein:

»Wer wäre im Stande, einem die Mutter zu nehmen? Wie könnte einen die eigene Mutter verlassen? Sie ist einem näher, je älter man wird und je länger sie tot ist.«

Der Tag brach an. Die Sonne setzte ihren *sólarhringur* fort, ihren hufeisenförmigen Weg über den Himmel. Pétur und ich standen auf und machten uns wieder an die Arbeit. Die Sonnenstrahlen krochen über das Hnappadalur und tauchten seine Vulkankegel in ein stumpfes, verwaschenes Rosa.

Ein weiterer Tag, den wir mit Aufräumen und Verbrennen, Sägen, Hämmern und Streichen zubrachten. Ich versuchte, mich auf die Arbeit zu konzentrieren. Ich zwang mich, die Augen darauf zu richten, wie das morsche Holz Feuer fing, in Flammen aufging und sich unter blassen Rauchschwaden in Asche verwandelte; wie die weiße Farbe für einen kurzen Moment auf dem rauen Bauholz stand, ehe sie von seinen Fasern aufgesaugt wurde. Wie das Licht schräg auf den Betonfußboden fiel, dessen Oberfläche von grauschwarzen, abgetretenen Steinen unterbrochen wurde, die aus dem Fundament ragten.

Wir arbeiteten, während die Sonne über die blaue Schulter des Kolbeinsstađafjall hinwegzog. Mit dem Rücken an die Hauswand gelehnt verzehrten wir unser Mittagessen im Freien und teilten es mit einem Geschwader fetter Fliegen, die ununterbrochen summten und sich niederließen.

Die Sonne kletterte auf ihren südlichen Scheitelpunkt. Sie hing nur wenige Handbreit über dem Lavafeld – etwa so hoch wie in Pennsylvania im November. Das Licht war warm, kraftvoll und rein; Entfernungen schienen unendlich. Ich hatte Schwierigkeiten, mich an die ständige Helligkeit zu gewöhnen, und der tiefe Stand der Sonne war irreführend. Zu Hause halte ich mich im Freien an die Sonne, um die Zeit zu schätzen und mich zu orientieren. In Island im Juni war das unmöglich.

Am Nachmittag ging ich mit den Wasserkanistern zu der Höhle in der Lava. Die Höhle war ein ruhiger Ort und gestattete eine Ruhepause vom Wind, der so hemmungslos blies. Ich fragte mich, wie viele andere Menschen bereits Wasser aus der stillen, dunklen Quelle geschöpft hatten. Hatten sie ebenfalls hier gerastet und

Sonne, Regen oder Schnee betrachtet? Ich füllte die Kanister und nahm aus einem von ihnen einen kräftigen Schluck. Das süße, kalte Wasser ließ mich erzittern.

Pétur zufolge trug diese Quelle den Namen Gvendarbrunnur. Sie war nur eine von vielen Quellen in Island mit diesem Namen. Gvendur ist die Kurzform von Guđmundur; Guđmundur Arason war ein Mann von einfacher Herkunft, der 1203 zu einem der beiden katholischen Bischöfe von Island gewählt wurde. Als Fürsprecher des einfachen Volks focht er die Befehlsgewalt der Anführer an, die in jener Epoche über den Norden Islands herrschten. Er zog mit einer Schar von Gefolgsleuten umher, trat den Anführern gegenüber, um Nahrungsmittel zu verlangen, und lieferte sich manchmal Schlachten mit ihnen. Er war ein großer Bewunderer Thomas Beckets und war sogar nach Canterbury gereist. Angeblich wollte er selbst ein Märtyrer werden, doch die Anführer wollten ihm diesen Gefallen nicht erweisen; letzten Endes wurde er in Hólar, wo sich seine Kathedrale befindet, unter Hausarrest gestellt und starb dort 1237. Man behielt ihn in gutem Andenken, weil er gefährlichen Bergpässen christlichen Segen spendete und böse Geister von Vogelkliffs vertrieb, an denen bereits zahlreiche Eiersammler in den Tod gestürzt waren. Als er wieder einmal ein Kliff segnete, so erzählt man sich, ertönte eine Stimme aus den Felsen: »Auch die Bösen brauchen einen Platz zum Leben.« Guđmundur muss dem zugestimmt haben, denn von da an ließ er einen Teil jedes Kliffs ungeweiht.

Seit der Bischof die Quelle bei Little Lava gesegnet hatte, war sie stets rein geblieben und niemals versiegt. Und da sie sich tief unten in einer düsteren, rutschigen Höhle befand, kamen keine Schafe dorthin.

Der Nachmittag verstrich. Die Sonne wanderte über die Faxabucht und näherte sich dem Snæfellsjökull. Nachdem sie an dem Gletscher vorübergezogen war, erkannte ich, dass sie bereits unterging.

Das Licht wurde weicher und nahm eine rosarot-gelbe Färbung an. Der Wind ließ nach. Die Sonne verschwand hinter den Gipfeln von Snæfellsnes, die nur noch in Umrissen zu erkennen waren. Die Halbinsel setzte sich aus drei schroffen, kahlen und unbewohnten Felsrücken zusammen. Westlich davon befand sich die riesige Erhebung des Snæfellsjökull mit seiner Schollenlava und seinen Kratern. Weiter östlich, und näher bei uns, standen die Hellgrindur, die »Figuren des Todes«. Hinter dem Hafursfell, jenseits des flachen Küstenstreifens, drängten sich die Ljósufjöll, die »Lichtberge«.

Der Himmel behielt seine Helligkeit bei, als die Sonne die Berggipfel streifte. Dann verschwand sie hinter dem Hafursfell, nicht weit von der Stelle entfernt, wo sie in zwei Stunden wieder aufgehen würde. Der Himmel würde sich während dieser Zeit nicht verdunkeln.

Pétur und ich waren auf den überdachten Bereich des Gartenhauses geklettert und knieten vorsichtig auf den morschen Brettern, mit denen die Dachbalken verkleidet waren. Mein Rücken schmerzte. Meine Arme waren müde. Mein Magen knurrte. Wir wollten das Dach des Gartenhauses erneuern, um einen Lagerraum für die unbrauchbaren Möbelstücke aus dem gemauerten Haus zu schaffen; außerdem entstand auf diese Weise ein geschützter Bereich für ein Plumpsklosett und ein Ort, an dem ich meinen Kajak lagern konnte, sobald ich die Zeit fand, ihn zusammenzubauen.

Mandarinenfarbenes Licht füllte den Himmel und spiegelte sich im Wasser der Lagune und in den Fenstern des Hauses. »Was wir hier machen«, sagte Pétur, »ist typisch isländisch.« Er rollte eine Bahn Dachpappe aus, nahm einen Nagel mit großem Kopf aus dem Mundwinkel und hämmerte ihn durch eine Holzlatte, mit der er die Dachpappe fixierte. »Es ist Sommer«, sagte er. »Es ist Mitternacht. Wir sind im Freien und arbeiten auf einem Dach.«

An diesem Nachmittag war die Temperatur auf über zehn Grad geklettert – es war ungewöhnlich warm für einen Junitag in Island. Nach dem Kälteeinbruch im Dezember, als Pétur und ich auf Little Lava gezittert hatten, wurde der Winter mild und trocken und konnte nach isländischen Maßstäben kaum als Winter bezeichnet werden. Der Frühling hatte zeitig begonnen.

Als Nancy und ich im Juni 1986 das erste Mal nach Island reisten, war das Wetter schrecklich gewesen: Tag für Tag regnete und stürmte es, und die Temperaturen kletterten nur mit Mühe auf fünf Grad. Eines Abends, auf einem Anwesen auf der Nordseite von Snæfellsnes, stellten wir unser Zelt im Windschatten einer Wand aus Düngersäcken auf, um zu verhindern, dass der Wind es dem Erdboden gleichmachte; als wir am Morgen ins Freie krochen, sahen wir, dass alle Berge um uns mit Neuschnee bedeckt waren. Auf der Heide befanden sich Scharen von Goldregenpfeifern, die gerade erst aus dem Süden zurückgekehrt waren. In den Buchten waren die Eiderenten noch immer auf Partnersuche; sie hatten noch nicht mit dem Nestbau begonnen. Rotdrosseln, Schneeammern und Wiesenpieper sangen in einem fort, meldeten Revieransprüche an und konkurrierten um Partner.

Da der Winter in diesem Jahr so kurz gewesen war, hatten sich alle Zugvögel bereits vor mir eingefunden. Die meisten von ihnen hatten mit dem Nestbau begonnen, und einige hatten schon ihre Eier ausgebrütet. Beim Überqueren des Sumpfs hatten Pétur und ich ein Gänsesägerweibchen überrascht, das gerade mit seiner Schar flauschiger, brauner Entlein im Schlepptau um eine Kurve in einem der schmalen, tief eingekerbten Priele paddelte.

Ich entdeckte das Nest eines Wiesenpiepers, eine winzige Mulde neben einem grasbewachsenen Thúfa. Ein Sandregenpfeifer täuschte einen gebrochenen Flügel vor, um mich von seinem Nest auf der Schotterebene südlich des Hauses wegzulocken. Auf dem Weg nach Little Lava verteidigten die Raubmöwen noch immer entschlossen ihr Nest, das Pétur schließlich entdeckt hatte: zwei große olivfarbene, braun gesprenkelte Eier auf einem abgeflachten Thúfa.

Ein weißes Bachstelzenpärchen hatte das heruntergekommene Gartenhaus in Beschlag genommen. Die lebhaften Vögel hatten weiße Gesichter und schwarze Hauben, und ihre Schwänze wackelten unentwegt auf und ab. Die beiden Bachstelzen waren außer sich, als wir die alten Möbel in das Gartenhaus schleppten und die Dachpappe anbrachten. *Tschick-tschick!*, schimpften sie und huschten hin und her. Ihr Nest bestand aus ineinander geflochtenen Grashalmen und befand sich auf einem horizontalen Stützbalken. Ich kletterte hoch, um einen Blick darauf zu werfen. In der mit Schafswolle ausgekleideten Mulde lagen sieben Eier.

Gegen Mittag an unserem dritten Tag hatten Pétur und ich bereits Fortschritte gemacht. Die Werkstatt glich inzwischen wieder mehr einem Zimmer als einem Schweinestall. Ich installierte eine Toilette im alten Gartenhaus, die aus einem hölzernen Sitz bestand, unter den ich einen Eimer stellte. (Wenn es nicht regnete, wollte ich die Lava aufsuchen.)

Pétur hatte sämtliche Fensterrahmen ersetzt oder gestrichen: Es war erstaunlich, wie sehr das die Zimmer aufhellte. Außerdem hatte er ein Doppelbett gebaut, einen einfachen Holzrahmen für zwei Matratzen, die wir aus Reykjavík mitgebracht hatten. Das Doppelbett stellten wir in die Küche, das Feldbett blieb im Wohnraum.

Wir reinigten den Fußboden und versahen den welligen Beton mit einer Acrylversiegelung. Wir montierten neue Scharniere an der Außentür und an den beiden Fenstern, die sich öffnen ließen. Als wir die Löcher im Dach in Angriff nehmen wollten, tauchte ein Freund von Pétur auf; Pétur entschloss sich spontan, nach Reykjavík zurückzufahren. Es war frustrierend. Die Arbeit auf dem Dach war gefährlich und schwierig, und ich wollte sie nicht gern allein machen. Aber da das Wetter noch immer unerwartet schön war, konnte ich nicht beurteilen, ob das Dach tatsächlich so stark leckte, dass es sofort in Ordnung gebracht werden musste, und beschloss, die Reparatur bis nach Nancys und Wills Ankunft zu verschieben; sie sollten in drei Tagen in Reykjavík landen.

Mit einem Mal vermisste ich sie schrecklich. Ich wollte sie einfach nur in meiner Nähe haben, so wie ich es gewohnt war, und fühlte mich ziemlich niedergeschlagen, als ich Pétur und seinem Freund hinterhersah, die über das Watt wanderten und immer kleiner wurden.

Ich holte Wasser vom Gvendarbrunnur und machte mir in der Küche eine Tasse Tee. Ich versuchte zu lesen, aber es gelang mir nicht, die Sätze miteinander zu verknüpfen. Also schloss ich das Buch wieder. Im Haus war es völlig still. Der Wind flüsterte. Ich öffnete eine Schublade und nahm ein scharfes Messer mit langer Klinge und gebogener Spitze heraus, ein Messer, das sich zum Schlachten eines Schafs oder eines Seehunds geeignet hätte. Ich legte das Messer auf den Tisch. Es war lächerlich, geradezu verrückt, sich an einem derart abgeschiedenen Ort bedroht zu fühlen. Der Mord an meiner Mutter hatte mich zu einem verängstigten Kind in einem dunklen Zimmer gemacht.

Ich hatte vor, mich am nächsten Tag auf den Weg in die Stadt zu machen, doch zuvor wollte ich noch einem wichtigen lokalen Ereignis beiwohnen.

Ich erwärmte Wasser auf dem Gaskocher und wusch mich mit einem Schwamm. Ich rasierte mich um meinen Bart. Ich bürstete meine Hosen ab und schlüpfte in ein kariertes Baumwollhemd – mein letztes sauberes Hemd. Ich zog meine Gummistiefel an, marschierte über die Hauswiese und durchquerte die Lagune. Noch war das Watt trocken, doch ein Blick auf die Gezeitentafel – die ich in der Küche an die Wand geheftet hatte – hatte mir verraten, dass die Flut im Anmarsch war.

Es war ein kühler Tag mit lockeren Wolken, die hin und wieder die Reihen schlossen, um Regenschauer zu Boden zu schicken. Wenn sie sich wieder teilten, fielen in der Ferne vereinzelte Sonnenstrahlen auf Bauernhäuser, gelb-grüne Felder, felsige Hänge und gezackte Kliffs.

Ich machte einen großen Bogen um das Nest der Raubmöwen. Sie flogen flatternd und schimpfend auf mich zu, griffen aber nicht an. Ich stieg in unser Auto – ein zehn Jahre alter, viertüriger Mitsubishi, ein typisch isländisches Vehikel – und kroch den holprigen Weg entlang, vorbei an Stóra Hraun. Man hatte mir erzählt, dass Stóra Hraun einem wohlhabenden Mann aus Reykjavík gehörte, wie auch der Haffjarđará, der Lachsfluss, der die westliche Grenze des Grundstücks bildete; die Familie, die dort wohnte, hatte das Anwesen gepachtet. Die Gebäude von Stóra Hraun hatten einen neuen Anstrich nötig. Auf den Feldern standen ausrangierte, unterschiedlich weit ausgeschlachtete Autos und Traktoren herum. Zum Viehbestand gehörten eine kleine Herde Milchkühe und eine Anzahl Schafe. Als ich vorbeifuhr, kamen die beiden Collies angelaufen und verfolgten kläffend meinen Wagen.

Ich nahm die unbefestigte Straße bis zur Schnellstraße, bog rechts auf den Asphalt ein und verließ die Hauptstraße am Fuß des gewaltigen Kolbeinsstađafjall. Unterhalb seines Gipfels stand eine kleine cremefarbene Kirche mit geneigtem Blechdach und Glockenturm.

Das Gras zwischen den Grabsteinen auf dem Friedhof war vor kurzem gemäht worden. Die Kirche stand auf dem Grundstück des Anwesens Kolbeinsstađir oder »Kolbeinn-Stelle«; nach einer Karte im *Landnámabók,* dem isländischen »Buch der Besiedelung«, hatte Kolbeinn zu den ersten Siedlern gehört. Er oder einer seiner Nachfahren war offenbar ein Anführer gewesen. Im Zuge der Christianisierung Islands um das Jahr 1000 wurden auf den Anwesen der Anführer Kirchen gebaut, und viele von ihnen stehen dort noch heute.

Island ist übersät mit kleinen Kirchen wie der bei Kolbeinsstađir.

Im Umkreis von 25 Kilometern von Little Lava befanden sich noch drei weitere, allesamt lutherische Kirchen. Das Luthertum ist in Island offizielle Staatsreligion, und Pfarrer sind Staatsbeamte. Die Kirchen werden für Konfirmationen, Taufen, Hochzeiten und Beerdigungen genutzt, doch nur ganz selten für sonntagmorgendliche Kirchenbesuche – ein Brauch, den die Isländer, egal, ob vom Land oder aus der Stadt, nicht pflegen.

Der scharfe Geruch frischer Farbe füllte das Gotteshaus. Die gewölbte Decke war gewissenhaft in vier verschiedenen Blautönen gestrichen worden. Die Kirchenbänke mit ihren aufrechten Lehnen, zehn auf jeder Seite des Gangs, hatte man in einem leuchtenden Senfgelb gestrichen, das einen hübschen Kontrast zum kastanienbraunen Stoff der Sitzpolster bildete.

In der Kirche saßen etwa dreißig Menschen. Sie schienen sich kaum von den Menschen in meiner Heimat Pennsylvania zu unterscheiden – mit ihren wettergegerbten Gesichtern und ihrer distanzierten oder vielleicht auch nur zurückhaltenden Art. Die meisten Männer und Frauen waren 40 oder älter, außer ihnen waren noch einige jüngere Erwachsene mit ihren Kindern zugegen. Der heutige Gottesdienst galt der Konfirmation von Jón Thór, dem 13-jährigen Sohn des Ehepaars, das auf Stóra Hraun Landwirtschaft betrieb.

Die meisten Isländer bedienen sich einer patronymischen Namensgebung, wie sie früher einmal in ganz Skandinavien üblich war, heute allerdings nur noch in Island zu finden ist. Jón Thór Kristjánsson saß in der vordersten rechten Reihe zwischen seiner Mutter Margrét und seinem Vater Kristján. Jón Thór war gut 1,50 Meter groß, stämmig, hatte ein sommersprossiges Gesicht und sandfarbenes Haar. Zur Feier des Tages trug er glänzende schwarze Schuhe, schwarze Hosen und eine weiße Robe.

Margrét hatte mich zu der Feier eingeladen. Sie war eine kräftige Frau mit kurz geschnittenem dunklen Haar, das sie hennafarben getönt hatte. Ihr Ehemann Kristján war groß und schlaksig, hatte widerspenstiges rotblondes Haar und ein hageres Gesicht, das gewöhnlich von einem schüchternen Lächeln erhellt wurde; ich erfuhr später, dass heute sein 50. Geburtstag war. Von den übrigen Bewohnern von Stóra Hraun waren anwesend: Jón Thórs 15-jährige Schwester Kristín (ihr voller Name lautete Kristín Kristjánsdottir), ein extrovertiertes Mädchen, blond, so groß wie ich, aber knapp 15 Kilo schwerer, sowie Guđlaug und Sigurveig, genannt Lauga und Veiga, Kristjáns ältere Zwillingsschwestern, bei denen es sich ebenfalls um große, kräftige Frauen handelte.

Der Pfarrer, der einen schwarzen Talar mit weißem Beffchen trug, predigte auf Isländisch. Er wechselte seinen Standort von der Kanzel zum Altar und schließlich zur rechten Seite der heiligen Stätte. Sein Blick schien auf irgendeine Erscheinung in der Ferne fixiert.

Ich erkannte einige der Kirchenlieder, die von einer älteren Dame auf einer Orgel mit Pedalen gespielt wurden. Sie hatte ihr langes graues Haar zu zwei hinter dem Kopf in Kringeln festgesteckten Zöpfen geflochten und trug Nationaltracht, ein schwarzes Kleid mit knöchellangem Rock, eine schwarze Weste über einer bestickten weißen Bluse und eine flache schwarze Mütze mit Seidenquaste. Die Kirchengemeinde sang auf Isländisch. Bei den Liedern, die ich kannte, sang ich auf Englisch mit.

Die Musik erinnerte mich an Mom. Die Kirche hatte in ihrem Leben eine wichtige Rolle gespielt. Sie war Baptistin gewesen und hatte, seit ich denken kann, kaum eine Sonntagsmesse verpasst. Sie saß immer in derselben Kirchenbank, zunächst mit unserer Familie, dann mit meinem Vater und schließlich allein. An den wenigen Sonntagen, an denen Nancy, Will und ich vom Land zu ihr fuhren, saßen wir neben ihr, und sie strahlte vor Freude. Nachdem die Kirche eine neue Orgel bekommen hatte, nahm Mom im letzten Jahr vor ihrem Tod Unterricht beim Organisten der Kirche und lernte selbst, das Instrument zu spielen.

Wir hielten ihren Gedenkgottesdienst in der Kirche von State

College in Pennsylvania ab. Die Trauernden füllten den Altarraum und die Chorempore im hinteren Teil der Kirche und sogar einen Gemeindesaal im Keller, wo sie dem Gottesdienst über Lautsprecher lauschten. Meine Freunde waren da. Die Freunde meiner Brüder waren da. Und die Freunde meiner Mutter und meines Vaters aus längst vergangenen Jahren waren da, Menschen, aus deren faltigen, von Altersflecken überzogenen Gesichtern noch immer das Licht des Lebens schien. Ich fragte mich, ob jemals ein Begräbnis in dieser Stadt so viele Trauernde angezogen hatte. Ich vermute, dass die Trauer der Anwesenden zwei Ursachen hatte: auf der einen Seite tiefe und ehrliche Hochachtung für Ruth und Mitgefühl für ihre Familie, auf der anderen Seite die Schmach, dass in der Gemeinde ein solcher Mord geschehen konnte. Vielleicht ahnten die Trauernden ebenso wie ich, dass State College keine Kleinstadt mehr war, dass es irgendeine vage Grenze überschritten hatte und ein weniger menschlicher und ein gefährlicherer Ort geworden war – State College war jetzt eine Stadt.

Am Morgen des Gedenkgottesdienstes ließ die Polizei verlauten, dass eine Verhaftung vorgenommen worden war. Als meine Gedanken in diese Richtung wanderten, zwang ich sie zurück nach Island. Ich blickte auf den Pfarrer und lauschte seinem fließenden Gesang. Ich konzentrierte mich auf den geschnitzten Holzaltar und auf das Spiel des Lichts auf dem Holz. Auf die vier Blautöne an der Decke. Auf den Chor aus sechs Sängern, die mit bebender Stimme eine Hymne sangen. Ich suchte Geborgenheit in einer ländlichen Gemeinde in einer einfachen Kirche am Fuß eines hohen Bergs.

Nach dem Gottesdienst marschierten die Menschen in einer Reihe aus der Kolbeinsstaðir-Kirche. Es regnete leicht. Sie stiegen in ihre Autos und fuhren zu einem Bürgersaal, der einen knappen halben Kilometer entfernt war; ich ging zu Fuß hin, über eine Straße, die das Weideland teilte. Auf den Tischen im Saal standen Sandwiches, Kräcker, Käse, Kuchen, Kekse und Kaffee in Thermoskannen bereit. Auf einem abseits stehenden Tisch stapelten sich die Geschenke für Jón Thór, zu denen ich ein Päckchen mit einem kleinen isländisch-englischen Wörterbuch legte. Die Gäste unterhielten sich angeregt miteinander. Sie waren höflich zu mir, nickten und lächelten, konnten oder wollten aber kein Englisch sprechen.

Irgendjemand berührte mich am Ellbogen, und eine Stimme sagte: »Charles.« Sie sprach meinen Namen »Cha-hruls« aus, mit starker Betonung auf der ersten Silbe.

Es war Margrét.

»Die Konfirmation war wunderbar«, sagte ich. »Danke, dass Sie mich eingeladen haben.

»Wir freuen uns, dass Sie gekommen sind. Wo ist Ihr Freund Pétur?«

»Er ist nach Reykjavík zurückgefahren«, sagte ich. »Er hat mich gebeten, Ihnen zu sagen, wie Leid es ihm tut, dass er nicht hier sein kann.« Das war eine Notlüge, da Pétur bei dem Vorschlag, an der Feier teilzunehmen, zu der wir beide eingeladen worden waren, die Augen verdreht hatte.

Ich unterhielt mich eine Weile mit Margrét und machte ihr ein Kompliment, weil sie so gut Englisch sprach. Sie erzählte mir, dass sie früher mit einem amerikanischen Soldaten verheiratet war, der in Keflavík stationiert war, einem Nato-Stützpunkt in der Nähe von Reykjavík. Ein Sohn aus dieser Verbindung war ebenfalls bei der Feier zugegen. Als sie mich zu ihm führte, um mich mit ihm bekannt zu machen, sagte sie: »Sie müssen uns einmal auf Stóra Hraun besuchen. Wenn wir Ihnen irgendwie helfen können, brauchen Sie es nur zu sagen. Sie können Milch und Brot von uns bekommen. Ich kann Ihnen Ihre Kleider waschen. Sie haben ja nichts da drüben, auf der anderen Seite des Watts.«

Vor dem Bürgersaal perlte der Regen auf den Autos. Die Feier machte den Anschein, als würde sie noch einige Zeit weitergehen, aber ich hatte meinen Bedarf an Kaffee und Kuchen gedeckt und wollte mir die Beine vertreten. Und ich wollte allein sein. Ich fand es merkwürdig und beunruhigend, dass ich mich einerseits so sehr nach Gesellschaft sehnte, andererseits in der Gegenwart anderer Menschen aber schrecklich nervös war.

Ich fuhr zurück auf die Schnellstraße, bog nach Westen ab, überquerte die Brücke über den Haffjarđará und bog rechts auf eine Straße ein, die ins Hnappadalur und zu dem westlicheren der beiden rötlichen Kegel führte.

Die Straße führte an einer langen, etwa 15 Meter hohen Basaltwand vorbei. Die Steine türmten sich in sechseckigen Säulen auf. Einige der Säulen neigten sich zur Seite, andere waren bereits in sich zusammengestürzt; zwischen der Felswand und der Straße lagen graue, kantige Steinplatten im Gras.

Ein Fuchs lief vor meinem Wagen vorbei und bahnte sich den Weg zwischen den Felsbrocken hindurch. Sein Pelz war eine fleckige Mischung aus weiß und dunkelbraun, ein Übergangsstadium vor seinem reinweißen Winterfell. Der Fuchs folgte einem schmalen Grasstreifen, der zwischen den Geröllmassen nach oben führte. Oben angekommen, drehte er sich um und blickte zu meinem Auto. Dann machte er kehrt und trottete über das Moor davon.

Als ich den ersten Kegel erreichte, parkte ich am Straßenrand. Die regennasse Landschaft trug die Farben der Kirche. Die nackten, brüchigen Steine – ihre wissenschaftliche Bezeichnung lautet »Gesteinsschlacke« –, aus denen die konische Erhebung namens Rauđamelskúla Ytri, »Äußerer Roter Geröllkegel«, bestand, hatten dieselbe kastanienbraune Färbung wie die Sitzkissen der Kirchenbänke. Die Lava und die dünne Erdschicht waren stellenweise mit senffarbenem Moos bewachsen. Der veränderliche Himmel erstrahlte in den vier Blautönen.

Nach etwa einem Viertel des Hangs lief das Moos aus. Die Gesteinsschlacke lag in einem Winkel von annähernd 45 Grad. Unter meinen Stiefeln knirschten und rutschten Steine in der Größe von Walnüssen. Mit jeden drei Schritten nach oben rutschte ich einen

Schritt zurück. Die Steine lösten kleine Erdrutsche aus, die jedoch bald langsamer wurden und innehielten; größere Steinbrocken purzelten und sprangen hangabwärts.

Über mir löste sich ein Schatten vom Hang. Es war eine *svartbakur*, eine riesige Mantelmöwe. Der Vogel entfernte sich vom Bergkegel, dann machte er kehrt und flog auf mich zu. Er hatte einen gedrungenen Rumpf, und seine Flügel waren so lang, dass sie mich an Schiffsplanken erinnerten. Die Möwe segelte im Wind und musterte mich mit einem ihrer gelben Augen. Ihre untere Schnabelhälfte zierte ein roter Fleck, der aussah wie ein Blutspritzer. Die Mantelmöwe ist die größte Möwe Islands. Die Menschen hier machen Jagd auf sie, da sie mit ihnen um die Eier von Seevögeln konkurriert und Eiderenten erbeutet, die wegen ihrer Daunen gehegt und gepflegt werden. Die Mantelmöwe schwebte über mir und stieß ihren heiseren, krächzenden Schrei aus, dann drehte sie um und ließ sich vom Wind seewärts treiben.

Auf dem Gipfel entdeckte ich eine Stelle mit spärlichem Gras, das mit weißem Kot und Federn übersät war. Ich suchte nach einem Nest, fand aber keines. Ein Stück weiter unten am Hang ragten spitze, dunkelgraue Felsplatten aus der Gesteinsschlacke, zwischen denen sich unter Umständen ein Nest verbarg. Ich setzte mich auf den Ausguck der Möwe auf der dem Meer zugewandten Seite des Gipfels, wo ich vor dem kalten Wind aus dem Tal geschützt war.

Die Landschaft breitete sich vor mir aus. Der Eldborg, dessen innerer Krater kaum zu sehen war, thronte in der Mitte seines Lavafelds. Die graue zerklüftete Lava war mit gelb-grüner Heide gefleckt, und hier und dort sah man den dunkleren Fleck einer verkümmerten Birke. Entlang der Südküste von Snæfellsnes erstreckten sich Strände nach Westen; die Brandung hinterließ weiße Runzeln auf dem orange-goldenen Sand. Die meisten Strände Islands bestehen aus schwarzem Sand, der aus Basalt entstanden ist. Die Strände von Snæfellsnes bestehen aus Muschelsplittern. Die Küste bei Little Lava ist Teil der 30 Kilometer langen Gezeitenküste eines Wattenmeers mit dem Namen Löngufjörur oder »Lange Strände«.

Das Hnappadalur in meiner Nähe war wüstes Ödland, ein vom Wasser und vom Wind geformter Lavahaufen. In Reykjavík hatte ich mich mit dem Geologen Haukur Jóhannesson vom Náttúrufræđistofnun Íslands, dem Isländischen Naturgeschichtsmuseum, unterhalten. Haukur war ein groß gewachsener, freundlicher Bursche, der das ganze Hnappadalur durchwandert und seine komplizierte vulkanische Vergangenheit analysiert und kartografisch erfasst hatte. Er schenkte mir eine selbst angefertigte, farbenfrohe geologische Karte von Snæfellsnes, die ich auf Little Lava im Wohnraum an die Wand heftete. Er erzählte mir, dass die roten Bergkegel 2600 Jahre alt waren. Zu dieser Zahl war er mit Hilfe der Radiokarbonmethode gelangt. Die Bergkegel bestanden aus glashaltiger Basaltlava, deren Oberfläche das Licht reflektierte und die Kegel aus einer Richtung rot, aus der anderen braun erscheinen ließ.

Im Hnappadalur befanden sich zwei große, von Gletschern ausgewaschene Seen, Hügel aus wasserhaltigem Glastuff und von subglazialen Eruptionen aufgeworfene Erhebungen. Ein weiterer Vulkan im Tal war der Gullborg, »Goldburg«, eine Gesteinsformation mit drei Höckern, der ein Mantel aus Moos einen goldfarbenen Schimmer verlieh. Zwischen den erstarrten Lavaströmen befanden sich Bauernhöfe mit grünen Weiden. Der Lachsfluss Haffjarđará schmiegte sich an den westlichen Rand der Lavafelder des Gullborg und des Eldborg, ehe er sich zum Watt hinunterwand und sich in die Faxabucht ergoss.

Die Tiefebenen südlich des Eldborg sind unter dem Namen Mýrar, »Marschen«, bekannt; in den kleinen und großen Teichen und den verschlungenen Wasserwegen auf diesen grünen Ebenen spiegelte sich der Himmel. Im Osten gruben sich Täler in die steilen Berge. Mit dem Fernglas machte ich im Süden die Stadt Borgarnes aus, deren Gebäude neben den verschneiten Gipfeln winzig wirkten. Auf der anderen Seite der Faxabucht, hinter dem Dunstschleier über dem Meer, waren undeutlich die geometrischen Formen Reykjavíks zu erkennen; ich erspähte die weißen Esso-Öltanks auf den Wellenbrechern am Hafen und die hohen Wohnhäuser unmittelbar am Wasser. Der Keilir, ein weiterer kegelförmiger Vulkan auf halbem Weg zwischen Reykjavík und Keflavík, erhob sich unübersehbar aus dem Lavafeld, das sich im Süden und Westen der Stadt ausbreitet.

Die Faxabucht war ein gewaltiger, ungeschützter Ausläufer des Meeres. Mir waren zwei Deutungen ihres Namens zu Ohren gekommen. Die eine war »Bucht der Mähnen«: *fax* bedeutet »Mähne«, und bei Sturm zeigen sich auf der ganzen Breite der Bucht weiße Mähnen. Im *Landnámabok*, dem »Buch der Besiedelung«, das aus dem zwölften Jahrhundert stammt, heißt es, die Bucht sei nach einem Bewohner der Hebriden namens Faxi benannt. Faxi – vielleicht hatte er eine lange Haarmähne – gehörte zur Besatzung eines Schiffes, das von dem Wikinger Flóki Vilgerđarson, einem der Entdecker Islands, befehligt wurde. Flóki segelte um das Jahr 860 von den Shetlandinseln in den Süden Islands und anschließend in westlicher Richtung an der Küste entlang. Als Flóki mit seinem Langschiff die Halbinsel Reykjanes umrundete und sich die Bucht vor ihm auftat, soll Faxi gesagt haben: »Wir müssen ein großes Land entdeckt haben. Seine Flüsse sind jedenfalls riesig.«

Mit Hilfe des Fernglases gelang es mir, Little Lava auszumachen, das nur ein winziger Punkt, ein Salzkorn auf der weiten Fläche aus Land und Wasser war. Die Flut hatte bereits eingesetzt und bedeckte das Watt wie ein helles Bettlaken. Ich würde den langen Weg zurück nehmen.

Der Pfad der schlechten Laune

Am elften Juni holte ich Nancy und Will vom Flughafen ab. Ich war froh, sie bei mir zu haben; ich schloss sie beide in die Arme und drückte sie und wollte sie nicht mehr loslassen.

»Wie kommt ihr mit dem Haus voran, Pétur und du?«, erkundigte sich Nancy.

Ich erzählte ihr, was wir bereits geschafft hatten. »Es ist kein Palast«, sagte ich grinsend. »Eigentlich nicht einmal ein Zelt.«

Wir verbrachten ein paar Tage in Reykjavík, bis sich die beiden vom Jetlag erholt hatten. Wir wohnten im Haus von Thórđurs Eltern, einem wunderschönen, modernen Haus mit zwei Geschossen aus ungestrichenen Betonplatten, die auf einem felsigen Hügel verankert sind. Es sieht aus wie eine vergrößerte, urbane Version von Little Lava. Von der Küche und vom Esszimmer aus konnten wir beobachten, wie die Schiffe in den Hafen einliefen und wieder aufs Meer hinausfuhren. Wir sahen Fischerboote, Containerschiffe, die Fähre *Akraborg* und eine Marinefregatte unter französischer Flagge auf der Durchreise.

Thórđur zeigte sich von seiner gewohnten Seite, war stets zu Späßen aufgelegt und äußerst hilfsbereit. Seine Eltern, Grétar und Gudný, waren zuvorkommend und gastfreundlich, wie es unserer Erfahrung nach die meisten Isländer von Natur aus sind.

Eines Abends saßen wir im Wohnzimmer und tranken Kaffee. Der Tag war schön und klar gewesen, und die Sonne stand tief. Die gezackte Bergkette auf der anderen Seite der Faxabucht lenkte den

Blick über Snæfellsnes bis hin zum Snæfellsjökull, der wie ein nichts sagendes blaues Dreieck vor dem korallenroten Himmel stand.

»Ich beneide Sie«, sagte Guđný. Sie ist eine gut aussehende Frau mit rundem Gesicht, hohen Wangenknochen und kurzem Haar. Wie die meisten Isländerinnen und Isländer ihrer Generation wurde sie auf dem Land geboren und kam erst später nach Reykjavík – »schnupperte Stadtluft«, wie es so schön heißt. Sie blickte hinaus über die Bucht auf die Halbinsel in der Ferne. »Einen Sommer an einem solchen Ort zu verbringen«, sagte sie gedankenversunken, »ohne irgendwelche Verpflichtungen, da muss man sich vorkommen, als wäre man wieder ein Kind.«

»Kommen Sie uns besuchen?«, fragte ich.

Sie lächelte. »Ganz bestimmt.«

Nancy und ich wollten so schnell wie möglich nach Little Lava. Will jedoch hätte nichts dagegen gehabt, noch in der Stadt zu bleiben, auf Thórđurs Computer zu spielen und in dem geheizten Schwimmbad zu plantschen, in dem das Wasser aus künstlichen Geysiren sprudelte und die Kinder kreischend und lachend die große Wasserrutsche hinunterglitten.

Er protestierte ein wenig, als wir mit dem Mitsubishi auf die *Akraborg* fuhren, machte es sich aber bald vor dem Videobildschirm im Gesellschaftsraum bequem. Ich ging mit Nancy an Deck. Wir sahen die Berge, die die Faxabucht umgeben, langsam an uns vorüberziehen. Viele der Gipfel waren noch immer stellenweise mit Schnee bedeckt: Der Frühling war sehr trocken gewesen, und die Schneedecke war nicht wie sonst vom Regen weggeschmolzen worden. Eiderenten sprenkelten das Wasser in der Nähe der Inseln und Felsklippen. Frachter auf dem Weg zum Hafen fuhren vorbei. Die Fähre steuerte auf Akranes zu, wo der hohe Kamin einer Zementfabrik eine Rauchfahne ausstieß, die die Luft weniger trübte, als man hätte annehmen können, denn sie war weit und breit die einzige in einer Gegend, in der es so gut wie keine industrielle Verschmutzung gibt.

Wir fuhren von der Fähre, nahmen die Hauptstraße durch die Stadt und befanden uns bald auf dem Weg nach Norden.

Wir wollten Little Lava nur einen kurzen Besuch abstatten, um zu begutachten, was Pétur und ich bereits geschafft hatten, und zu entscheiden, was wir noch brauchten, um das Haus ordentlich auszustatten. Da Nancy Little Lava bereits kannte, wusste sie, was sie erwartete. Will wusste es nicht. Ich spürte, dass er Bedenken hatte, in einem Haus ohne Strom und fließendes Wasser zu wohnen. Ich hatte ihn deswegen gehänselt und ihm gesagt, dass er dann wenigstens nicht so oft baden müsste – was er zu Hause nicht besonders gern tat.

Auf Strom zu verzichten machte mir keine Angst. Nachdem ich unser Haus in den Bergen gebaut hatte, lebten Nancy und ich drei Jahre lang ohne Stromanschluss. Wir besaßen ein Notstromaggregat, das wir von Zeit zu Zeit anschalteten, um Werkzeuge, den Staubsauger oder die Wasserpumpe anzuschließen. Unser Kühlschrank lief mit Propangas. Abends lasen wir bei Gas- oder Petroleumlampenlicht. Ich erinnerte mich an die Unkompliziertheit dieser ersten drei Jahre unseres gemeinsamen Lebens. Und ich freute mich darauf, diese Zeit auf Little Lava wieder aufleben zu lassen.

Wir machten auf Stóra Hraun Halt, weil ich Nancy und Will mit den Bewohnern bekannt machen wollte. Margrét servierte Kaffee, Brot, Gurken und Tomaten: In Island ist es Tradition, unerwartete Besucher zu bewirten. Sie sagte zu uns: »*Gjöriđi svo vel*«, was vermutlich so viel hieß wie: »Bitte greifen Sie zu.« Bis zum heutigen Tag habe ich noch nicht herausgefunden, ob es unhöflich ist, eine Einladung zum Kaffee auszuschlagen; leider kommt diese nette und lobenswerte Tradition manchmal mit Fährfahrplänen und der Flut in Konflikt. Wir tranken unseren Kaffee auf Stóra Hraun, aßen in Scheiben geschnittene Gurken und kleine, harte Tomaten, die in den geothermisch beheizten Gewächshäusern Islands angebaut werden.

Wir holten meine Karten heraus und hörten Geschichten über die Gegend. Nancy, Margrét und Margréts halbwüchsige Tochter Kristín führten die Unterhaltung in einer Mischung aus Isländisch und Englisch. Die Isländer waren stets beeindruckt, dass Nancy ihrer Sprache mächtig war, deren komplizierte Grammatik Genusunterscheidung bei Substantiven und veränderliche Kasusendungen beinhaltet. Nancy sagt, sie habe sich inzwischen damit abgefunden, dass ihr häufig Grammatikfehler unterlaufen und sie sich nur mit Mühe verständlich machen kann.

Kristín zeigte uns ein 1954 in Island erschienenes Buch über die Vereinigten Staaten; ihr Stolz, mit dem sie uns eine Passage über unseren Heimatstaat übersetzte, verwandelte sich in Verlegenheit, als sie Pittsburgh als »schmutzige, hässliche Stadt« bezeichnen musste.

Margrét bot noch einmal an, unsere Kleider für uns zu waschen. Sie wickelte uns etwas Kuchen und ein Stück des köstlichen, dunklen Roggenbrots zum Mitnehmen ein. Als wir das Haus verließen, war das Wasser bereits stark angestiegen, und wir mussten den langen Weg nehmen. Ich hatte die Überquerung bereits mindestens zehnmal in beide Richtungen gemacht, um verschiedene Besorgungen zu erledigen, und dabei mehrmals den Umweg gehen müssen. Ich versuchte noch immer herauszufinden, welche Route die beste war.

Wir trugen Rucksäcke und mussten mehrfach umkehren, wenn wir an Priele kamen, die zu breit waren, als dass Will über sie hätte springen können. Irgendwann blieben wir stehen, um uns die üppigen Sumpfgräser anzusehen, die von Moos und Flechten bedeckten Felsen und die Vögel, die aufflatterten, durchdringend schrieen oder sich heimlich davonmachten, wenn wir uns näherten. Wir zwängten uns durch einen Drahtzaun, an dessen Stacheln

Schafswolle hing. Wir legten mehrere Pausen ein, damit Will sich ausruhen, die Socken in seinen Stiefeln hochziehen und Steine und Federn sammeln konnte. Er trug einen kleinen Rucksack mit einigen leichten Sachen, darunter eine Plastiktüte mit Legosteinen. Ich hatte auf Little Lava einen alten Besenstiel gefunden, den er als Wanderstock benutzte, um die Balance zu halten.

Am Abend aßen wir mit Butter bestrichene Knäckebrotscheiben, zwischen die wir geschnittenes Gemüse und *hangikjöt*, geräuchertes Lammfleisch, legten. Das beste Hangikjöt ist angeblich das, das mit dem Rauch brennenden Schafsdungs geräuchert wird. Anschließend wanderten wir die Halbinsel hinunter und genossen die Aussicht auf die Berge, die zum Teil kahl, zum Teil grasbewachsen und allesamt von Erosionskegeln gesäumt waren, auf die Vulkane von unterschiedlicher Größe und Form und auf das Lavafeld, das aussah wie ein riesiger, in Stücke gebrochener Parkplatz, der von einem prometheischen Bulldozer verschoben worden war.

Nancy und ich gingen Hand in Hand. »Es ist schön, wieder hier zu sein«, sagte sie. »Wieder auf Little Lava und wieder alle zusammen.« Wir betrachteten unseren Sohn – ein schlanker, drahtiger Junge mit Baseballkappe – und sahen ihm dabei zu, wie er Treibholz umdrehte und Glasflaschen, Felsen, Seetang und Schleppnetzbojen untersuchte. Bei jeder neuen Entdeckung rief er uns zu sich, und wenn wir pflichtbewusst einen Blick darauf warfen, mussten wir sie nicht selten tragen.

In Anwesenheit meiner Familie spürte ich, wie meine Anspannung von mir abfiel wie das Eis von einem Busch, der im Frühling vom Tauwetter gewärmt und vom Wind geschüttelt wird.

Es war ein gutes Gefühl, den Sommer vor sich zu haben und an einem Ort zu sein, wo uns kein Telefon zu sich rufen konnte, wo die Sonne deutlich sichtbar über den Himmel wanderte, wo die Vögel ihren Aufgaben nachgingen und wo die See kam und ging, wie sie es schon immer getan hatte – wo Schwierigkeiten, Zwist und Ärger in weiter Ferne schienen.

Charles Fergus vor dem neuen Zuhause. © Nancy Marie Brown

Am Morgen hatte der Wind auf Südwest gedreht und brachte Nebel und Wolken mit. Nach dem Frühstück zogen wir uns Regenbekleidung an und gingen nach draußen. Ich hatte so viel am Haus gearbeitet, dass ich noch nicht dazu gekommen war, die Lava zu erkunden oder über das Watt zu wandern. Ebenso wenig hatte ich mir die Zeit genommen, meinen Kajak zusammenzubauen, geschweige denn, darin in der Flussmündung zu paddeln. Auf all diese Dinge freute ich mich außerordentlich.

Unmittelbar östlich unseres Hauses begann ein Pfad durch die Lava. Er wurde Thrællyndisgata genannt, was einem unserer isländischen Freunde zufolge so viel wie »Weg der Gedanken eines Sklaven« bedeutete. Oder, wie Pétur es formuliert hatte, als er auf die hügelige, zerklüftete Gesteinswüste mit ihren scharfen Kanten, jähen Abhängen und gefährlich balancierenden Felsplatten blickte: »Pfad der schlechten Laune«.

Wenn man ein Knecht war und diesem Weg folgen musste, um eine Schafherde zu hüten oder von einem Gehöft zum nächsten zu gelangen, bekam man mit Sicherheit schlechte Laune. Vielleicht wurde damals angenommen, dass die Gedanken eines Sklaven auf dieselbe Weise wanderten wie der Thrællyndisgata, der in flache Senken abfiel, durch Buschwerk führte, das einem Schienbeine und Hände zerkratzte, und sich von einem Steinhügel zum nächsten schlängelte. Vielleicht war der Name des Pfads auch eine Anspielung auf den Unterschied zwischen den freien Männern, die Pferde besaßen und bei Ebbe geschwind über die Sandfläche von Löngufjörur reiten konnten, und den Knechten, die sich zu Fuß durch die Lava kämpfen mussten.

Der Pfad war ausgetreten. Links und rechts von ihm wuchsen niedrige Heidekraut-, Krähenbeeren- und Heidelbeersträucher, die von winzigen glockenförmigen Blumen umringt waren. Graugrünes Moos bedeckte die zerfurchten Felsen, und auf dem Boden breiteten sich die zarten silbrigen Ästchen von Rentierflechten aus. Feldthymian hatte seine Wurzeln in schmale Lavaspalten versenkt. Der Thymian hatte leuchtend grüne Blätter und hübsche blauviolette Blüten; wenn man die Blätter zwischen den Fingern rollte, gaben sie einen würzigen Geruch ab.

Der Thrællyndisgata führte über rundliche Lavahügel, auf denen keine Pflanzen wuchsen, und durch Senken mit einem Dickicht aus knorrigen Birken, zwergwüchsigen Ebereschen und Heidewacholderbüschen, die sich vor dem Wind versteckten.

»William!«, rief Nancy: »Was tust du, wenn du dich in Island im Wald verläufst?«

Er grinste. Die Pointe kannte er bereits: »Aufstehen!«

Das normale isländische Wetter hatte wieder die Oberhand gewonnen. Der Wind peitschte den Regen auf die Felsen und Büsche. Zwischendurch lockerten die Wolken immer wieder auf, und die Sonne linste schwach vom bedeckten Himmel. Anschließend ballten sich die Wolken wieder zusammen, eine Wolkenbank nach der anderen reihte sich über der Bucht auf, und es schüttete in Strömen; dann plötzlich ein blauer Fleck am Himmel und ein unverhoffter, blendender Sonnenstrahl, der einen Augenblick später wieder verschwand und dem Böen und ein weiterer heftiger Schauer folgten.

Sobald der Regen nachließ, sahen wir einen, manchmal auch zwei Steinhügel auf dem Weg vor uns. Wenn es stark regnete, trotteten wir mit auf den Pfad gesenktem Blick dahin und blickten erschrocken auf, wenn wir zum nächsten Steinhügel kamen.

Einige der Steinhügel waren hüfthoch, andere über mannshoch. Unter ihren Mänteln aus Flechten und Moos waren sorgfältig aufgeschichtete Felsbrocken zu erkennen. In ganz Island weisen Steinhügel den Weg: über Bergpässe, durch die Mondlandschaft im Landesinneren, durch die zahlreichen Lavawüsten. Reisende benutzen die Pfade seit Jahrhunderten. Wenn ein Wanderer von einem Schneesturm überrascht wurde, konnte eine Reihe von Steinhügeln sein Leben retten. Diese Steinhügel wurden auch als »Steinfrauen« oder »Bettlerinnen« bezeichnet. Hin und wieder machten Passanten Halt, nahmen einen Schafsknochen aus ihrer Sattel- oder Manteltasche, saugten das Mark heraus und schrieben dann einen obszönen Vers auf ein Stück Papier, das sie in den Knochen steckten, und ließen diesen zur Belustigung des nächsten Reisenden im Steinhügel zurück. Der in Island lebende Engländer Bernard Scudder hat eines dieser Gedichte übersetzt:

Meine Lippen sind dafür geschaffen
Vergnügen unters Volk zu bringen.
Um jede Bibel und jeden Pfaffen
will ich meine Beine schlingen.

Wir kamen zu einem hohen Steinhügel, der an klaren Tagen vom Haus aus zu sehen war. Jetzt ragte er grau im Nebel empor. Zwischen den Steinen steckten keine Schafsknochen, wenngleich wir an einigen Knochen vorbeigekommen waren, die am Wegrand verrotteten – sie stammten vermutlich von einem Schaf, das in eine

Felsspalte gestürzt war und dessen Überreste von Raben und Füchsen in alle Winde verstreut wurden.

Ein plötzliches Rascheln ließ uns aufblicken. Ein gedrungener brauner Vogel segelte über einen gezackten Kamm davon: ein Schneehuhn.

Als ich den Vogel sah, musste ich an meinen Freund Heiđar denken, mit dem ich acht Jahre zuvor während einer Tour durch eine abgelegene Gegend im Nordwesten Islands mit dem Namen Vestfirđir, »Westfjorde«, Schneehühner – *rjúpa* auf Isländisch – gejagt hatte. Heiđar war professioneller Jäger. Er hatte einen wunderschönen gelbbraunen Labrador dabei, eine junge Hündin namens Nóra. Er erzählte mir, dass er jeden Herbst hunderte von Schneehühnern schoss und sie an Restaurants und an Leute verkaufte, die Weihnachten gebratenes Rjúpa, das traditionelle isländische Weihnachtsgericht, zubereiten wollten. Ich überließ ihm die wenigen Vögel, die ich schoss. Im Gegenzug erzählte er mir von den Schneehühnern.

Das Alpenschneehuhn oder *Lagopus mutus* ist in Grönland, im Norden Kanadas, in Alaska, Sibirien und Skandinavien verbreitet. Es ist eng verwandt mit dem Moorschneehuhn, der Wachtel und dem Fasan. Die meisten dieser hühnerähnlichen Vögel sind Kurzstreckenflieger, doch das Rjúpa stellt eine Ausnahme dar – wie ich selbst erfuhr, als ich eines beim Schießen verfehlte und beobachtete, wie es über ein breites Tal flog, sich zu einem Berg hinaufschwang und sich als winziger Punkt auf einem Geröllfeld auf dem Bergkamm niederließ. Heiđar zufolge legen Schneehühner regelmäßig 15 oder mehr Kilometer zurück, um von einem Futtergebiet in ein anderes zu wechseln. Sie fressen Beeren und die Knospen und Blätter von Birken. Jeden Abend, wenn wir zum Bauernhof zurückkehrten, hängte Heiđar unsere Schneehühner in einem Schuppen am Hals auf; der Saft der Birkenknospen im Kropf der Vögel lief dann über ihre Brust und verlieh ihrem Fleisch einen Minzgeschmack.

50 Meter entfernt, in der Heide entlang des Thrællyndisgata, hüpfte ein zweites Rjúpa auf einen Felsen. Wir stellten unsere Ferngläser scharf. An seiner leuchtend weißen Brust war zu erkennen, dass es sich um ein Männchen handelte. Mit einem lauten Ruf, der klang wie ein Rülpsen, sprang das Rjúpa ab und erhob sich in die Luft. Es flog 15 Meter hoch, dann 30; dann verlangsamte es seinen Flug, breitete die Flügel aus, wölbte sie und segelte zurück zum Boden, während sein seltsam rasselndes Lied weiterhin ertönte. Es landete auf einem anderen Felsbrocken, ließ die Flügel sinken und breitete seine Schwanzfedern aus.

Im Winter verfärben sich sowohl Schneehuhnmännchen als auch Schneehuhnweibchen weiß. Wenn im Frühling der Schnee schmilzt, mausern sich die Vögel, und ihr weißes Federkleid wird durch ein gesprenkeltes braunes Gefieder ersetzt, das sie mit ihrer Umgebung aus Heidekraut und flechtenbewachsenen Felsen verschmelzen lässt. Ende Mai, zum Höhepunkt der Paarungszeit, ist die Mauser der Weibchen abgeschlossen und ihre Tarnung perfekt. Bei den Männchen bleibt die auffallende, leuchtend weiße Färbung der Brust noch einen Monat lang erhalten. Gerfalken, die wichtigsten natürlichen Feinde des Schneehuhns, konzentrieren sich dann auf die Männchen und erbeuten bis zu einem Drittel von ihnen, während sich die biologisch wertvolleren Weibchen – die bereits von ihren Partnern befruchtet sind – verstecken und nisten.

Wir ließen das Schneehuhnmännchen sein Revier beobachten und marschierten weiter.

Durch eine Mulde in der Lava führte ein rätselhafter Abschnitt des Pfads in Form zweier kniehoch aufgeschichteter Steinmauern, zwischen denen Geröll aufgeschüttet war. Dieser ausgebaute Streckenabschnitt war knapp zehn Meter lang. Wer hatte diesen Teil des Wegs bearbeitet? Und warum hatte sich überhaupt jemand die Mühe gemacht, wo doch der Rest des Thrællyndisgata so gewunden und tückisch war? Es war, als würde man auf einer kleinen Landstraße fahren und plötzlich auf eine vierspurige Schnellstraße kommen, die nach hundert Metern wieder endete.

Auf der anderen Seite der Mulde setzte der Thrællyndisgata seine felsigen, gefährlichen Schlangenlinien fort und führte uns durch zwei verschiedene Sorten Lava: Pahoehoelava und Aalava. Diese Bezeichnungen sind hawaiischen Ursprungs. Island liegt wie Hawaii auf einem Meeresrücken, an dem zwei Platten der Erdkruste langsam auseinander driften. Aus der Spalte quillt Lava.

Pahoehoelava heißt im Isländischen *helluhraun* oder »glatte Lava«. Wenn Helluhraun über den Boden fließt, erstarrt die äußerste Schicht, bevor die gesamte Masse erkaltet und sich verfestigt. Manchmal sieht der Lavastrom aus wie nebeneinander gelegte Seile, die sich berühren – in diesem Fall spricht man von »Seillava«. Hin und wieder erstarrt Lava auch in der Form von Kissen – zu so genannter Kissenlava – oder wird runzlig wie eine Elefantenhaut. Nach dem Abkühlen der Oberfläche kann die Lava in Tunneln unter der Kruste weiterfließen; wenn auch dieser Strom aushärtet, entstehen Kammern und Höhlen. Ein Lavafeld allein zu überqueren ist lebensgefährlich. Wer auf die dünne Decke einer Kammer tritt, bricht unter Umständen ein und sieht in fünf Metern Tiefe den Himmel nur noch durch ein kleines Loch. Oft haben die Kammern die Form einer Kanne, das heißt, ihre Wände neigen sich zur Oberfläche hin nach innen. Wer es nicht schafft hinauszuklettern, verhungert und bleibt für alle Zeit verschollen.

Aalava, auch »Brockenlava« genannt, heißt im Isländischen *apalhraun*. Ihre Zusammensetzung ist identisch mit der von Helluhraun. Apalhraun dringt in Strömen von 18 bis 30 Meter Dicke aus Vulkanspalten. Bei einer solchen Eruption fließen die Lavamassen nur langsam und schieben Schlacke und groben Schutt vor sich her. Die Brocken, die sich am vorderen Ende lösen, werden vom Rest überrollt. Apalhraun ist nach dem Erstarren zerklüfteter und unwegsamer als Helluhraun. Ihre scharfen Kanten zerschneiden Schuhleder und zerstören Stiefelsohlen. Die Steine rutschen unter den Schritten weg und haben schon so manchen unvorsichtigen Wanderer stürzen lassen und ihm Knochenbrüche und Schnittwunden zugefügt.

Der Weg führte an Tälern und an Gebirgskämmen vorbei, an Hügeln und an Felsspitzen, die so hoch waren wie Häuser. Im wechselnden Licht nahm die Lava ein seltsames Aussehen an. Wir gaben den Formen Namen: »Haifischflosse«, »Hahnenkamm«, »Schlossturm«, »Grabstein«, »Kauernde Katze«. Früher glaubten die Isländer – und manche tun es noch heute oder halten es zumindest für klug, es nicht zu bezweifeln –, dass die Lavafelder von Zauberwesen wie *álfar*, »Elfen«, und *huldufólk*, »verborgenen Leuten«, bewohnt werden. In alten Zeiten versteckten sich Diebe und Ausgestoßene in den Lavawüsten, suchten Zuflucht in den Höhlen, tranken von den Quellen und ernährten sich von Beeren und gestohlenen Schafen.

Wir machten in einem niedrigen Wäldchen aus schulterhohen Birken Rast. Die Stämme der alten Bäume waren so dick wie mein Oberschenkel. Ein Vogel mit braunem Rücken und rötlichen Flanken, der aussah wie ein Rotkehlchen, flog durch die Zweige davon. Es handelte sich um eine *skógarthröstur* oder Walddrossel, die in Großbritannien, wo diese Art ebenfalls brütet, unter der Bezeichnung »Rotdrossel« bekannt ist. Der Vogel landete am Boden und verschwand hinter einem Felsen.

Als wir das Birkenwäldchen wieder verließen, waren die Schauer Nieselregen und Nebelschwaden gewichen. Der Eldborg schimmerte in einem dunklen Blauviolett. Am Rand seines Kraters hingen Wolken. Hinter dem Vulkan schien die Sonne goldengrün auf die schichtförmigen Flanken des Kolbeinsstađafjall. Vor uns führte die Reihe von Steinhügeln weiter über die Lava und wies den Weg zu einem benachbarten Anwesen. Ich fragte mich, wie die Landschaft wohl ausgesehen hatte, als diese »Knochenfrauen« errichtet wurden. Vermutlich gab es damals mehr Bäume, ansonsten hatte sich wahrscheinlich nur wenig verändert.

Will klopfte mit seinem Stock auf einen Stein. Das Geräusch hallte aus der Lava wider. Wir hörten das dünne, trällernde *Trui-trui* einer unsichtbaren Rotdrossel. Von einem Grat 100 Meter neben dem Pfad war plötzlich Flügelrauschen zu vernehmen.

Ein Adler schwang sich in die Luft. Er stieß einen Schrei aus, ein raues *Kli-kli-kli*. Sein gewaltiger Schnabel war gekrümmt, seine Flügel wirkten unglaublich lang und so breit wie Türen; an ihren Enden spreizten sich schwarze Federn wie Finger. Der Vogel segelte über unsere Köpfe hinweg. Sein kurzer, keilförmiger Schwanz war leuchtend weiß, sein Schnabel und seine Krallen waren buttergelb. Aus der Lava erhob sich ein zweiter Adler. Auch er stieß ein helles, heiseres Krächzen aus, als er in unsere Richtung flog.

Die beiden Adler kreisten laut schimpfend über uns. Uns war klar, dass sich irgendwo in der Nähe ihr Horst befand. Es war ein merkwürdiges Gefühl, die Aufmerksamkeit solch gebieterischer Vögel erweckt zu haben. Da wir die Adler nicht stören wollten, zogen wir uns zurück und machten uns auf den Heimweg nach Little Lava.

Am Abend prasselten Regentropfen gegen das Haus. Durch die trüben Fensterscheiben sahen wir, wie die Schafe im milchigen Licht gleichgültig grasten. Der Wind blies den Regen in Wogen über das Lavafeld.

Nancy und ich wachten mitten in der Nacht auf, weil wir ein Plätschern hörten. Wassertropfen fielen von der Decke genau auf unser Bett. Wir nahmen die Matratzen und den Daunenschlafsack, gingen in den Wohnraum, wo Will schlief, und legten uns auf den Boden.

Seeadler

In einem Einkaufszentrum in der Stadt kauften wir Trockentücher, Vorleger und Kissen. Guđný gab uns ein paar alte Kissenbezüge. Auf dem Samstagsflohmarkt, der in einer Lagerhalle in der Nähe des Kais abgehalten wurde, fanden wir Bestecke, ein Sammelsurium von Tellern, Küchenutensilien, eine gusseiserne Bratpfanne, eine Porzellan-Teekanne und ein Geschirrtrockengestell. Bei einem Händler erwarb ich einen großen Metallbehälter mit fest verschließbarem Deckel: in die trübe Quelle neben dem Haus versenkt, sollte er als provisorischer Kühlschrank dienen.

Ich war bereits früher einmal auf dem Flohmarkt gewesen.

Nancy hatte 1994 zwei Wochen in Reykjavík verbracht und an einem Sprachkurs an der Universität teilgenommen. Eines Abends, im städtischen Schwimmbad, entflammte ein großer Isländer mit vernarbtem Gesicht für sie; er folgte ihr im Bus bis nach Hause, legte es darauf an, ihr in der Stadt über den Weg zu laufen, und überreichte ihr selbst geschriebene Liebesgedichte. Sein ambitioniertester Reim beinhaltete die Worte »Nancy«, *fancy*, »gern haben«, und *necromancy*, »Geisterbeschwörung«. Einige der Gedichte gab er in der Herrenumkleidekabine des Schwimmbads zum Besten. Unser isländischer Freund Venni bekam die Gedichte dort zu Ohren und glaubte, die Nancy zu kennen, die darin gepriesen wurde. Zusammen mit einem Freund stellte er den Dichter zur Rede und überzeugte ihn davon, dass seine Aufmerksamkeiten unerwünscht waren.

Als ich im Dezember 1995 in Reykjavík die Zeit totschlug und wartete, bis Pétur mit seinen künstlerischen Arbeiten fertig war und wir uns auf den Weg nach Little Lava machen konnten, besuchten Venni und ich den Flohmarkt am Hafen. Als wir an den Tischen vorbeischlenderten, blieb Venni plötzlich stehen und zeigte mir den Mann, der die Gedichte für Nancy geschrieben hatte. Der Dichter hatte einen Stand, an dem er antiquarische Bücher verkaufte, darunter verschiedene Bände mit isländischen Sagen. In diesen Sagen ist das Schreiben von Liebesgedichten an die Ehefrau eines anderen Mannes hervorragend geeignet, um Blutfehden auszulösen.

Venni sprach den Dichter an, dessen Lächeln einfror, als ich ihm als Ehemann der angebeteten Nancy vorgestellt wurde. Damals, kurz nach dem Tod meiner Mutter, war ich ziemlich gereizt. Eine Prügelei wäre mir nicht ganz ungelegen gekommen. Ich erzählte dem Dichter, dass Nancy seine Werke aufgehoben und mir gezeigt hätte. Und ich sagte ihm, dass wir sie manchmal, wenn uns nach Lachen zumute war, laut lasen. Der Dichter verzog das Gesicht, blickte zu Boden und rückte die Bücher auf seinem Tisch zurecht. Ich war nicht besonders stolz auf mich. Venni grinste und stieß mich mit dem Ellbogen an, als wir zum nächsten Stand weitergingen.

Reykjavík ist eine saubere, ansprechende Stadt mit Kleinstadtatmosphäre. In der Metropole und ihren Vororten leben mehr als 160 000 Isländerinnen und Isländer. »Es gibt Reykjavík, und es gibt Island«, habe ich Isländer sagen hören. Insgesamt leben in Island 270 000 Menschen – ungefähr so viele wie in Newark in New Jersey oder in St. Paul in Minnesota oder in Anaheim in Kalifornien. Die Anzahl der Vögel in Island übersteigt die seiner Bewohner um ein Vielfaches. Die Papageitaucher- oder *Fratercula arctica*-Population wird auf zehn bis zwölf Millionen geschätzt. Eiderenten, *Somateria mollissima,* soll es 400 000 bis 600 000 geben.

Island liegt im Nordatlantik, 1000 Kilometer westlich von Norwegen, 800 Kilometer nordwestlich von Schottland und 300 Kilometer südöstlich von Grönland. Reykjavík befindet sich in der südwestlichen Ecke des Landes und liegt auf dem 64. nördlichen Breitengrad – ungefähr so weit nördlich wie Nome in Alaska.

Island ist etwa so groß wie Ohio, doch seine Form ist komplexer; sie erinnert mich an ein Meeresungeheuer mit knolligem Körper, das im Nordwesten seinen gezackten Kopf reckt und seine zwei Arme, die Halbinseln Reykjanes und Snæfellsnes, nach Westen ausstreckt.

Islands Lage hoch oben im Norden und mitten im Meer legt die Vermutung nahe, dass dort eine »trübe, düstere, nördliche Witterung« herrscht, um es mit den Worten eines frühen Beobachters zu formulieren. Manchmal zeigt sich Island tatsächlich von seiner kalten und abweisenden Seite. Doch es ist ein gegensätzliches Land, in dem der Sommer voller Wärme und Helligkeit hereinbrechen kann und der Winter zwar lang und dunkel, aber längst nicht so hart ist, wie der Name der Insel, »Eisland«, vermuten lässt.

Für wärmenden Einfluss sorgt eine Meeresströmung mit dem Namen Irmingerstrom. Sie ist nach einem dänischen Marineoffizier benannt, der Mitte des 19. Jahrhunderts gewässerkundliche Untersuchungen in der Region leitete. Der Irmingerstrom ist ein Zweig des Golfstroms, bei dem es sich um das kraftvollste Stromsystem der Weltmeere handelt. Der Verlauf dieses Warmwasserstroms ist bis zum heutigen Tag noch nicht vollständig erforscht. Der Golfstrom setzt bei Florida ein, fließt an Nova Scotia und Neufundland vorbei, dreht ab und strömt dann in nordöstlicher Richtung durch den Atlantik. In der Nähe der Färöer Inseln spaltet sich der Irmingerstrom vom Golfstrom ab, beschreibt eine Kurve nach Nordwesten und streift die Küste Islands. Er ist warm, aber keineswegs tropisch: Selbst im Sommer wird das Meer vor Island nicht wärmer als zehn Grad.

Als ich in der Stadt war, stattete ich einem der Autoren meines Vogelbuchs, dem *Guide to the Birds of Iceland*, einen Besuch ab.

Kristinn Skarphéđinsson arbeitet für das Isländische Naturgeschichtsmuseum – dieselbe Institution beschäftigt auch Haukur Jóhannesson, der mich über die geologischen Besonderheiten des Hnappadalur aufklärte. Das Museum ist in einem nichts sagenden Betongebäude in der Nähe des betriebsamen Busbahnhofs Hlemmur in der Innenstadt untergebracht. Als ich eintraf, stand Kristinn gerade am Kopierer; er bat mich in sein Büro. Kristinn ist groß und ein wenig füllig um die Hüften. Er hat ein jugendliches Gesicht und leicht ergrautes, nach oben gekämmtes sandfarbenes Haar. Sein Doktortitel in Zoologie wurde ihm von der Universität von Wisconsin verliehen. Zunächst war er mir gegenüber etwas zurückhaltend, vor allem als ich ihm Fragen über Adler stellte, doch er taute auf, nachdem er erfuhr, dass wir eine gemeinsame Bekannte hatten, eine Professorin von der Penn State University. Sie hatte sich mit Meisen beschäftigt, Kristinn mit Raben. Dazu war er jeden Sommer nach Island zurückgekehrt, um vor Ort in der freien Natur zu forschen. Ich empfand Kristinns Reaktion auf mich als typisch isländisch: Dieser Fremde kennt eine Freundin von mir, also vertraue ich ihm. Außerdem könnte er mir nützlich sein.

Im Gegensatz zu vielen anderen Isländern, die im Ausland studiert haben, war Kristinn in seine Heimat zurückgekehrt, die für einen Ornithologen wie geschaffen war. In meiner Ausgabe des *Guide to the Birds of Iceland* hatte ich folgende Passage gelesen:

> Weltweit bieten nur wenige Regionen von vergleichbarer Größe Vögeln eine solche Vielfalt an Lebensräumen wie Island: bergige Landschaften, deren Pflanzenbewuchs bis zu den Gletschern reicht; Sumpfland mit Tundravegetation und Sanddünen; von Tälern und Heiden durchzogene Moore; Watt mit blanken Felsen und Klippen; steinige Erde mit spärlichem Pflanzenbe-

wuchs; Täler, die von Fjorden wegführen und von steilen Kliffs eingesäumt sind, an deren Fuß Geröll liegt; hügeliges Marschland; Gestrüpp und Wälder; Lavafelder mit und ohne Vegetation; Schlammzonen und Flussmündungen; mit Rispengras bewachsene Sanddünen an der Küste; Seen mit Inseln, sowohl in den Tiefebenen als auch in den Hochebenen; Sandstrände, Kiesstrände und Erosionsküsten; Inseln vor der Küste; Kliffs zum Nisten (manche sind zehn Kilometer lang und bis zu 500 Meter hoch und beherbergen tausende von Vögeln); Ackerland, Forstgebiete und Gärten.

Kristinn erklärte mir, dass er im Auftrag der Regierung Daten für einen Atlas über die Verbreitung von Islands Brutvögeln sammelte. Er beobachtete die Zug-Watvögel, die sich in den ausgedehnten Wattgebieten im Südwesten Islands versammelten, unter anderem auch im Watt von Löngufjörur in der Nähe von Little Lava. Und er führte Statistiken über den Bestand des *haförn*, des Seeadlers.

»In Island gibt es ungefähr 140 Adler«, sagte er mir in makellosem Englisch. »Diese Zahl schließt etwa 40 brütende Paare mit ein, nachdem in den 1960er-Jahren ein Tiefststand von zehn Paaren verzeichnet wurde.«

Ich erwähnte die Adler, die wir am Thrællyndisgata gesehen hatten, und äußerte meine Vermutung, dass sie dort nisteten.

»Ja«, stimmte mir Kristinn zu. »Am nördlichen Ende des Pfades, auf einer kleinen Felssäule am Rand der zerklüfteten Lava. Das ist ein traditioneller Nistplatz, der allerdings neun Jahre lang nicht genutzt wurde.« Er lehnte sich in seinem Stuhl zurück und sah mich an. »Sie haben Glück. Zwei Paare haben ihr Revier ganz in Ihrer Nähe. Sie haben beide in diesem Frühling gebrütet.« Er war kürzlich in einem Flugzeug über das Gebiet geflogen und hatte nach Horsten Ausschau gehalten. »Der andere Horst befindet sich auf einer kleinen Insel in Löngufjörur«, verriet er mir.

Der wissenschaftliche Name des Seeadlers lautet *Haliaeetus albicilla*. Er ist der europäische Verwandte des nordamerikanischen Weißkopf-Seeadlers, des *Haliaeetus leucocephalus*. Als Island besiedelt wurde, bot die Insel vermutlich 200 bis 300 Paaren Quartier. Ende des 19. Jahrhunderts hatte eine Verfolgungskampagne die großartigen Vögel fast vollständig ausgerottet. Die Bauern erschossen sie im Glauben, sie würden Schafe und Eiderenten töten. Strychnin-Köder, die für Füchse ausgelegt wurden, vergifteten auch Adler. Anfang des 20. Jahrhunderts waren Adler in Island nur noch an einem Ort zu finden, und zwar in den rauen Vestfirđir, den Westfjorden – im äußersten Westen Islands, wo sich der Kopf des Meeresungeheuers befand, das ich sah, wenn ich die Karte betrachtete.

1913 stellte Island den Seeadler als erstes Land der Welt offiziell unter Naturschutz. Der *Haliaeetus albicilla* war früher in Großbritannien, in ganz Europa und im Norden Asiens verbreitet. Heute ist er noch in Island und Grönland sowie in Teilen Japans, Chinas, Russlands, des Irans, der Türkei, des Balkans, Österreichs, Deutschlands und Skandinaviens anzutreffen. Etwa die Hälfte des gesamten westeuropäischen Bestands, der auf 1000 Paare geschätzt wird, ist an der Küste Norwegens beheimatet.

Strychnin wurde in Island in den 1960er-Jahren gesetzlich verboten, und seit damals steigt der Adlerbestand Kristinn zufolge wieder an, wenn auch nur langsam. Adler suchen sich erst im Alter von fünf oder sechs Jahren einen Partner. Je nach Nahrungssituation in ihrem Revier beginnen sie manchmal erst mit zehn Jahren mit dem Brüten. Sie brüten nicht jedes Jahr, und wenn, legt das Weibchen ein oder höchstens zwei Eier. Nicht aus allen Eiern schlüpft ein Jungvogel, und nicht alle Jungvögel überleben. Manche sterben aufgrund widriger Witterungsbedingungen, manche aus Mangel an Nahrung. Andere verunglücken bei ihren ersten Flugversuchen. Einige lernen nie, Beute zu fangen.

Kristinn war mit Little Lava und seiner Umgebung vertraut. Er war in der Gegend gewandert, als er die Zugvögel beobachtet hatte, die im Frühling und Herbst auf ihrem Weg zum Brüten und Überwintern in anderen Regionen in den Schlammzonen Zwischenstation machen. »Dieses Jahr haben Sie sie verpasst«, sagte er mir, »aber im Frühjahr überfluten die Knutts die Wattgebiete.« Der Knutt ist ein gedrungener, kastanienbrauner Strandvogel, der seinen lautmalerischen englischen Namen *knot* aufgrund seines Rufs trägt. Die Knutts verlassen ihre Winterdomizile in Großbritannien und Westeuropa, fliegen in den Südwesten Islands, wo sie sich Fettvorräte anfressen, indem sie in den Schlammzonen wirbellose Tiere in sich hineinschlingen, und ziehen anschließend weiter zu Brutplätzen in Grönland und den arktischen Regionen Kanadas. »Sie werden sie im August zurückkommen sehen«, sagte Kristinn, »allerdings sind sie dann weniger farbenfroh.«

Seiner Einschätzung nach nisteten etwa 30 verschiedene Vogelarten in der Nähe von Little Lava – in der Lavaheide, an den Teichen, im Sumpf und auf den Inseln vor der Küste.

Entlang der Küste lebten Seehunde, und den Bemühungen bewaffneter Bauern zum Trotz gebe es Füchse in Hülle und Fülle. Ein wirklich wundervoller Ort, meinte Kristinn, wenngleich das Wetter mit jeder Menge Wind und Regen unangenehm werden könne. Er sprach von Bergformationen, die den Wind kanalisierten und verstärkten, und sagte, dass an bestimmten Stellen auf Snæfellsnes regelmäßig Autos von der Straße geweht würden – »Das kommt aber hauptsächlich im Winter vor«, meinte er. Ich solle vorsichtig sein, wenn ich in der Lava wanderte und im Watt, wo die Flut erstaunlich schnell kommen könne. »Sprechen Sie mit den Bauern in der Umgebung und sagen Sie ihnen, was Sie vorhaben«, riet er mir. »Sie können Ihnen vielleicht helfen, wenn Sie mit Ihrem Kajak in Schwierigkeiten geraten. Nehmen Sie sich vor *straumur* in Acht – vor starken Strömungen um die Inseln in der Nähe der Mündung des Lachsflusses. Dort sind bereits einige Menschen ertrunken.«

Wie sich herausstellte, kannte Kristinn sogar unser Haus; er machte dort jedes Mal Halt und warf einen Blick zum Fenster hinein, wenn er auf die Halbinsel hinter Little Lava hinauswanderte.

»Ich freue mich darauf, Rauch aus dem Kamin aufsteigen zu sehen«, sagte er.

In einer alten Ausgabe des *Journal of American Folk-Lore* entdeckte ich einen Artikel mit dem Titel »*Icelandic Beast and Bird Lore*«, »Isländische Tier- und Vogelkunde«, des kanadischen Polarforschers und Anthropologen Vilhjálmur Stefánsson, der isländischer Abstammung war.

Angeblich sitzen Adler stundenlang an Flüssen und warten, bis ein Lachs nahe genug vorbeischwimmt, dass sie ihn mit den Krallen eines Fußes packen können, während sie sich mit dem anderen Fuß am Ufer festkrallen. Wenn der Lachs zu schwer ist und es dem Adler nicht gelingt, ihn aus dem Wasser zu zerren, sitzt er in der Patsche: Sobald sich seine Krallen geschlossen haben, kann er sie nicht mehr öffnen. Nichts soll mehr Glück bringen, als einen Adler aus einer solch misslichen Lage zu befreien.

Legt man Gold in einen Adlerhorst, so heißt es, schlüpft aus einem der beiden darin befindlichen Eier ein Stein von unschätzbarem Wert, aus dem anderen ein Drache. Der Stein macht seinen Besitzer unsichtbar und hilft Frauen bei der Geburt ihrer Kinder. Der Drache ist stark und gefährlich und kann zweijährige Fohlen verschleppen.

Wer den Kopf auf ein Kissen legt, in dem sich die Feder eines Adlers befindet, kann der Überlieferung zufolge am nächsten Tag leicht getäuscht und ausgenutzt werden.

Das 1983 in England erschienene Buch *The Return of the Sea Eagle,* »Die Rückkehr des Seeadlers«, von John A. Love eröffnete mir die physische Überlegenheit des *Haliaeetus albicilla.*

Adler besitzen ein überragendes Sehvermögen. Ihre Augen sind mit ungefähr zweieinhalb Zentimetern Durchmesser etwas größer als die eines durchschnittlichen Menschen. Die Augen eines Adlers sind darauf ausgelegt, dass er den Bereich vor seinem Schädel und seitlich davon einsehen kann. Das ermöglicht ihm stereoskopische Sicht nach vorn, was zum Erkennen von Beute in der Ferne unerlässlich ist, und periphere Sicht auf beide Seiten, die ihm bei der Wahrnehmung von Bewegungen hilft.

Mit ihren riesigen Flügeln können Adler hervorragend segeln und schwere Lasten befördern, wenn sie beispielsweise Beute aus dem Wasser zu ihrem Horst transportieren. Ihre Flügelspannweite beträgt bis zu zweieinhalb Meter.

Die etwa zehn Zentimeter lange obere Hälfte seines Schnabels benutzt der Adler zum Hacken und Reißen; getötet wird die Beute in den meisten Fällen mit den nadelspitzen Krallen an seinen Füßen. Wenn sich ein Adler auf einen anderen Vogel oder auf einen Fisch stürzt, löst die Wucht des Zusammenpralls einen Mechanismus der Knochen und Sehnen aus, der dazu führt, dass sich die Krallen schließen. Das dicke Federkleid an seinen Beinen schützt den Adler vor der Gegenwehr seiner Beute. An der Unterseite seiner Füße befindet sich eine gezackte Hornhaut, die ihm das Festhalten der Beutetiere erleichtert.

Adler schweben geduldig über der Wasseroberfläche, bis sie plötzlich eines oder auch beide Beine ausstrecken und sich einen Fisch schnappen. Die meisten Fische, die von Adlern erbeutet werden, wiegen zwischen einem und fünf Pfund. Das Gewicht von Adlern beträgt zwischen sieben und dreizehn Pfund. In Island machen Adler Jagd auf Seewölfe und Seehasen. Hin und wieder erbeuten sie auch Kabeljaus, gewöhnlich halten sich diese jedoch zu weit unter der Wasseroberfläche auf. Es kann vorkommen, dass sich ein Adler in einem Fisch verkrallt, den er aufgrund seiner Größe nicht überwältigen kann; wenn der Fisch abtaucht, reißt er den Vogel mit in die Tiefe. Vor den Orkneyinseln wurde einmal ein Heilbutt gefangen, in dessen Rücken noch die Krallen eines Adlers steckten; der Rest des Vogels war bereits verrottet. In den 1970er-

Jahren fotografierte ein dänischer Ornithologe in Grönland einen Seeadler, der sich in einem zu schweren Fisch verkrallt hatte und mit Hilfe seiner Flügel ans Ufer ruderte.

Adler fliegen strategisch geschickt mit der Sonne im Rücken auf rastende Möwen oder Enten zu. Meist suchen sie sich eine bestimmte Eiderente im Wasser aus und stoßen wiederholt auf sie herab. Jedes Mal, wenn der Adler angreift, taucht die Ente ab. Man möchte meinen, dass eine Ente unendlich oft abtauchen kann, doch mit der Zeit ermüdet sie. Ein russischer Biologe zählte sieben bis zwölf Attacken, ehe die Adler, die er beobachtete, die Eiderenten erschöpft hatten und schließlich töten konnten. Ein deutscher Beobachter berichtete sogar von bis zu 65 Angriffen über einen Zeitraum von 35 bis 45 Minuten. Oft suchen sich Adler Eiderentenmännchen aus, was unter Umständen daran liegt, dass ihr weißes Gefieder auch unter Wasser gut zu erkennen ist.

Kristinn Skarphéđinsson erzählte mir, dass die Adler in Island viele Eissturmvögel töten. Eissturmvögel sind Meeresvögel, die nur zum Nisten und zur Aufzucht ihrer Jungen an Land kommen. Die isländische Bezeichnung für den Eissturmvogel lautet *fýll*, »Stinker«. Der englische Name *fulmar* bedeutet mehr oder weniger dasselbe, nämlich »übel riechende Möwe«, wobei sich *mar* von dem altnorwegischen Wort für »Möwe« ableitet. Beide Bezeichnungen spielen auf die Angewohnheit von Eissturmvögeln an, mit einem übel riechenden Schleim um sich zu spucken, wenn sie sich bedroht fühlen. An einem See im Süden Islands sah ich einmal eine Mantelmöwe, die mit einem Eissturmvogel in Konflikt geraten war. Die Federn der Möwe waren verklebt, als wären sie mit Teer beschmiert worden; als sie versuchte zu entkommen, flatterte und schrie sie erbärmlich und schlug dabei mit ihren ruinierten Flügeln aufs Wasser.

Kristinn zufolge verfügen Adler über eine spezielle Methode, Eissturmvögel zu erlegen, ohne dabei bespuckt zu werden. »Sie erbeuten sie im Flug«, erklärte er mir. »Adler sind schnellere Flieger als Eissturmvögel. Eissturmvögel brüten hoch oben in den Kliffs. Die erwachsenen Tiere fliegen von dort aus aufs Meer hinaus, um Nahrung für ihren Nachwuchs zu beschaffen. Der Adler fliegt von hinten über den Eissturmvogel, bis er sich auf demselben Kurs befindet …« Kristinn bewegte eine Hand plötzlich schräg nach unten auf die andere zu. »Der Eissturmvogel hat keine Gelegenheit zu seiner Verteidigung.«

Kristinn vermutete, dass sich die Adler, die in der Umgebung von Little Lava lebten, hauptsächlich von Eissturmvögeln und Fischen ernährten. Es müsse sich um einen nahrungsreichen Lebensraum handeln, sagte er, ansonsten würden nicht zwei Paare in so geringer Entfernung voneinander nisten.

Er setzte mich über die neuen Bestimmungen zum Schutz der isländischen Adler in Kenntnis: »Es ist verboten, sich im Umkreis von 500 Metern von einem Horst aufzuhalten.« Er sah mich mit seinen sanften und durchdringenden blauen Augen an. »Allerdings wäre nichts dagegen einzuwenden, wenn Sie die Horste für mich im Auge behalten würden. Gehen Sie zumindest während der nächsten paar Wochen nicht in ihre Nähe. Bis dahin haben die Jungen ein ziemlich vollständiges Federkleid. Wählen Sie einen schönen, warmen Tag aus, keinen verregneten, damit sie nicht auskühlen, wenn die Erwachsenen den Horst verlassen. Halten Sie mich auf dem Laufenden. Vielleicht können Sie ja das Telefon auf Stóra Hraun benutzen.«

»Ich werde die jungen Adler demnächst beringen«, sagte er. »Wenn Sie möchten, können Sie zusehen.«

Ein neues Zuhause

Nach dem Tod meiner Mutter war ich nicht im Stande, auch nur eine Träne zu vergießen. Für einen trauernden Sohn wäre es vermutlich die natürlichste Sache der Welt gewesen zu weinen, doch obwohl ich mir wünschte, weinen zu können, wollten meine Tränen nicht fließen.

Ich weinte innerlich, während ich nach außen hin gefasst, ja sogar gleichgültig war. Manchmal hatte ich Schwierigkeiten durchzuatmen. Meine Aussichten waren trostlos. In Gegenwart Fremder fühlte ich mich unwohl. Wenn ich unter Menschen war, zum Beispiel in einer Stadt, blickte ich mich ständig um; das tat ich sogar in Reykjavík, wo es so gut wie keine Gewaltverbrechen gibt. Ich fühlte mich von meinen Freunden entfremdet und vom Alltagsleben ausgeschlossen. Ich schlief fast überhaupt nicht mehr mit Nancy – wenn ich jedoch allein war, was auf Little Lava hin und wieder vorkam, fand ich manchmal nur dann Schlaf, wenn ich mir selbst Erleichterung verschaffte.

Meinen Augen entwichen keine Tränen. Stattdessen entwichen meinem Kopf Gedanken. Ich vergaß, was ich getan oder gesagt hatte. Ich verlor meine Pläne und Verpflichtungen aus den Augen. Was mich am meisten erschreckte, war meine Unfähigkeit, meine Gedanken zu sammeln, mich zu konzentrieren, um zu schreiben oder zumindest zu lesen.

In Pennsylvania hatte ich einen Therapeuten aufgesucht; ich empfand es als Erleichterung, mit jemandem zu sprechen, der weder ein Fremder noch ein Freund war. Ich sagte ihm, wie sehr ich mir wünschte, zusammenbrechen und weinen zu können. Er erklärte mir, dass man sich dazu völlig gehen lassen musste. Doch nachdem ich mit einem derart brutalen und unmenschlichen Verbrechen konfrontiert worden war, ließ es mein Kopf nicht zu, dass mein Körper seine Abwehrhaltung aufgab.

Eines Abends, zu Hause in Pennsylvania, zog es mich auf dem Heimweg aus der Stadt in die Gegend, in der Mom gewohnt hatte. Draußen war es dunkel. Es war Winter, und in den Gärten lag Schnee. Ich fuhr an den gepflegten Häusern vorbei, die meist Angestellten der Penn State University gehörten. Dann bog ich in Moms Straße ein, Hillcrest.

In einem Zimmer im hinteren Teil ihres Hauses, das wir immer das »Familienzimmer« genannt hatten, brannte Licht. Im Schlafzimmer auf der anderen Seite, wo ich Mom tot aufgefunden hatte, war es dunkel. Die Fenster zur Straße wurden von einem fahlen, indirekten Licht erhellt. Auf dem Stellplatz stand ein Auto – nicht ihres. Ich hatte das Haus vermietet; nach allem, was dort geschehen war, hatte ich mich noch nicht dazu durchringen können, es zu verkaufen.

Ich hielt an. Abgesehen von ein paar kleinen Zweigen im Vorgarten, die ein Eissturm abgebrochen hatte, sah alles genauso aus wie früher, als Mom noch am Leben war.

Plötzlich schoss mir ein Gedanke durch den Kopf: Ich wünschte mir, ich könnte tief fallen und irgendjemand würde mich auffangen. Mir stiegen Tränen in die Augen, doch wie immer sträubte sich etwas in mir, und ich konnte ihnen keinen freien Lauf lassen. *Jemand soll mich auffangen.* Ich wusste, dieser Jemand war meine Mutter. Doch sie war nicht mehr hier, sie war fort von mir, ihr Leben war jetzt – wie so viele andere, ehemals pulsierende und einzigartige Leben, die einst mit dem meinen verknüpft gewesen waren – ein Teil der Vergangenheit.

Ich atmete tief durch. Dann setzte ich den Wagen in Bewegung und fuhr nach Hause.

Wir waren noch immer in der Hauptstadt, um Einkäufe zu erledigen. Von Thórđurs Haus in Seltjarnarnes rief ich Pétur an. Er war bereit, die Stadt zu verlassen, und brannte geradezu darauf, nach Little Lava zurückzukehren und die Renovierung des Hauses abzuschließen. Wir vereinbarten, wann wir ihn am Abend zu Hause abholen würden, um die letzte Fähre zu nehmen und anschließend Richtung Norden zu fahren.

»Nicht schon heute Abend«, sagte Nancy, als ich gerade auflegte. »Wir werden bei Flut auf Stóra Hraun ankommen. Du kannst von Will nicht verlangen, dass er so spät abends den langen Fußmarsch um das Watt zurücklegt.«

Ich rief Pétur nochmals an und sagte ihm, dass wir ihn erst am Morgen abholen würden. Er klang enttäuscht, war jedoch einverstanden.

Am nächsten Morgen fuhren wir zu seiner Wohnung. Niemand antwortete, als ich läutete. Statt auf dem schnellsten Weg zum Hafen zu fahren und die Fähre ohne ihn zu nehmen, beschlossen wir zu warten. Wir gingen zu Fuß in die Innenstadt und sahen uns in den Geschäften um. In einer Bäckerei tranken wir Tee und aßen Kuchen. Dann gingen wir zur Wohnung zurück: kein Pétur. Die Stunden vergingen, und wir versuchten erfolglos, ihn oder Anna zu erreichen – obwohl sich die beiden getrennt hatten, war sie diejenige, bei der Pétur eine Nachricht hinterlassen hätte.

»Er ist bestimmt einen trinken gegangen«, sagte ich verärgert zu Nancy, als ich zum x-ten Mal den Daumen auf den Klingelknopf an der Wand des Wohngebäudes rammte. »Er ist gestern Abend in irgendeine Bar gegangen und versumpft.« Ich trat gegen die Tür und stellte fest, dass sie einen Spalt offen stand. Also betrat ich das Treppenhaus und ging nach oben. Ich klopfte an Péturs Tür. Keine Antwort. »*Verdammter Mist!*« Ich ballte die Hand zur Faust und schlug gegen das Holz. Auf der anderen Seite des Flurs öffnete eine Frau die Tür, starrte mich an und schloss sie wieder. Ich stapfte wieder nach unten.

Nancy versuchte, mich zu beruhigen. Als das nicht funktionierte, ignorierte sie mein Gemurre. Will kam die Verzögerung gelegen, da wir schließlich auf einem Jahrmarkt für Kinder landeten, der bei Nieselregen in einem Park in der Nähe von Péturs Wohnung stattfand. Ich nörgelte und meckerte unentwegt vor mich hin. Wie typisch für einen Isländer, etwas zu versprechen und sich dann aus dem Staub zu machen, wenn sich die Gelegenheit ergibt, einen trinken zu gehen.

»Sieh mal«, meinte Nancy, »lass uns doch einfach nach Little Lava fahren. Vielleicht taucht er ja später auf.«

Am nächsten Tag fuhren wir in aller Frühe zur *Akraborg*. Die Fährarbeiter winkten uns mit ihrer üblichen dienstbeflissenen Ungeduld an Bord, wo wir auf Tuchfühlung mit anderen Autos und Lastwagen parkten. Eine Stunde später fuhren wir in Akranes wieder vom Schiff. Eine weitere Stunde später kam der Kegel des Eldborg in Sicht.

Als wir wie immer neben der niedrigen Felswand parkten, stand dort ein kleiner grauer Wagen. Ich glaubte, ihn zu erkennen: Annas alter Fiat. Auf der anderen Seite des Watts sahen wir eine menschliche Gestalt auf dem Dach des Hauses kauern.

Mit Essensvorräten und sauberer Wäsche beladen eilten wir über das Watt. Die Teppiche und Haushaltswaren ließen wir im Kofferraum, um sie später zu holen. Als wir uns der Hauswiese näherten, sah uns Pétur, stand auf und winkte mit einem teerverschmierten Pinsel. Er trug einen breitkrempigen Hut von mir und dazu eine Staubmaske als Schutz vor den Asbestfasern, die bei den Dacharbeiten aufgewirbelt wurden.

Ich erklomm die Leiter, ein weiteres Stück Schiffseinrichtung, das ich am Strand gefunden hatte. Pétur grinste, zündete sich eine Zigarette an und erzählte mir, was er seit seiner Ankunft getan hatte. Er hatte ein Spülbecken installiert – der Abfluss führte durch ein Loch im Betonfußboden ins Freie –, damit wir uns des schmutzigen Spülwassers entledigen konnten, ohne nach draußen gehen zu müssen. Er hatte neue Schamottesteine in den Ofen zementiert. Und er hatte mit der Dachreparatur begonnen, indem er neue, mit Dachpappe verkleidete Eckbretter angebracht und mit Dichtungsmasse gegen die Naturgewalten versiegelt hatte.

Als der Abfahrtstermin der Abendfähre näher rückte, war Pétur ungeduldig geworden und hatte sich Annas Wagen geliehen, da sein eigener wieder einmal kaputt war. Er hatte angenommen, dass unser Auto für uns alle und für die Baumaterialien und Einrichtungsgegenstände, die transportiert werden mussten, ohnehin zu klein sei. Er hatte für uns einen Spiegel mit rohem Holz gerahmt und ein Spülbecken aus seiner eigenen Wohnung ausgebaut (er wollte demnächst seine Küche renovieren, hatte aber noch kein neues Spülbecken gekauft). »Hat euch Anna denn nicht angerufen?«, fragte er.

Ich schüttelte den Kopf. Ich erzählte ihm, dass wir am Morgen zu ihm gefahren waren und uns dann in der Stadt die Zeit vertrieben hatten. Das war unüberlegt und undankbar. Ich fragte mich, ob ich jemals wieder mein altes Gleichgewicht zurückerlangen würde. Wenn ich mich recht erinnerte, hatte ich früher einmal die Fähigkeit besessen, mit Enttäuschungen fertig zu werden und anderen Menschen zu vertrauen.

»Habt ihr was zu essen dabei?«, fragte Pétur. »Ich habe gegessen, was ich finden konnte, aber das war nicht gerade viel.«

Wir hatten versprochen, Lebensmittel mitzubringen. »Von jetzt an wirst du gut versorgt«, sagte ich ihm.

Wir lachten beide, und die Unstimmigkeit war vergessen. Ich stützte die Ellbogen auf den Kamin. Die Aussicht vom Dach war großartig. Ich hörte Pétur zu, als er den Fuchs beschrieb, den er in der Lava gesehen hatte, und den Adler, der über das Haus geschwebt war. Und ich lauschte der unendlichen Stille, die nur vom Säuseln des Winds durchbrochen wurde.

Das Gras auf der Hauswiese wogte sanft. Die Berge auf der Ostseite des Hnappadalur sahen aus wie große schlafende Tiere, und der vordere Teil des Kolbeinsstaðafjall glühte, als wäre er von einem Feuer in seinem Innern erleuchtet worden. Ich hielt nach dem Eldborg und dem Snæfellsjökull Ausschau und stellte fest, dass sie sich an Ort und Stelle befanden.

Ich erspähte den hohen Steinhügel am Thrællyndisgata, in der Nähe der Stelle, wo wir die brütenden Adler aufgeschreckt hatten. Die Faxabucht im Westen hatte ich noch nie ruhiger gesehen. Wo der Lachsfluss in die Bucht mündete, umspülte das Meer ein niedriges Barriereriff und eine Felsklippe, die einem gezackten schwarzen Zahn glich. Nach und nach bedeckte die Flut das Watt; ich wurde daran erinnert, dass ich mir vorgenommen hatte, die Priele ausfindig zu machen und mir ihre Lage einzuprägen, damit ich gefahrlos heimfinden würde, wenn mich beim Wandern die Flut überraschte.

Pétur drückte seine Zigarette aus, setzte seine Staubmaske wieder auf und griff zur Bohrmaschine. Ich stülpte mir ebenfalls eine Maske über Nase und Mund und nahm einen Hammer. Aus dem

Pétur und der Autor auf dem Dach. © Nancy Marie Brown

Haus drang Klappern von Töpfen und Pfannen. Will kam heraus und rief uns zu, dass das Abendessen bald fertig sei.

Ein Rabe glitt wie ein schwarzer Keil über das Sumpfgebiet. Eine Seeschwalbe flog in graziösen Wellen vorüber. Möwen auf unbekannter Mission ruderten über den Himmel. Eine Schnepfe gaukelte herab – die Isländer nennen diesen Vogel auch *hrossagaukur*, »Pferdekuckuck«, weil das Geräusch, das er beim Landeanflug macht, an das Wiehern eines Rosses erinnert.

Es war schön, wieder hier zu sein. Ich fühlte mich auf Little Lava bereits zu Hause.

Wir legten einen weiteren Putzgang ein, mit Abstauben, Wischen und Scheuern. Alte Flaschen, Dosen und andere Abfälle, die nicht verbrannt werden konnten, packten wir in Müllsäcke, die wir über den Sumpf trugen und in eine Mülltonne an einem Parkplatz an der Straße steckten.

Wir dekorierten unsere neuen Fensterbretter mit Schätzen, die wir ganz in der Nähe gefunden hatten: mit Rabenfedern, mit den beigefarbenen und weißen Federn von Strandvögeln, mit glänzenden Lavabrocken und hühnereigroßen Bimssteinen. Mit violetten Muscheln. Mit dem Kieferknochen eines Seehunds, in dem ein gekrümmter Zahn steckte. Mit alten Fischernetzbojen aus Grünglas, wie sie Nancy in einem Antiquitätengeschäft in Reykjavík gesehen hatte. Wir hängten ein Hufeisen an die Wand und befestigten ein verwittertes Ruder mit Nägeln über einem der Fenster. In der Küche hatte irgendjemand einen Haihaken aufgehängt, einen riesigen, mit Widerhaken versehenen Haken zum Fangen von Glatthaien; außerdem hingen dort bereits Teile eines Pferdegeschirrs aus Messing und geschnitzte Holzteile eines Webstuhls. Ein Foto von Annas Mutter Oddný – jung und hübsch, in weißer Krankenschwesteruniform mit Haube – blickte von einem Regalbrett herab. Oddný war auf Little Lava geboren worden.

Nancy untersuchte eine kleine Truhe auf Mäuse und füllte sie mit Nahrungsmitteln. Das Lebensmittelgeschäft in Borgarnes – es gehörte zu einer ländlichen Genossenschaft und verkaufte alles, von Zaunpfosten über Angelköder bis hin zu Zeitschriften über amerikanische Filmstars – hatte eine passable Auswahl an Nahrungsmitteln im Angebot. Die Preise waren drei- bis viermal so hoch wie bei uns zu Hause, aber wir hatten bereits gelernt, dass man in Island auf das Lesen von Preisschildern verzichten und einfach den Einkaufswagen füllen sollte.

Wir kauften Orangen aus Spanien, Kiwis aus Neuseeland, Äpfel aus dem Bundesstaat Washington. Kleine, stärkehaltige und schmackhafte Kartoffeln aus Island. Frisches Brot. Russische Marmelade. Butter, Käse, Milch und *skyr*, ein traditionelles isländisches Milchprodukt, ähnlich wie Joghurt. Geräuchertes Lammfleisch und Lammpastete. Ein Karton mit zehn Eiern kostete 245 Krónur, etwa 30 amerikanische Cent. Kellogg's Cornflakes, McVitie's Kekse, Gunnar's Mayonnaise. Wir deckten uns ein mit *harđfiskur*, getrocknetem Fisch, der mit *smjör*, Butter, bestrichen eine schmackhafte Zwischenmahlzeit ergab.

In der von den Schafen verseuchten Quelle in der Nähe des Hauses schaufelte ich eine flache Stelle für den Metallbehälter. Das Wasser schien kalt genug, dass sich leicht verderbliche Lebensmittel zumindest ein paar Tage halten würden. Ich verstaute die Eier, den Käse und die Milch im Behälter und legte einen Stein auf den Deckel.

Im Wohnraum stellten wir eine Petroleumheizung auf, die ich im Mai nach Reykjavík gebracht hatte, um sie reinigen und einstellen zu lassen. Pétur ging mit der Petroleumkanne nach draußen, nahm etwas Petroleum in den Mund und spuckte mit Hilfe eines brennenden Holzscheits Feuer. Orangefarbene Flammen loderten von seinen Lippen. Will war von dieser Heldentat zutiefst beeindruckt. Pétur hatte das Feuerspucken auf einem Volksfest in Jamaika gelernt, wo er mit Anna einige Jahre zuvor einen Winter verbracht hatte. Anschließend spielten Will und Pétur Fußball mit einem Schaumstoffball, den wir in der Werkstatt gefunden hatten. Als Torpfosten steckten sie alte Ruder in den Boden.

Pétur war entschlossen, im Freien zu schlafen, und ging mit seinem Schlafsack an den Rand der kleinen Bucht, wo der Traktor stecken geblieben war. Am nächsten Morgen kam er völlig mitgenommen und mit verquollenen Augen angeschlurft und bat uns inständig um einen Kaffee.

Während der Nacht war es nie ganz dunkel geworden, und die Vögel hatten ihn wach gehalten. Rotschenkel beschimpften ihn. Austernfischer ließen eine Tirade auf ihn los. Schnepfen umkreisten ihn und gaben ihre unheimlichen, blubbernden Laute von sich. Schafe kamen, besahen ihn sich aus der Nähe und liefen dann mit polternden Hufen davon. Füchse bellten. Als ihn mitten in der Nacht ein schrecklicher Lärm weckte, sah er einen Fuchs mit einem Rotschenkel im Maul vorbeitrotten. Der Partner des toten Vogels flog über dem Kopf des Fuchses und schrie unaufhörlich. Der Fuchs lief in nur wenigen Metern Entfernung auf der windabgewandten Seite an Péturs Schlafsack vorbei. Als er ihn witterte, ließ er den Rotschenkel fallen und sauste über das Watt davon.

Pétur bestand darauf, dass ich den Kajak zusammenbaute und ihn damit fahren ließ, ehe er wieder in die Stadt zurückkehrte. Er brachte seine langen Beine nur mit Mühe im Rumpf unter. Ich zeigte ihm, wie man mit dem Doppelpaddel umgeht. Dann gab ich dem Boot einen Schubs, und schon ging es los. Pétur paddelte auf die Stóra-Hraun-Inseln zu, und während der etwa zehn Minuten, die ich ihm zusah, wich seine anfängliche Unsicherheit, und er beherrschte das Boot schließlich recht gut.

Pétur hatte viel Erfahrung mit dem Segeln auf offenem Meer, und ich war nicht beunruhigt, als er lange Zeit nicht zurückkam. Erst als die Ebbe einsetzte, tauchte er wieder auf. Er watete durch einen der Priele und zog den Kajak an der Bugleine hinter sich her wie einen widerspenstigen Hund. Ich stapfte ihm entgegen. Er grinste und drückte mir die Leine in die Hand. »Dieses Ding ist perfekt für Löngufjörur!«

Wir setzten Pétur ein üppiges Abendessen vor und begleiteten ihn anschließend über den Sumpf. Er werde wiederkommen, versprach er, und Anna mitbringen, vielleicht sogar auch Oddný. Er freue sich darauf, noch viele Jahre lang immer wieder nach Little Lava zurückzukehren; das Haus, beteuerte er, sei ein ideales Refugium für Künstler.

Uns hatte es das Haus ebenfalls angetan; es war ideal für Schriftsteller.

Nachdem wir allein waren, richteten wir uns darauf ein, Little Lava während der nächsten Wochen nur gelegentlich zu verlassen, um Lebensmittel einzukaufen, Bekanntschaft mit unseren Nachbarn zu machen und die örtliche Schule zu besuchen, die Laugagerđisskóli, wo wir duschen und in dem geothermisch geheizten Becken schwimmen wollten – das *laug* in ihrem Namen steht für »heiße Quelle«. Das Schulgebäude, ein dreigeschossiger Betonklotz mit einem flacheren Seitenflügel, war jenseits des Watts hinter dem Lachsfluss zu sehen. Im Sommer, wenn die Kinder zu Hause auf den Bauernhöfen waren, wurde die Schule als Touristenhotel genutzt. Für die Raben war sie nur knapp fünf Kilometer von Little Lava entfernt, aber auf dem Landweg über die unbefestigte Straße, die dem Fluss folgte und dann zur Schnellstraße abbog, musste man knapp 20 Kilometer zurücklegen, um dorthin zu gelangen.

Ich freute mich darauf, viel Zeit mit Will zu verbringen. Wir hatten versucht, unsere Nichte Claire, die Tochter von Nancys Schwester, zu überreden, mit uns zu kommen und auf Will aufzupassen, während Nancy und ich unseren jeweiligen Beschäftigungen nachgingen – Nancy wollte schreiben und reiten, ich hatte mir vorgenommen, zu wandern, zu angeln und Vögel zu beobachten. Doch Claire hatte sich dazu entschlossen, an einer von ihrer Highschool organisierten Reise nach Frankreich teilzunehmen.

Ich nahm an, Will würde sich damit zufrieden geben, seine Nase in ein Buch zu stecken und viel mit Legosteinen zu spielen. Und wenn wir ihn dazu bewegen konnten, nach draußen zu gehen, würde er sicher jede Menge Spaß haben.

Am Morgen schulterten wir unsere Rucksäcke und lasen entlang der Gezeitenlinie Treibholz auf. Wir fanden kurze Kantholzstücke und Kistenbretter, die mit Zahlen und Wörtern wie »Glasgow« und »Portugal« beschriftet waren. Will entdeckte ein vertrocknetes Gerippe, bei dem es sich vermutlich um einen ehemaligen Weihnachtsbaum handelte, der im Jahr zuvor über Bord eines Kreuzfahrtschiffs geworfen worden war. Außerdem sammelten wir von den Wellen abgescheuerte Zweige ein. Weit oben am Strand lagen riesige Baumstämme, grau und ohne Rinde, die oberhalb der Wurzeln sauber abgesägt worden waren. Die Isländer glauben, dass die Bäume, die an ihren Küsten angespült werden, aus Norwegen und Sibirien stammen. Früher verwandelten die Landbesitzer sämtliches Treibholz in Bauholz – ein wertvoller Werkstoff in einer Gegend, in der Bäume kümmerlich und rar sind.

Als wir wieder beim Haus angelangten, sägten wir das Holz in Stücke, die in den Ofen passten. Die größeren Klötze spalteten wir mit einer Axt und stapelten sie in der Werkstatt und in der Vorratskammer. Am Abend schürten wir den Ofen.

Als Sitzgelegenheiten dienten uns der alte Walknochenstuhl und ein paar stabile Holzkisten. Wir hatten in Reykjavík drei billige Plastikstühle gekauft, von denen einer beim ersten Draufsetzen prompt zusammenbrach. Außerdem gab es auf Little Lava zwei Tische: Einer stand in der Küche, mit Blick auf den Sumpf, der andere, größere, im Wohnraum neben dem Fester zum Lavafeld. Wills Bücher und Spielsachen bewahrten wir in den beiden alten Seemannstruhen auf, zwei rechteckigen Holzkisten mit geteiltem Deckel. Früher verstauten die Fischer ihre Nahrungsmittel und ihre Habseligkeiten in solchen Kisten und benutzten sie als Ruderbänke in offenen Booten.

In der Nacht tobte ein Sturm über der Faxabucht. Der Wind ächzte im Kamin und peitschte den Regen gegen die Mauern. Als ich im fahlen Mitternachtslicht aus einem Traum erwachte, an den ich mich nicht mehr erinnern konnte, war ich äußerst angespannt.

Ich legte mich zurück auf die Matratze und versuchte, mich zu entspannen, indem ich langsam und tief durchatmete. Ich lauschte, ob irgendwo im Haus Wasser tropfte, konnte aber nichts hören. Dann drehte ich mich zu Nancy um und schmiegte mich an sie, mit der Brust an ihren Rücken, und vergrub das Gesicht in ihrem Haar. Ich roch ihren vertrauten Geruch.

Das Haus bot uns Schutz und Geborgenheit. So karg und einfach es auch sein mochte, es war ein wunderbarer Zufluchtsort. Ich erinnerte mich, wie ich mich in jener Nacht im Dezember gefühlt hatte, im selben Zimmer mit Pétur, als der Wind ums Haus tobte und heulte und ich allein und frierend im Bett lag. Sechs Monate waren seitdem vergangen. Vielleicht, dachte ich, hatte meine Erstarrung ein Ende. Vielleicht bewegte ich mich wieder vorwärts, von einem düsteren Raum in den nächsten. Vielleicht durchschritt ich die Kammern meiner Trauer und meines Schmerzes auf dem Weg zurück zum Licht des Lebens.

Lange Strände

Der Regen und die Wolken ließen die Welt schrumpfen. Das Gras wurde grün, und seine Halme schossen empor – wenngleich sie sich jetzt der Last dicker Wassertropfen beugten.

Ich nahm die Schaufel, die ich von Stóra Hraun zurückgeholt hatte, legte mir ihren Stiel über die Schulter und marschierte vom Haus hangabwärts. Ich überquerte den Sumpf, blieb am Rand des Watts stehen und sprang nach unten in die »Pampe«, wie Will und Nancy den glitschigen, matschigen Streifen am Rand des Watts getauft hatten. Dabei hielt ich die Schaufel wie ein Seiltänzer seine Stange, um nicht die Balance zu verlieren.

Ich kämpfte mich aus dem Schlick frei und marschierte in Richtung Stakkholtssteinn. Der Nieselregen befeuchtete mein Gesicht.

In der Nacht zuvor hatte ich wieder geträumt. Den Traum hatte ich bereits mehrmals gehabt. Ich ging darin auf dem Bürgersteig auf das Haus meiner Mutter zu. Alle Häuser in ihrer Nachbarschaft gehörten jetzt alten Menschen, und ihre Rollläden waren geschlossen; wo früher Kinderstimmen zu hören waren, herrschte Stille. Ich ging die Zufahrt entlang und betrat Moms Küche. Sie begrüßte mich. Wir umarmten uns, ohne ein Wort zu sagen. Alles war trostlos und traurig. Sie wusste, dass sie tot war, und ich wusste, dass sie tot war. Wir standen uns gegenüber, Mutter und Sohn, hilflos und niedergeschlagen, und wussten beide, dass sie nicht lange bleiben konnte. In meinem Traum hatte ich geweint. Doch als ich aufwachte, war mein Kissen trocken.

Ich überquerte das Watt in Richtung Stakkholtssteinn. Der feuchte, feste Sand war mit kleinen, nur wenige Zentimeter voneinander entfernten Löchern übersät, bei denen es sich offenbar um die Wohnröhren irgendwelcher Lebewesen handelte: Die Siedlung erstreckte sich über hunderte von Metern.

Jeder Fraßgang hatte zwei gut 15 Zentimeter auseinander liegende Öffnungen. Vor einer der beiden Öffnungen lag jeweils ein Häufchen aufgeworfener Sand, aus der anderen trichterförmigen Vertiefung sprudelte Wasser, wenn ich einen Fuß daneben stellte und mein Gewicht auf ihn verlagerte.

Ich setzte die Schaufel an, die mit einem kratzenden, scheuernden Geräusch eindrang, und drehte eine Ladung Sand um.

Ein Wurm kam ans Tageslicht: Er war ungefähr so dick wie mein Zeigefinger und etwa 15 Zentimeter lang. Er wand sich schwerfällig. Seinen rötlichen, segmentierten Körper zierten zwei Reihen kurzer Haarbüschel.

Bei Flut heben diese als »Sandpiere« bezeichneten Wattwürmer den Kopf aus dem Schlick, um zu fressen; sobald die Ebbe einsetzt, bringen sie sich in ihrer Wohnröhre in Sicherheit. Sandpiere schlucken Wasser und Sandkörner, filtern sie durch ihren Körper und verdauen dabei Bakterien und organische Materie. Den gereinigten Sand scheiden sie auf dem Wattboden wieder aus.

Als ich weitergrub, förderte ich eine Muschel mit dünner Schale zutage. Ich wusste, dass Muscheln und Sandpiere als Angelköder verwendet werden können. Doch ich war an diesem Tag in Entdeckerlaune und hatte keine Lust zu angeln.

Der Fuß einer nahe gelegenen Felsklippe war mit blauvioletten Miesmuscheln bedeckt; bei Flut war dieser Bereich unter Wasser. Ich drehte einen Stein um. An den Rändern der Pfütze darunter wanden sich durchscheinende Organismen und versanken kurz darauf wieder im Sand.

Bei Thórđur hatte ich in einer wissenschaftlichen isländischen Zeitschrift einen englischsprachigen Artikel von zwei Biologen gelesen, die in zwei Wattgebieten im Südwesten Islands den Bestand an wirbellosen Tieren untersucht hatten und neben den Lebewesen, die mir an dem Morgen auffielen, auf eine riesige Anzahl von Zuckmückenlarven gestoßen waren. Zuckmücken sind Fluginsekten. Die meisten Arten stechen zwar nicht, sind aber trotzdem schreckliche Plagegeister, weil sie einem in die Ohren, die Nase und den Mund fliegen.

Dem Artikel war zu entnehmen, dass sich kleinere Vögel wie beispielsweise Alpenstrandläufer und Schnepfenvögel von Zuckmückenlarven, Schnecken und jungen Muscheln ernähren, die auf der Vegetation in den Gezeitenzonen umherkriechen, ehe sie sich an Felsen festsetzen und dicke Schalen bekommen. Größere Strandvögel wie Austernfischer oder Uferschnepfen fressen vor allem Sandpiere, die sie mit Hilfe ihrer langen, kräftigen Schnäbel aus dem Sand ausgraben.

Ich brachte die Schaufel ans Ufer und trat das Schaufelblatt in den Boden, sodass der Stiel nach oben zeigte. Dann ging ich aufs Watt hinaus und atmete die Gerüche ein: Salz und Sand, Vegetation und Fäulnis.

Abgesehen von einigen Plastikabfällen der Fischereiindustrie sowie dem willkommeneren Treibholz, das die Winterstürme an den Strand gespült hatten, war das weitläufige Watt ein sauberer Ort. Ich entdeckte in Löngufjörur niemals ein Anzeichen von Umweltverschmutzung wie etwa durch Rohöl oder Chemikalien. Die Vögel fraßen im Watt beinahe ununterbrochen: Strandvögel unterschiedlicher Größe, zahlreiche Möwenarten und hier und da eine Große Raubmöwe oder ein Rabe. Das Watt kam mir vor wie ein riesiger, wuchernder Organismus, der zur Unbeweglichkeit verdammt war und viel langsamer atmete als die Lebewesen, die sich von ihm ernährten. Jeden Tag tat das Wattenmeer zwei Atemzüge: wenn das Wasser bei Flut anstieg und wenn es sich bei Ebbe wieder senkte.

Während wir in Reykjavík waren, übersetzte Thórður eine Geschichte über Löngufjörur oder »Lange Strände« für uns, die er in dem Buch *Landið Thitt Ísland*, »Dein Land, Island«, entdeckt hatte.

Im 17. Jahrhundert betrieb ein Mann namens Tobbi – die Kurzform von Tobías – in der Nähe von Löngufjörur Landwirtschaft, vermutlich auf dem Anwesen Skógarnes, dessen Haus und Scheune wir von Little Lava aus in der Ferne, auf der anderen Seite der Lagune, als winzige Rechtecke erkennen konnten. Tobbi war als Dichter bekannt. Eines Tages wurde er von einer Gruppe Reisender gefragt, wo sie das Watt sicher überqueren könnten. Tobbi, der gerade in seiner Schmiede arbeitete und ein Werkzeug herstellte oder irgendeinen eisernen Gegenstand reparierte, antwortete ihnen in Versen folgenden Inhalts:

Meine Arbeit in der Schmiede geht nur langsam voran,
wenngleich ich dabei viel Getöse mache.
Ihr solltet euch an den Eldborg halten,
unter dem Hammer des Thor.

Die Reisenden machten sich auf den Weg in Richtung Eldborg. Vielleicht trödelten sie beim Überqueren des Watts, denn sie wurden von der Flut überrascht und ertranken. Nach diesem Vorfall verlor Tobbi die Gabe zu dichten, redete nur noch wirres Zeug und erhielt deshalb den Spitznamen *Æra*-Tobbi, »Verrückter Tobbi«.

Das Watt gehörte sowohl zum Land als auch zum Meer, und ich begegnete ihm mit Respekt. Es bestand kein Zweifel daran, dass man bei Flut von der reißenden Strömung in zwei Prielen von der Außenwelt abgeschnitten werden konnte. Da wir in unmittelbarer Nähe von Löngufjörur wohnten und das Watt überqueren mussten, wenn wir unsere Abgeschiedenheit verlassen wollten, waren wir uns der Gezeiten stets bewusst. Wir planten unsere Tage nach Ebbe und Flut.

Wie fast überall wechseln sich in Island Ebbe und Flut jeden Tag in einem Abstand von zwölf Stunden und 25 Minuten zweimal ab. Die Anziehungskraft des Monds – und in geringerem Maß auch die der Sonne – sorgt dafür, dass sich der Wasserpegel hebt und senkt. Bei Vollmond befindet sich der Mond auf der sonnenabgewandten Seite der Erde, bei Neumond zwischen Sonne und Erde. Wenn bei Vollmond und Neumond alle drei Himmelskörper auf einer Linie stehen, ist der Tidenhub am größten, und man spricht von »Springtide« oder *stórstreymi* auf Isländisch. Wenn Sonne, Erde und Mond im rechten Winkel zueinander stehen, hebt die Anziehungskraft der Sonne die des Monds zum Teil auf und der Tidenhub ist am geringsten: Dann herrscht »Nipptide« oder *smástreymi*.

Ebbe und Flut wechseln sich fortlaufend ab, wobei sich der Zeitpunkt von Hoch- und Tiefwasser täglich um fast eine Stunde nach hinten verschiebt und jeden Monat zweimal Springtide und zweimal Nipptide herrscht.

Bei Stórstreymi verwandelte sich eine Landzunge unterhalb des Hauses in eine Insel. Das Gras stand an vielen Stellen unter Wasser. Einige Tage vor und nach Springtide war Little Lava bei Flut fast vollständig von der Außenwelt abgeschnitten; die einzige Möglichkeit, zum Haus zu gelangen, war dann der lange und beschwerliche Umweg durch die Lava. Zu wissen, dass uns niemand überraschend besuchen würde, gab uns ein Gefühl von Sicherheit – andererseits freuten wir uns, wenn uns Freunde aufsuchten, obwohl uns seit Péturs Abreise niemand einen Besuch abgestattet hatte.

Die Springtide füllte die Lagune und überflutete sie. Die Wasserläufe im Sumpfgebiet schwollen von anderthalb auf fünf Meter Breite an, und die Blumen, die zuvor an ihren Ufern geblüht hatten, wogten ein gutes Stück unter Wasser sanft in der Strömung. Der Stakkholtssteinn verschwand vollständig, und das Wasser kam bis zum Rand der Hauswiese.

Eines Abends bei Stórstreymi rief Nancy Will und mich zu sich und bat uns, unsere Ferngläser mitzubringen. Ein Schaf war mit seinen zwei Lämmern auf einem Stück Weideland gefangen, das sich in eine Insel verwandelt hatte. Von der erhöhten Hauswiese aus sahen wir, wie die drei Schafe dicht zusammengedrängt auf ihrem Eiland standen. Vielleicht hätten sie sich schwimmend aufs Trockene retten können, wenn sie es versucht hätten. Eine Viertelstunde später hatte die Flut den Zufluchtsort der Tiere auf die Größe eines Couchtischs reduziert, und man hatte den Eindruck, als stünden sie auf der Wasseroberfläche. Wir berieten eine mögliche Rettung, entschlossen uns jedoch, noch abzuwarten. Das Wasser stieg nicht mehr höher. Die Schafe saßen etwa vier Stunden lang fest, ehe die Ebbe einsetzte und sie befreite.

Ich spazierte über das Watt.

Der Nieselregen hatte aufgehört, und die Luft kühlte stark ab. Die Füße der Berge zeigten sich in einem kalten, rauchigen Blau, ihre Gipfel waren noch immer von Wolken verhüllt. Zu meiner Linken erstreckte sich die Litla-Hraun-Halbinsel vom Haus nach Südwesten; meistens gingen wir dorthin, um Treibholz aufzulesen. Die vom Wind zerfurchte Erde auf der Halbinsel war mit vulkanischem Gestein übersät: mit kleinen weißen Kristallen, grauer Schlacke und gelblichen, daumengroßen Bimssteinen, die der Eldborg oder irgendein anderer Krater im Hnappadalur ausgespuckt hatte. Die Landschaft war mit zahlreichen, von Riedgras gesäumten Tümpeln gesprenkelt und kreuz und quer mit Schafspuren überzogen. Außerdem gab es rechteckige Tümpel, die aller Wahrscheinlichkeit nach durch Torfstich entstanden waren.

An der Landspitze am Ende der Halbinsel türmten sich kantige Felsbrocken. Von dort aus blickte man auf zwei Kaps: auf Skeley, die »Muschelinsel«, und auf Selhöfði, die »Seehundspitze«, die sich aus dem Sand erhoben. Bei Flut wurden sie zu Inseln.

Hinter Skeley und Selhöfði ragten drei Felsspitzen empor, die die Stromrinne markierten und den Namen Barnasker oder »Kinderinseln« trugen, weil dort, wie unsere Nachbarn auf Stóra Hraun behaupteten, einst die Leichen von zwei ertrunkenen Kindern angespült worden waren.

Am Ende der Litla-Hraun-Halbinsel verlief die Küstenlinie in einer Kurve zu einem Sumpfgebiet namens Krókar, was so viel bedeutet wie »Biegung« oder »Krümmung«. Aus Krókar wand sich ein Wasserlauf und floss in eine der größeren Stromrinnen, durch die das Wasser aus der Lagune ablief.

Hinter Krókar erstreckte sich das Land wieder südwärts, zunächst als zerklüftetes Lavafeld und dann in Form einer morastigen Halbinsel namens Fitjar, »Wasserwiesen«. Sie hatte einst zu Little Lava gehört, war jedoch von Annas Mutter an die Besitzer von Snorrastaðir, dem Gehöft auf der anderen Seite der Lava, verkauft worden. Fitjar galt als hervorragendes Weideland für Pferde und Schafe und lieferte jede Menge Heu.

Auf meiner Karte war auf Fitjar ein Stein mit dem Namen Stelpusteinn oder »Mädchenstein« eingezeichnet. Entlang der Küste lagen zahlreiche große Felsbrocken, und ich war nicht sicher, welcher von ihnen der Stelpusteinn war. Die Bewohner von Stóra Hraun erzählten uns, dass der Stein an eine frühere Bewohnerin von Little Lava erinnerte, ein junges Mädchen, das beim Schafehüten von der Flut überrascht wurde und ertrank. Und wann war dieses Unglück geschehen? Wann waren die Kinder bei den Barnasker-Inseln angespült worden? Vor langer Zeit, sagten sie, und ihr Achselzucken deutete darauf hin, dass seitdem Jahrhunderte vergangen waren.

Hinter Fitjar befand sich ein ungefähr 400 Meter langes Wattgebiet, das nur bei Springtide vollständig überflutet wurde. Jenseits dieses Watts schützte ein der Küste vorgelagerter Strandwall namens Gamlaeyri Löngufjörur vor den Atlantikwellen. Gamlaeyri heißt »alte sandige Landspitze«; der Name deutet darauf hin, dass der Strandwall einst mit dem Festland verbunden war.

Ich nahm die Barnasker ins Visier und stapfte über den Sand.

Zwei Seeschwalben erspähten mich und kamen angeflogen, um über meinem Kopf zu flattern und zu schimpfen. In keinem anderen Geräusch in der Natur scheint solche Entrüstung mitzuschwingen wie im Schrei einer Seeschwalbe. Wenn dieser kleine weiße Vogel sein Revier, sein Nest oder seine Jungen verteidigt, legt er ein Furcht erregendes Gebaren an den Tag, das in keinem Verhältnis zu seiner Größe steht. Sein Schrei ist ein markerschütterndes Kreischen, unterlegt vom Knistern elektrischer Spannung, und könnte mit »krieh« transkribiert werden. Die isländische Bezeichnung für die Seeschwalbe lautet *kría*.

Ich nahm an, dass keine Seeschwalbe ihr Nest in einer Wattzone baute, die zweimal täglich anderthalb Meter unter Wasser stand, und dass diesen beiden Vögeln schlicht und einfach mein Gesicht nicht gefiel. Sie flogen drei Meter über mir und schossen abwechselnd im Sturzflug auf meinen Kopf herab. Nachdem ich meine Kapuze aufgesetzt hatte, klatschten ihre schlanken Flügel gegen den Stoff. Trotz allem war das keine Attacke der heftigsten Art, wie ich sie bereits in anderen Teilen Islands erlebt hatte. Eine wirklich aufgebrachte Seeschwalbe setzt alles daran, einem die Schädeldecke mit ihrem Schnabel zu öffnen. Dazu bombardiert sie einen mit Kot. Wenn man einer brütenden Kolonie zu nahe kommt, erheben sich die Seeschwalben scharenweise in die Luft. Beim Anblick und Geräusch der angreifenden weißen Armeen spürt man unweigerlich Panik aufkommen. Wer eine Seeschwalbenkolonie passieren muss, sollte einen Stock über den Kopf halten, damit sich das Angriffsziel der Vögel ein Stück nach oben verlagert.

Die Seeschwalben ließen nicht von mir ab, als ich weiterging. Ihre wutentbrannten Schreie drückten unmissverständlich aus, was sie von dem zweibeinigen Störenfried hielten. Ich sah mich nach einer Muschel oder einem Stein um, nach irgendetwas, womit ich nach ihnen hätte werfen können, fand aber nichts. Also gab ich mich damit zufrieden, die Vögel zu betrachten, die ebenso hübsch wie übellaunig waren. Seeschwalben besitzen ein überwiegend weißes Gefieder, das auf der Oberseite blaugrau getönt ist. Sie haben eine schwarze Haube, Schwungfedern mit schwarzen Spitzen und einen zinnoberroten Schnabel. Im Flug verbergen sie ihre roten Beine strömungsgünstig zwischen ihren Brustfedern und wirken elegant und schnittig. Die zwei Spitzen ihres Schwanzes bilden ein tiefes V. Ihre langen, schmalen Flügel, die auf halber Länge nach hinten abknicken, sind weiß wie Schnee.

Nachdem die Seeschwalben das Interesse an mir verloren hatten und davongeflogen waren, kam ich an eine Stelle, an der zwei Süßwasserpriele zusammenliefen. Der Wasserlauf zu meiner Rechten kam aus Nordosten und hatte seinen Ursprung in dem Sumpf zwischen Stóra Hraun und Little Lava. Der Wasserlauf zu meiner Linken führte aus Südwesten hierher, vorbei an der Insel Selhöfđi, der »Seehundspitze«. Meiner Karte zufolge hatte dieser zweite Wasserlauf drei Ursprünge: die Marschen von Fitjar, das Sumpfgebiet namens Krókar und das Watt auf der Westseite der Halbinsel, die sich von Little Lava nach Süden erstreckte. Die beiden Wasserläufe waren knietief; wo sie zusammenliefen, war das Wasser hüfttief. Bei steigender Flut hätte ich nicht in einen solchen Graben stolpern wollen.

Nicht weit hinter diesem Zusammenfluss, in Strömungsrichtung, mündete der neue Wasserlauf im Lachsfluss, dem Haffjarđará oder »Meeresfjordfluss«, einem breiten, kräftigen Flusslauf, der sich den Weg von der anderen Seite der Stóra-Hraun-Halbinsel hierher bahnte. Er war viel zu tief und floss viel zu schnell, als dass ich auch nur daran gedacht hätte, ihn zu durchqueren.

Ich zog meine Stiefel und Socken aus, krempelte meine Hosen bis übers Knie hoch und watete mit einem Stiefel in jeder Hand durch die Stromrinne vor der Seehundspitze. Das Wasser war kalt und klar, die Strömung spürbar, aber nicht bedrohlich, und der sandige Grund bot guten Halt beim Gehen. Auf der anderen Seite angekommen, setzte ich mich auf meinen Parka, trocknete mir die Füße mit den Socken ab und zog meine Stiefel wieder an.

Mit der Stromrinne vor der Seehundspitze hatte ich eine Grenze überschritten. Wenn ich mir zu viel Zeit ließ und das Wasser in der Rinne mit einsetzender Flut anstieg und seine Strömungsrichtung änderte, wäre mir der direkte Weg zurück versperrt. Allerdings sah ich, dass ich selbst bei Flut südlich von Little Lava das Trockene erreichen konnte, wenn ich die Seehundspitze umrundete und einen der Zuflüsse durchquerte. Falls das Wasser auch dafür bereits zu hoch gestiegen sein sollte, konnte ich auf die Seehundspitze klettern und drei bis vier Stunden warten, bis der Wasserstand weit genug gesunken war, dass ich die Überquerung wagen konnte. Oder ich konnte mich auf Gamlaeyri zurückziehen und etwa eineinhalb Kilometer in südöstlicher Richtung marschieren, bis ich zu dem Teil des Watts gelangte, der nur bei Stórstreymi unter Wasser stand, und dann in Richtung Fitjar weitergehen. Fitjar wirkte sumpfig und unwegsam, grenzte jedoch unmittelbar an das Lavafeld.

Während der drei Stunden vor und nach Niedrigwasser würde die Überquerung kein Problem darstellen. Da wir Hochsommer hatten, würde der Versuch, das Festland zu erreichen, nicht von der Dunkelheit erschwert werden. Wenn ich einen klaren Kopf behielt und kein Risiko einging, bestand kein Grund zur Sorge, dass mich die Flut erwischen könnte.

Der Boden der Lagune wurde weniger schlammig und zunehmend sandiger, je weiter ich ging. Die Berge waren aus der Dunkelheit aufgetaucht und wirkten düster und kalt, als wären sie aus dem Meer herausgefischt worden.

Der nasse Sand hatte die Farbe dunklen Honigs. Stellenweise kontrastierte schwarzer Sand mit dem goldfarbenen. Die Gezeiten hatten aus den beiden unterschiedlich schweren Bestandteilen, Muscheln und Basalt, Muster geformt, die der Maserung von Holz glichen: schwarze und goldfarbene Streifenmuster wechselten sich mit marmorierten Bereichen in denselben Farben ab.

An einigen Stellen war der Sand glatt wie Papier, an anderen mit Höckern bedeckt. Wellenlinien schlängelten sich Meter um Meter dahin, eine neben der anderen. Vertiefungen im gesprenkelten Sand waren mit größeren Bruchstücken von Muscheln gefüllt – elfenbeinfarben, pfirsichfarben, mahagonifarben, schwarzviolett, die Farben von Sonnenuntergang und Sturm.

An dieser Stelle war der Haffjarđará etwa 800 Meter breit und umspülte die beiden Stórahraunseyjar, die »Stóra-Hraun-Inseln«. Die schmalen Inseln waren mehrere 100 Meter lang und lagen parallel zur Strömung des Flusses. Sie waren von Felsen eingesäumt und mit einem üppigen Grasteppich überzogen, was darauf hindeutete, dass schon seit einiger Zeit keine Schafe mehr auf ihnen geweidet hatten. Hinter ihnen erhob sich höher und sandiger die Suđurey oder »Südinsel«.

Ein Seehund streckte den Kopf aus dem Fluss und starrte mich an. Seine Augen sahen in seinem hell glänzenden Kopf aus wie schwarze Löcher. Er tauchte langsam unter und lugte dann ein Stück flussabwärts noch einmal blass und tropfend aus dem Wasser. Als ich weitermarschierte, schwamm er neben mir her.

Die Schreie von Seeschwalben, Austernfischern und Möwen füllten die Luft. Strandläufer jagten mit rasantem Flügelschlag vorüber. Sechs Gänse ruderten in einer Linie über den Himmel. Große, schnelle Eiderenten mit gedrungenem Körper flogen in Sechser-, Zehner- und Zwanzigerformationen knapp über die Wasseroberfläche des Flusses.

Meiner Karte zufolge hatte ich das nördliche Ende von Gamlaeyri erreicht, einen Ort namens Toppar oder »Spitze«. Die fragliche Spitze bestand aus mehreren vom Sand blank gescheuerten Felsbrocken, die wie eine Meute Geächteter knapp oberhalb des Meeresspiegels auf den Dünen saßen. Zwischen den Felsen lagen teerverschmierte Rundhölzer und Reste von Nylonseilen.

Bei Toppar trafen die Elemente aufeinander: Sand, Meer, Fluss, Felsen. Die Süßwasserströmung lieferte sich einen Schlagabtausch mit der Brandung. Die Wellen rollten donnernd und schäumend gegen die mit Seetang behangenen Felsen. In der aufgewühlten See um die Barnasker tanzten Dutzende von Eiderenten, die scheinbar alle in meine Richtung blickten. Das Wasser in der Stromrinne stieg klatschend und strudelnd an, dann senkte es sich wieder, um sich kurz darauf mit einer schaukelnden Bewegung wieder schäumend aufzubäumen, bei deren Anblick sich mein Landrattenmagen verkrampfte.

Dies war kein Ort, an den man sich in einem Kajak wagen sollte.

Die Eiderenten im Fluss schwammen vor mir davon und blickten sich dabei beunruhigt um, erst über die eine Schulter, dann über die andere. Auf der Felsinsel hockten Kormorane und hielten ihre schwarzen, lederartigen Flügel zum Trocknen in den Wind; sie sahen aus wie Dämonen, die die Pforten einer nassen, schäumenden Hölle bewachten.

Ich marschierte in südlicher Richtung weiter. Ich hatte mir mehrere Karten von Löngufjörur besorgt, und auf jeder hatte Gamlaeyri eine andere Form: ein Wall aus Sand, der den Winterstürmen ausgesetzt war, sich während der ruhigen Sommermonate wieder erneuerte, sich selbst formte und umformte, um sich der Zeit und den Gezeiten anzupassen.

Ich machte mich auf den Weg hinunter zum Ufer, das unaufhörliche Donnern und Rauschen der Brecher zu meiner Rechten, das stille Watt zu meiner Linken.

Neun Monate waren seit jenem unfassbaren Tag vergangen. Während dieser Zeit war ich nicht ich selbst gewesen. Wenn ich in den Spiegel sah, erschrak ich vor dem Gesicht, das zurückstarrte. Ich fragte mich, ob ich jemals wieder mein Antlitz würde betrachten können, ohne dabei in Augen blicken zu müssen, die von Leid gezeichnet waren.

Ich fand es schwierig, der aufmerksame Schriftsteller zu sein, der wissbegierige Naturbeobachter. Die Komplexität der Natur, die um mich herum wogte, verebbte, aufschrie und floss, hatte für mich an Bedeutung verloren; ich hatte nicht mehr den Wunsch, etwas über einen bestimmten Organismus zu erfahren und darüber, in welchem Zusammenhang er mit irgendeinem anderen Organismus oder mit irgendeinem System von Organismen stand. Ich wollte einfach nur in der Natur sein, von ihr umspült werden wie der Sand von Löngufjörur von der Flut. Ich erinnerte mich an eine Zeile aus den Cape-Cod-Tagebüchern von Henry David Thoreau: »Wohin ist all unser Wissen gegangen? Es verflüchtigt sich, denn es hat keine Tiefe.«

Auf Little Lava musste ich meiner Umgebung weniger auf intellektuelle Weise als vielmehr auf pragmatische Weise begegnen: Fall nicht in eine Lavaspalte. Lass dich nicht von der Flut überraschen. Hüte dich vor der rauen See und halte dich von starken Strömungen fern. Bediene dich deiner Augen, deiner Nase und deiner Ohren, und während du damit beschäftigt bist, deine Sinneseindrücke zu verarbeiten, lass die Zeit deine Wunden heilen.

Was mir am meisten half, waren Spaziergänge, tausende von Schritten zu tun, sodass meine Beine – angestachelt von den Befehlen der Nerven – noch immer zuckten und kribbelten, wenn ich schließlich zum Stillstand kam.

Ich marschierte und erinnerte mich. Ich ließ meine Wut toben. Wenn ich einen Felsen in der Lagune betrachtete, dachte ich nicht an die Schönheit dieses Teils unseres Planeten oder an die kleinen Lebewesen, die sich an ihm festhielten, oder an die Ursprünglichkeit der Szenerie, sondern daran, den Mann an ihn zu ketten, den Mann, der meine Mutter getötet hatte. Ihn bei Ebbe an den Fels zu ketten und vom Meer ertränken zu lassen.

Bei meinen Spaziergängen erwachte ich oft wie aus einem Traum und stellte fest, dass ich über meine Mutter nachgedacht hatte, über ihr Leben, über die Ungerechtigkeit ihres Todes und über mein Unvermögen, ihn zu verhindern, über meine Unfähigkeit, das schreckliche Ereignis vorherzusehen, das ihrem Leben solch ein grauenvolles und schmerzhaftes Ende gesetzt hatte. Ich war nicht imstande, diese Gedanken zu umgehen, während Kilometer um Kilometer Sand unter meinen Stiefeln vorbeizogen. Vielleicht wollte ich solchen Gedanken auch gar nicht ausweichen. Vielleicht musste ich mit ihnen zusammenprallen, um sie schließlich hinter mir zu lassen.

Ich hatte hoch oben am Himmel Schwäne gesehen, hatte Austernfischer zwitschern und Rotschenkel kreischen gehört, hatte das dumpfe Aufschlagen der Wellen gespürt, die anschließend zischend im Sand versanken. All das hatte ich im Unterbewusstsein wahrgenommen, wenn ich es überhaupt wahrgenommen hatte, während ich gegen meinen Kummer kämpfte und gegen die Unermesslichkeit der Bluttat, die ein schutzloses, vergängliches Menschenleben ausgelöscht hatte.

Als ich über Gamlaeyri marschierte, glitten Möwen über mich hinweg. Ein Kormoran kämpfte sich so knapp über der Wasseroberfläche voran, dass sein schwarzer Rumpf und seine pumpenden Flügel von den blassen Schaumkronen der Wellen verdeckt wurden.

Ich fand einen Papageitaucher, der tot an Land gespült worden war. Von ihm übrig geblieben waren nur sein kielförmiges Brustbein, ein paar durchnässte Flügelfedern und sein Kopf, mit dem großen, dreieckigen Schnabel. Hätte er noch gelebt, wäre der Schnabel mit leuchtenden blauen, gelben und roten Streifen verziert gewesen; jetzt waren die Farben blass und verwaschen.

In einiger Entfernung lag ein zweiter toter Vogel, ein Eissturmvogel. Sein Schnabel sah aus, als wäre er aus sorgfältig hergestellten Einzelteilen zusammengesetzt worden. Auf der Oberseite verliefen zwei Röhren, die jeweils in einer kleinen, runden Öffnung endeten. Der Eissturmvogel gehört zu einer Gruppe von Seevögeln, die als »Röhrennasen« bezeichnet werden. Röhrennasen benötigen zum Trinken nicht unbedingt Süßwasser. Diese Vögel können Meerwasser zu sich nehmen, das Salz herausfiltern und es anschließend in kristallisierter Form durch die Röhren ihres Schnabels ausscheiden.

Menschen sind für das Leben auf dem Meer weniger gut gerüstet. Früher versammelten sich in Island jeden Frühling die Männer einer Region an der Küste, um zu fischen. Sie verkauften ihren Fang oder tauschten ihn gegen andere lebensnotwendige Dinge und legten für ihre Familien einen Vorrat getrockneten Fisch an. Die Männer von den Bauernhöfen im Landesinnern brauchten zum Teil tagelang, um zur Küste zu gelangen; manche durchquerten ganz Island zu Pferd oder zu Fuß, wateten durch kalte Flüsse und marschierten durch das Ödland im Landesinnern, vorbei an Vulkanen und stummen, gewaltigen Gletschern.

Die Männer fischten in offenen Booten mit vier, sechs oder acht Rudern. Dabei trugen sie wasserdichte Anzüge aus Schafsleder, das mit Lebertran imprägniert wurde. Sie fischten Heilbutt, Schellfisch, Wittling, Leng, Seewolf, Scholle und vor allem Kabeljau. Für den Kabeljau gab es hunderte von Bezeichnungen, je nach Region und Beschaffenheit des Fischs, ob groß oder klein, dick oder dünn, mit Fischlaich oder ohne. Kabeljaus wurden vollständig verspeist, einschließlich Kopf. Jeder Teil des Kabeljaukopfs hatte einen Namen. Muskeln, Knorpel und Haut wurden ebenfalls gegessen und die Gräten so säuberlich abgenagt, dass kein Krümel übrig blieb.

Die Fischer ließen ihre Boote in kleinen Häfen zu Wasser und ruderten hinaus in die Buchten und aufs offene Meer, wo auch größere Boote aus England, Spanien, Dänemark und Frankreich unterwegs waren. Die isländische Fischerei genoss in ganz Europa hohes Ansehen. Von ihren offenen Booten ließen die Isländer Leinen mit Dutzenden von Haken hinab, auf die sie Sandpiere und Muscheln spießten, um die Fische zum Anbeißen zu animieren. Außerdem verwendeten sie so genannte rote Köder: Fleisch von

Vögeln, Eingeweide von Seehunden sowie Innereien von Forellen und Schafen.

Als ich dahinstapfte und Sand aufwirbelte, den der Wind davon blies, erspähte ich in der Ferne ein Schiffswrack. Ein fünfminütiger Fußmarsch brachte mich zu ihm.

Das hölzerne Skelett war zur Hälfte von Sand verschüttet. Der Rumpf war 20 Schritte lang. Außer dem Kiel und einigen Spanten war nur noch ein eiserner Bolzen übrig, an dem der salzige Wind genagt hatte. Es handelte sich um ein isländisches Boot, das zu kurz war, um hochseetüchtig zu sein. Ich fragte mich, wie viele andere Wracks noch unter dem Sand von Gamlaeyri begraben lagen. Wie viele Gebeine von Fischern und Schädel von Seeleuten?

Der letzte *bóndi* oder Bauer auf Little Lava war Oddnýs Vater Sigurður Benjamín Jónsson gewesen. Jedes Jahr im Frühling stach er mit einem Boot mit acht Rudern in einer kleinen, ein Stück weiter oben an der Küste gelegenen Bucht für drei Wochen in See, um zu fischen. Benjamín, wie ihn alle nannten, war auf Little Lava geboren worden. Er war eines von elf Kindern, von denen acht starben, ehe sie erwachsen wurden. Sein Vater Jón hatte ebenfalls auf Little Lava Landwirtschaft betrieben, gefischt und all das getan, was auch Benjamín tat, allerdings verbrachte Jón sein ganzes Leben dort. Einmal ritt Jón mit mehreren Männern nach Gamlaeyri und sammelte Treibholz, das zu Brettern zersägt oder im Ofen verheizt werden sollte. Jón berichtete, die Geister ertrunkener Seeleute hätten seine Begleiter und ihn so beunruhigt, dass sie nicht auf der Insel bleiben konnten. Sie bauten ihre Zelte ab, sattelten ihre Pferde und eilten über die Sandbank nach Hause.

In nördlichen Gewässern

Um mich auf das Kajakfahren in Island vorzubereiten, war ich nach Florida gereist. Ich wollte mich mit dem Seekajak vertraut machen, den ich mir gekauft hatte, und zwar in Gewässern, die wärmer als zehn Grad waren; in Gewässern, in denen ich, wenn ich kenterte, nicht sofort auskühlen, das Gefühl in den Gliedmaßen verlieren, mir Erfrierungen holen und ertrinken würde. Nicht nur Nancy, sondern auch einige meiner Freunde meinten, ich sei verrückt, einen Seekajak nach Island mitzunehmen. Nigel Foster hielt es allerdings für eine hervorragende Idee.

Ich lernte ihn in einem Jachthafen in Jupiter an der Atlantikküste Floridas kennen. Einige Kilometer östlich von uns floss der Golfstrom sanft nordwärts; er hatte dasselbe Ziel wie ich: Island. Nigel Foster war ein schlaksiger, beweglicher Engländer Mitte 40, mit langem Haar, zottigem Bart und ruhelosen blauen Augen. Nachdem wir ins Gespräch gekommen waren, stellte sich heraus, dass sich sein ganzes Leben um Kajaks drehte. Er entwarf und baute Kajaks. Er schrieb Bücher und Artikel über sie. Er besaß ein Diplom der British Canoe Union als Seekajaklehrer. Er war in Neufundland, auf den Färöer Inseln, auf den norwegischen Lofoten und an der schottischen Küste Kajak gefahren. Als Foster 24 Jahre alt war, umrundete er zusammen mit einem Begleiter als Erster ganz Island im Kajak.

Ich wohnte direkt im Jachthafen in einem Motelzimmer, das, wie man mir erzählte, während des Zweiten Weltkriegs zu einem Bordell gehört hatte. Nachts lag ich schweißgebadet im Bett, tagsüber zeigte mir Foster, wie ich mit meinem Boot umzugehen hatte. Er brachte mir verschiedene Paddelschläge bei, um den Kajak vorwärts zu bewegen, zu drehen und in Wind und Wellen zu stabilisieren. Er ließ mich eine Selbstrettung nach der anderen üben. Nachdem der Kajak umgekippt war, sollte ich meine Spritzdecke wegreißen (eine wasserdichte Schürze, die den Spalt zwischen mir und dem Boot abdeckte) und mich mit einem Purzelbaum aus dem Kajak befreien, und zwar vorwärts und nicht rückwärts, damit ich nicht mit den Schienbeinen am Süllrand hängen blieb. Ich tauchte jedes Mal von meiner Rettungsweste getragen auf und brachte den Kajak schnell wieder in die richtige Position, indem ich um den Rumpf fasste und das Boot mit einem Ruck in meine Richtung drehte, ohne dabei mein Paddel loszulassen. Dann musste ich ein Bein auf das hintere Deck des Kajaks werfen, auf dem Bauch nach vorn rutschen, bis sich mein Kopf vor dem Cockpit befand, mich aufrichten und mein Hinterteil auf den Sitz plumpsen lassen. Anschließend konnte ich die Beine wieder im Rumpf verstauen.

Alles in allem dauerte das eine halbe Minute. Ein Kinderspiel bei ruhigem Wasser, ein wenig anspruchsvoller im Kielwasser vorbeifahrender Kajüt- und Sportboote und ziemlich schwierig, wenn ich nach stundenlangem Paddeln erschöpft war.

Nigel Foster riet mir, einen Trockenanzug zu tragen, für den Fall, dass ich im unerbittlichen Nordatlantik auf Tauchstation gehen sollte; wenn ich nicht sofort wieder ins Boot kam, würde mir der Anzug noch ein paar Minuten Galgenfrist gewähren. Foster half mir dabei, eine Liste mit Ausrüstungsgegenständen zusammenzustellen und zu überlegen, wie ich die erforderlichen Dinge in und auf meinem Kajak befestigen konnte: ein Reservepaddel, einen Kompass, Flickzeug und einen winddichten Nylonsack, in den ich kriechen konnte, wenn ich irgendwo an Land gespült wurde.

Nigel Foster erzählte mir von seiner Islandumrundung. Er und sein Freund Geoff Hunter kamen im Juni 1977 mit einer Fähre von den Färöer Inseln an der Ostküste Islands an. Das Erste, was sie von

Island sahen, waren verschneite Berge, das graue Meer und tief hängende Wolken. In der Stadt, in deren Hafen die Fähre angelegt hatte, begannen die beiden ihre Reise im Uhrzeigersinn. Die Umrundung sollte neuneinhalb Wochen dauern. Die beiden waren in Fiberglaskajaks unterwegs, die Foster selbst entworfen und gebaut hatte.

Die beiden Kanuten waren überwältigt von der riesigen weißen Kuppel des Vatnajökull-Gletschers: mit einer Fläche von fast 8400 Quadratkilometern ist er größer als alle Gletscher Europas und Skandinaviens.

Foster und Hunter paddelten an Skeiðarásandur entlang, einer kilometerlangen, unbewohnten Einöde aus grauschwarzem Sand und von Wasserläufen durchzogenem Geröll. Im Nebel wären sie fast von einem Schleppnetzfischerboot überfahren worden. Sie machten Halt an der Ingólfshöfði oder »Ingólfsspitze«, wo der erste dauerhafte Siedler Islands, ein Norweger namens Ingólfur Arnarson, im Sommer des Jahres 874 an Land gegangen war. Damals befanden sich ein Fjord und ausgedehnte, hügelige Weiden hinter der Landspitze; heute liegen die Weiden unter Sand begraben, und der Fjord ist voller Geröll, das reißende Gletscherflüsse aus dem Hochland mitgebracht haben.

Nachts schliefen Foster und Hunter im Zelt am Strand. Bei sehr schlechtem Wetter zogen sie ihre Kajaks an Land, wo sie in einer der Schutzhütten für Schiffbrüchige kochten und schliefen. Diese Schutzhütten befinden sich überall an der tückischen Südküste, an der schon zahlreiche größere Schiffe auf Grund gelaufen sind, und sind mit Tischen, Bänken, einer Paraffinöllampe, Notrationen, einem Erste-Hilfe-Koffer und einer Bibel ausgestattet. Bevor die Hütten errichtet wurden, hatte man oft die Leichen ganzer Schiffsbesatzungen zusammengekauert am Strand gefunden: Die Seeleute hatten den Untergang ihres Schiffs überlebt, waren dann jedoch an den windgepeitschten Stränden erfroren.

Nachdem Foster und Hunter sechs Tage lang vergeblich darauf

gewartet hatten, dass der Wind abflaute, marschierten sie landeinwärts, bis sie zu einem Bauernhof kamen. Dort wurden sie aufgenommen und verpflegt. Im Gegenzug halfen sie ihren Gastgebern beim Einbringen der Heuernte. Als sie wieder auf dem Meer unterwegs waren, wurden sie von der Besatzung eines Fischerboots begrüßt und mit Kaffee bewirtet. Die Fischer warteten, bis sich ihr Boot neben den Kajaks in ein tiefes Wellental senkte und reichten den beiden dann die dampfenden Tassen. Andere Fischerboote versorgten die Kanuten mit frisch gefangenem Kabeljau.

»Das war unmittelbar nach dem Kabeljaukrieg zwischen England und Island«, sagte Foster. Island hatte damals aus Angst vor der Erschöpfung seiner Fischgründe die Fischereigrenzen von 50 Seemeilen auf 200 Seemeilen ausgeweitet und Kanonenboote der Küstenwache ausgesandt, die auf dem Meer kreuzten und die Kurrleinen unrechtmäßig fischender Trawler durchtrennten.

Eines Morgens erspähte Foster ein quaderförmiges Gebilde, das er für eine Schutzhütte hielt. »Nachdem wir an Land gegangen waren, stellten wir fest, dass es sich bei der ›Hütte‹ um den Schädelknochen eines Wals handelte. Aus dem Schädel ragten zwei gekrümmte, etwa fünfeinhalb Meter lange Kieferknochen, auf die wir uns setzten und unser Mittagessen verzehrten.«

Nach der Umrundung der Halbinsel Reykjanes folgten Foster und Hunter der Krümmung der Faxabucht. Reykjavík lag auf Steuerbord. An der Stelle, an der die Küste wieder nach Westen abknickte, brachen sich die Wellen regelmäßig und sauber auf goldfarbenem Sand. Die Kanuten unterbrachen ihre Reise, um mit den Wellen zu spielen; sie ritten die Wellen hinab, unmittelbar vor der Lippe, drehten ihre Kajaks, stachen durch die Brecher wieder nach draußen ins tiefere Wasser. Als mir Foster diese Geschichte erzählte, lief mir ein Schauer über den Rücken.

Die beiden paddelten um die Spitze von Snæfellsnes, vorbei am schneebedeckten Kegel des Snæfellsjökull. Auf einer Insel im Breiđafjörđur, im »Breiten Fjord«, rieselten Schneeflocken auf sie herab, obwohl es Hochsommer war. Zwischen den Kajaks tauchte langsam ein Delphin auf, sah die beiden an und tauchte ebenso lautlos wieder ab, wie er aufgetaucht war. Schwertwale bekamen die beiden Abenteurer nicht zu Gesicht, obwohl sie in den Gewässern um Island heimisch sind.

An den Tagen, an denen Foster und Hunter paddelten, legten sie im Durchschnitt 45 Kilometer zurück. »Uns fielen die Sohlen von den Stiefeln«, erzählte Foster, »und wir banden sie mit einer Angelschnur wieder fest.« Ihren Vorrat an Trockennahrung besserten sie mit Eiderenten auf, die sie unerlaubterweise fingen und grillten. Außerdem verspeisten sie Papageitaucher, Eissturmvögel und Silbermöwen. Als sich Foster an die Eissturmvögel erinnerte, sagte er mir: »Ihr Fleisch ist ölig, schmeckt aber recht gut.«

An der Nordküste, bei rauer See, leistete den beiden ein kleiner, zierlicher Vogel mit einem rötlichen Fleck am Hals Gesellschaft; der Vogel, der etwa so groß wie ein frisch geschlüpftes Küken war, zog seine Kreise über dem Wasser und pickte dabei hin und wieder Nahrung aus den Wellentälern der gewaltigen Dünung. Foster wollte dem Leuchtturmwärter bei Hornbjarg in den Westfjorden einen Besuch abstatten, einem Mann namens Jóhann, der angeblich die größte private Bibliothek Islands besaß. An der Küste brachen drei Meter hohe Wellen und überschäumten die Felsen am Fuß des Leuchtturms – »Einer jener Tage«, meinte Foster, »an dem die Nerven blank liegen.«

Zunächst schien es unmöglich, eine Stelle zum Anlanden zu finden. »Dann sahen wir jemanden von einem Kliff winken. Wir wurden mit Handzeichen durch die Felsen zu einer Höhle dirigiert. Es stellte sich heraus, dass der Lotse eine Frau war – die Nichte des Leuchtturmwärters. Sie erzählte uns, dass der Leuchtturmwärter am Tag zuvor von einem Hubschrauber im Gurtzeug vom Kliff gehoben und auf einem Kanonenboot der isländischen Küstenwache abgesetzt worden war. Während er in Reykjavík Urlaub machte, sollte der Leuchtturm neu gestrichen werden.

In der Bibliothek des Leuchtturmwärters schlug Foster ein Buch über isländische Vögel auf und entdeckte darin den kleinen, flauschigen Federknäuel, der so unbekümmert seine Kreise gezogen hatte: ein Wassertreter oder *Óđinshani*, »Odinshühnchen«, auf Isländisch.

Nachdem mich Foster fünf Tage lang unterrichtet hatte, sagte er, ich sei gerüstet für nördliche Gewässer. Wir studierten gemeinsam meine Karten. Ich erklärte ihm, dass ich meinen Kajak hauptsächlich dazu benutzen wollte, um innerhalb der Lagune auf Entdeckungsfahrt zu gehen. Er war ebenfalls der Meinung, dass ich überwiegend hinter dem Strandwall in den verhältnismäßig ruhigen Gewässern von Löngufjörur paddeln sollte. Doch er riet mir, wenigstens einmal aufs offene Meer hinaus und die Küste hinauf oder hinab zu fahren; er sagte, dass ich meine Bedenken verdrängen und versuchen solle, etwas mehr zu erreichen, als ich mich zu erreichen imstande fühlte, denn nur so könne man die großartigsten und unvergesslichsten Erfahrungen im Leben machen.

Mein Kajak war eine moderne Version der Fellboote, die von den Ureinwohnern Grönlands und Nordkanadas jahrtausendelang benutzt wurden. Es handelte sich nicht um ein langes, schlankes Boot aus steifem Kunststoff von der Sorte, wie Nigel Foster sie entwirft und benutzt, sondern um ein so genanntes Faltboot, was weniger zuverlässig klingt, als es tatsächlich ist. Zusammengelegt passte der Kajak in einen Rucksack und konnte im Flugzeug als Handgepäck mitgeführt werden. Beim Zusammenbau musste man Rohrsegmente aus Aluminium ineinander stecken, anschließend eine Stoffhaut über den Rahmen ziehen und zuletzt zwei Luftkammern aufblasen, die dem Boot Auftrieb und Stabilität verliehen. Die Haut bestand im Deckbereich aus dickem Nylon und vom Dollbord abwärts aus wasserdichtem, synthetischem Gummi. Das Boot war darauf ausgelegt, sich biegsam der Dünung anzupassen und wie ein Eskimoboot mit den Wellen mitzugehen.

Die langen, schmalen Kajaks, die Foster bevorzugt, sind für hohe Geschwindigkeiten gebaut. Ich probierte in Florida eines aus, kippte aber ständig damit um. Theoretisch kann ein solches Boot nach dem Kentern mit einem Manöver, das als »Eskimorolle« bezeichnet wird, leicht wieder aufgerichtet werden. Dabei stützt man sich auf das Paddel und bringt sich mit einem plötzlichen Ruck wieder in aufrechte Position. Wenn alles so läuft wie vorgesehen, bleibt es einem dabei erspart, den Kajak zu verlassen und anschließend wieder hineinzuklettern. Mein Boot lag stabiler im Wasser als Fosters sportliche Konstruktionen. Es kippte nicht so leicht, wenn es aber doch kenterte, hatte ich keine Chance, es mit einer Eskimorolle wieder aufzurichten. Ich vertraute darauf, dass ich von Natur aus vorsichtig bin, und betete, dass ich nicht kentern würde.

Ich hatte den Kajak in rot bestellt, damit er besser zu sehen war, falls irgendetwas schief ging. Außerdem hatte ich einen Trockenanzug in einer unerhört modernen Farbe erstanden, in einem leuchtenden, ins Violett gehenden Blau. Über den Trockenanzug wurde noch die Spritzdecke aus Nylon gestülpt; sie umgab meinen Oberkörper unterhalb der Achseln und reichte bis zum Süllrand hinab, wo sie mit einer elastischen, einem großen Gummiring ähnlichen Leine befestigt wurde.

Im Innern des Rumpfs saß ich auf einem kleinen stoffbespannten Sitz und stützte mich mit den Füßen an einem Stemmbrett ab, das am Aluminiumrahmen befestigt war. Der Kajak war vier Meter lang, wog 16 Kilogramm und hatte 15 Zentimeter Tiefgang. Wenn ich darin saß, befand sich mein Kopf 60 Zentimeter über der Wasseroberfläche.

An einem windstillen Abend ließ ich den Kajak das erste Mal zu Wasser. An den Bergen von Snæfellsnes hingen Wolkenfetzen. Die beiden rötlichen Kegel im Hnappadalur standen wie glühende Scheiterhaufen vor einer dunklen Wolkenbank. Der Himmel strahlte sanft, als bestünde seine Farbe zu gleichen Teilen aus blauem und goldfarbenem Licht.

Ich trug den Kajak zu der etwa 400 Meter vom Haus entfernten Bucht, wo fast einen Monat zuvor der Traktor stecken geblieben war, und setzte ihn so im seichten Wasser ab, dass sein Heck auf dem schlammigen Grund ruhte. Dann zog ich meine Rettungsweste an, stieg ins Boot und befestigte die Spritzdecke. Ich stieß mich vom Ufer ab.

Das Doppelpaddel tauchte ein und kreiste. Von seinen Blättern tropfte Wasser und fing das sanfte Licht ein. Ich paddelte über das überflutete Watt. Anfangs war ich angespannt, doch nach einer Weile erinnerte ich mich wieder an die Schläge, Gewichtsverlagerungen und Manöver, die mir Foster beigebracht hatte.

Der Ebbstrom zog den Kajak dahin. Die Muscheln auf dem sandigen Boden der Lagune sahen aus wie Nebelflecken am Nachthimmel. Hinter den grünen Kuppen der Stóra-Hraun-Inseln ragten die zerklüfteten Barnasker schwarz aus der Brandung. Da-

Mit dem Kajak über das Wattenmeer. © Nancy Marie Brown

hinter, auf der anderen Seite der Bucht, schimmerte der Snæfellsjökull mit der Intensität des Vollmonds am Nachmittagshimmel; über dem Gletscher hing die blasssilberne Scheibe des aufgehenden Monds.

Zwei Mantelmöwen flogen gemächlich vorüber und riefen sich in gedämpfter Lautstärke etwas zu. In der Abenddämmerung wirkten sie zart, beinahe ätherisch. Um mich daran zu erinnern, dass sie keineswegs gutmütige Vögel waren, rief ich mir ins Gedächtnis, wie ich einst vom Deck einer Fähre eine Mantelmöwe beobachtet hatte, die sich im Tiefflug auf eine Schar Eiderentenküken stürzte, eines der Küken aus dem Meer fischte und es, ohne einen Flügelschlag innezuhalten, hinunterschluckte.

Ein Alpenstrandläufer, ein winziger Schnepfenvogel mit gefleckter Brust, schoss eine Paddellänge entfernt am Kajak vorbei, drehte im Flug um und kam wieder zurück. Er flog in engen Bögen vor dem Bug her. Eine Zeit lang dachte ich, dass er auf dem Deck landen wollte, doch schließlich flatterte er über die Lagune davon.

Eine Seeschwalbe folgte mir in meinem Kielwasser. Da sie nicht schimpfte, vermutete ich, dass sie mich nicht als Menschen identifizierte, weil ich in dem fischförmigen Rumpf steckte. Sie beobachtete die Verwirbelungen hinter dem Kajak. Plötzlich brach sie seitlich aus, ging in den Sturzflug und landete mit einem Platschen im Wasser. Dann tauchte sie mit einem zappelnden Fisch im Schnabel wieder auf, erhob sich mit einigen Schlägen ihrer langen Flügel in die Luft und flog davon.

Ich paddelte in die Stromrinne, deren Strömungsrichtung sich dem Ebbstrom angeglichen hatte. Ich spürte ein langsames, stetiges Ziehen. Am Ende der Halbinsel war der Wasserpegel bereits so weit gesunken, dass die mit Seetang behangenen Felsen entblößt waren und schwarz glänzten. Ich paddelte durch die Stromrinne und umrundete die Halbinsel. Auf der anderen Seite bemächtigte sich die Strömung des Haffjarđará des Boots. Der Fluss wurde von der Lagune verschluckt, doch seine Kraft war deutlich zu spüren.

Ich drehte den Bug leicht stromaufwärts und paddelte energischer; als ich nach wenigen Minuten die versteckte Strömung hinter mir gelassen hatte, wurde das Wasser wieder ruhiger.

Im westlichen Teil der Lagune befanden sich mehrere kleine Inseln, die zu weit entfernt waren, um sie bei Ebbe zu erreichen. Die flachen, grünen Inseln erweckten den Eindruck, als schwebten sie über dem silbrigen Wasser. Eine – ich war mir nicht sicher, welche – war Bæjarey, die »Bauernhofinsel«. Früher stand auf Bæjarey eine Kirche. Die Bewohner von Stóra Hraun hatten uns erzählt, dass hier einst mehrere Menschen ertranken, als ihr Boot sonntags auf dem Rückweg von der Kirche sank. Unsere Nachbarn waren allerdings nicht sicher, wann sich die Tragödie ereignet hatte. Nancy fand in einem Buch einen Hinweis auf das Ereignis; demnach hatte es am zweiten Weihnachtsfeiertag 1562 stattgefunden. Vier Jahrhunderte später wurde noch immer darüber gesprochen.

Jetzt standen keine Gebäude mehr auf Bæjarey. Die Insel gehörte zu dem Hof Hausthús oder »Herbsthaus«, dessen helle Wände ich auf der anderen Seite der Lagune ausmachen konnte. Jetzt gab es auf Bæjarey nur noch eine Eiderentenkolonie, was bedeutete, dass ich mich von der Insel fern halten musste, zumindest so lange, bis die Enten gebrütet hatten. Eiderenten sind in Island gesetzlich streng geschützt – weshalb Foster und Hunter sie klammheimlich verspeisen mussten. Isländische Bauern ermuntern Eiderenten dazu, auf ihren Ländereien zu nisten, und sammeln später die Daunen ein, die sich die Weibchen aus der Brust rupfen, um ihre Nester auszukleiden.

Ein Dutzend Eidererpel huschte vor mir durch die Lücke zwischen den Stóra-Hraun-Inseln davon. Sie schwammen schnell und gleichmäßig, und ihre gedrungenen Körper lagen tief im Wasser.

Mir war aufgefallen, dass Eiderenten in der Umgebung von Little Lava zahlreicher vertreten waren als alle anderen Vogelarten. Ich hatte in erster Linie Erpel gesehen; die Weibchen nisteten inzwischen auf geschützten Inseln wie Bæjarey, auf der grasbewachsenen Landspitze, die sich in Richtung Barnasker erstreckte, oder in irgendwelchen Winkeln oder Nischen entlang der Küste. Wissenschaftler haben den Begriff »Biomasse« geprägt, der die Gesamtheit aller Organismen innerhalb eines bestimmten Lebensraums oder Gebiets bezeichnet. Mir schien, dass die Eiderenten mehr Biomasse in sich vereinten als jede andere höhere Lebensform in Löngufjörur.

In ihrem feierlichen Federkleid sehen Eidererpel aus wie Gecken: das Schneeweiß ihres Rückens, ihrer Brust und ihres Halses kontrastiert mit dem Schwarz ihrer Flanken und ihres Bauchs. Wie bei den Schneehühnern unterscheiden sich die Weibchen mit ihrer braunen, gesprenkelten Tarnfärbung optisch stark von den Männchen. Im Frühjahr schwimmen die Erpel dicht neben ihren Partnerinnen und verscheuchen alle anderen Enten, die sie beim Fressen stören könnten. Wenn sich die Weibchen eine Fettschicht angefressen haben, suchen sie sich einen Nistplatz. Dabei handelt es sich entweder um eine zwischen Felsen oder hohen Gräsern verborgene Mulde oder um einen überdachten Verschlag, den ein Bauer aufgestellt hat. Nachdem ein Weibchen sein Nest mit Daunen ausgekleidet hat, legt es drei oder vier Eier. Das Männchen verlässt das Weibchen und begibt sich in nahrungsreiche Küstenabschnitte, wo es sich den anderen Männchen und den Weibchen anschließt, die sich nicht gepaart haben. Das Weibchen brütet einen Monat lang sein Gelege aus, ohne dabei fressen zu müssen, da es von seinen Fettvorräten zehrt. Es verharrt wie festgefroren und rührt sich nicht einmal dann von der Stelle, wenn Raben und Möwen über es hinwegfliegen.

Ich erreichte den ruhigen Bereich um die Stóra-Hraun-Inseln, wo eine schwache Gegenströmung herrschte. Die Seiten der Inseln waren steil und felsig und etwa sechs Meter hoch. Ich entdeckte dort keine Eiderenten; vermutlich waren die Inseln aufgrund der steilen Uferböschung als Nistplätze ungeeignet.

Die grasbewachsenen Flächen auf den Inseln waren mit gelben und weißen Blumen übersät. Aus dem grünen Teppich ragten die saftigen Stängel von Engelwurz empor. Als ich die äußere der beiden Inseln umrundete, traf ich wieder auf den Lachsfluss. Der Kajak wurde zur Seite gedrückt, richtete sich parallel zur Strömung aus und trieb mit dem Heck voraus stromabwärts.

Ein paar Paddelschläge zeigten mir, dass ich mich langsam, aber gleichmäßig gegen die Strömung vorwärts bewegen konnte. Ich hatte keinen Zweifel daran, dass ich es schaffen würde, gegen die kombinierte Gezeiten- und Flussströmung zurückzukehren.

Ich drehte den Kajak, bis der Bug Richtung Barnasker zeigte. Die Lagune leerte sich rasend schnell, und das gesamte Wasser bewegte sich auf die Stromrinne zu, die an ihrer schmalsten Stelle etwa 300 Meter breit war. Während ich mich von der Strömung treiben ließ, drehte ich mein Boot immer wieder um und vergewisserte mich, dass ich noch gegen den Strom anpaddeln konnte. Ich wollte nicht aus der Lagune hinausgetragen und wie ein Papierschnipsel in den Strudel getrieben werden, wo der Fluss in die Bucht mündete.

Eiderenten tauchten unter der glänzenden Oberfläche des Flusses nach Nahrung. Um dorthin zu gelangen, wo Fischschwärme schwimmen und Muscheln an den Felsen hängen, benutzen sie ihre Flügel und Füße. Als ich mich näherte, schwammen die Enten mit tiefen, klagenden Lauten davon.

Ich fing an, mir Sorgen zu machen, dass die Stromrinne mich zu weit hinabtreiben könnte. Also drehte ich um und begann zu paddeln. Die Strömung schob den Bug hin und her, doch ich paddelte einfach weiter. Bei jedem Schlag beugte ich mich nach vorn, stieß das Paddel ins Wasser, drehte mich in der Hüfte und zog das Boot mit Hilfe meiner Rückenmuskulatur vorwärts.

Ich schwitzte in meinem wasserdichten Trockenanzug und kam

mir vor, als säße ich in einem Dampfbad. Ich zog in Erwägung, beim nächsten Mal auf den Anzug zu verzichten, aber das Wasser, das vom Paddel auf meine Hände tropfte, war so bitterkalt, dass ich diesen Gedanken schnell wieder verwarf.

Ich arbeitete mich stromaufwärts voran. Die Stóra-Hraun-Inseln krochen links an mir vorbei. Als ich die nordöstliche Spitze der Insel erreichte, die der Halbinsel am nächsten war, sah ich, dass ein großer Vogel auf ihr kauerte.

Der Adler hob den Kopf und sah mich mit seinen dunklen, stählernen Augen an. Ich paddelte energisch, um meine Position zu halten. Im trüben Mitternachtslicht wirkte der Vogel beinahe schwarz. Er senkte den Schnabel und zerrte an irgendetwas, das auf den Felsen lag. Dann hob er abermals den Kopf und reckte seinen buschig gefiederten Hals. Plötzlich schlug er mit seinen gewaltigen Flügeln und erhob sich mit einem Fisch in den Klauen in die Luft.

Der Adler flog auf den dunklen, fernen Kegel des Eldborg zu. Ich kämpfte gegen die Strömung an und folgte ihm.

Die Feuerfestung

Damals im Dezember, als Island fest im Griff des frostigen Winters war und die lange Zeit der Dunkelheit bevorstand, hatte Pétur vom Sommer gesprochen. »Im Sommer, wenn es hell ist, geschehen merkwürdige Dinge«, sagte er zu mir. »Man ist mit einem Mal voller Tatendrang, möchte sein Haus streichen, segeln oder wandern gehen, sein Auto reparieren, das Gras mähen und verspürt einen ständigen Hunger nach Liebe, ganz egal, wie spät es ist. Man möchte all diese Dinge tun und am liebsten alle gleichzeitig.«

Jetzt wurde das Land vom Licht des Hochsommers beherrscht, das den Himmel rund um die Uhr erhellte. Die Sonnenwende stand bevor, ein weiterer Tag ohne Nacht, ein Tag, so heißt es, an dem in Island die Steine an die Oberfläche der Teiche schwimmen und die Seehunde an Land robben, ihre Flossen und ihr Fell ablegen, menschliche Gestalt annehmen und tanzen.

Auch ich gab mir Mühe, mich vom Sommer aufrichten zu lassen, ging bei gutem und bei schlechtem Wetter in der Lava und auf dem Watt spazieren und paddelte in der Lagune.

Nancy und ich standen meistens gegen sieben Uhr auf, nachdem wir am Abend zuvor lange aufgeblieben waren. Oft gingen wir noch einmal nach draußen, ehe wir uns schlafen legten, um die friedlichste und inspirierendste Tageszeit überhaupt zu genießen: wenn die Sonne hinter den Bergen im Nordosten erschien. Will kam morgens nur langsam in die Gänge. Nancy nutzte diese ruhigen Stunden oft, um zu lesen, während ich mich um meine Notizbücher kümmerte. Nachdem Will aufgestanden war und gefrühstückt hatte, versuchte er häufig, uns dazu zu überreden, im Haus zu bleiben und Karten zu spielen oder ihm vorzulesen. Bei schlechtem Wetter gab Nancy seinem Quengeln meistens nach, und die beiden saßen zusammen unter einer Steppdecke auf dem Bett in der Küche, wo im Ofen Feuer brannte. Besonders gern mochte Will, wenn ihm Nancy aus den Sagen vorlas; je blutiger die Kampfszenen, desto besser. Will hatte nicht das nötige Durchhaltevermögen für unsere langen Spaziergänge, und uns fehlte oft die Geduld, in seinem Tempo dahinzubummeln. Manchmal blieb ich in der Nähe des Hauses und behielt ihn im Auge, während Nancy einen längeren Spaziergang machte, und manchmal nahm sie mir die Beaufsichtigung unseres kleinen Stubenhockers ab.

Wenn wir ihn dazu bewegen konnten, ins Freie zu gehen (entweder mit Überredungskunst oder indem wir es ihm befahlen), hatte er fast immer, so wie ich es erwartet hatte, eine Menge Spaß. Wir schlenderten die Halbinsel hinunter und suchten nach außer-

Will und sein Vater wandern über die Hauswiese. © Nancy Marie Brown

gewöhnlichen Steinen, oder wir spazierten über die Hauswiese und durch den Sumpf und identifizierten Pflanzen mit Hilfe eines Botanikführers. Wir entdeckten Hahnenfuß, Grasnelken, saftige Sternmieren, haarigen Mauerpfeffer, Sauerampfer und Leimkraut, das in grünen, nadelkissenartigen Büscheln mit zahllosen winzigen rosafarbenen Blüten wächst und in Island als *Lambagras* oder »Lammgras« bezeichnet wird. Außerdem fanden wir Hornkraut, Knöterich, Fingerkraut und Löwenzahn.

Alle fünf oder sechs Tage fuhren wir zum Einkaufen nach Borgarnes. Alle zwei Wochen wusch Margrét von Stóra Hraun unsere Kleidung. Sie gab sie uns stets ordentlich zusammengelegt zurück, bis hin zur Unterwäsche und den Socken. Margréts Beweggründe waren selbstloser Natur und damit typisch für eine Isländerin vom Land. Ihr war natürlich klar, dass sie damit rechnen konnte, auf die eine oder andere Weise entschädigt zu werden. Als wir am Ende des Sommers nach Hause flogen, zögerte sie nicht, mich zu bitten, an sie zu denken und ihr Kassetten mit amerikanischer Country-Musik zu schicken, für die sie schwärmte. Hank Williams gefiel ihr und Hank Snow, vor allem ältere Sachen. Und sie wollte gern etwas von Charley Pride haben. Sie stellte sich nah vor mich hin und sagte in vertraulichem Tonfall: »Ich *liiiebe* diesen Mann.« Sie legte mir eine Hand auf die Schulter und die andere auf ihre Brust, oberhalb des Herzens. »Seine Musik berührt mich hier.« Dann kam sie mir mit dem Gesicht noch ein Stück näher. Ich gab mir Mühe, nicht zurückzuweichen. »Er ist der Dunkle«, meinte sie und spielte damit darauf an, dass Charley Pride Afroamerikaner ist.

Eines Tages überquerten wir das Watt, setzten uns ins Auto und fuhren an Stóra Hraun vorbei. Wir hatten beschlossen, nicht für den unvermeidlichen Kaffee Halt zu machen, da wir ein volles Programm hatten: Wir wollten uns auf Snorrastaðir vorstellen, dem Bauernhof auf der anderen Seite der Lava, und anschließend den Eldborg besteigen.

Wir fuhren auf der unbefestigten Straße bis zur Schnellstraße. Zu unserer Linken glänzte das Watt wie ein frisch geschrubbtes Deck. Auf den Zaunpfosten hockten Rotschenkel; sie schimpften, als wir an ihren versteckten Nestern vorbeifuhren, dann erhoben sie sich, verfolgten uns und bombardierten uns mit schrillen, schallenden Schreien. Ein Schneehuhn flatterte vom Straßenrand auf. Seine weißen Flügel blitzen, als es über eine Wiese geradewegs auf die Lava zuflog. Schwäne reckten ihre langen weißen Hälse aus dem Gras auf den Hängen, die zu dem Tal hin abfielen, durch das der Lachsfluss rauschte.

Mitten auf der Straße stand ein Schaf. Im Sommer sehen die Schafe in Island in der Regel zerzaust aus, und dieses machte keine Ausnahme. Sein Fell hing ihm wie ein zerfetzter, schlecht sitzender Mantel vom Rücken, und sein Hinterteil war fleckig braun. Es stakste schwerfällig auf seinen dürren Beinen von der Straße und kletterte wieder auf den Kies, nachdem wir vorbeigefahren waren.

»Halt an«, sagte Nancy.

Ich blieb stehen.

»Da hinten ist ein Lamm in Schwierigkeiten.«

Ich wendete den Wagen vorsichtig, um nicht mit den Rädern über die Böschung zu fahren. Dann fuhr ich denselben Weg zurück, den wir gekommen waren. Wieder machte das Schaf die Straße frei, ohne dabei in Panik zu flüchten, wie es diese halbwilden Tiere gewöhnlich tun. Das Schaf kam auf die Straße zurück, marschierte in eine Richtung, drehte abrupt um und stakste in die entgegengesetzte Richtung.

Das Lamm befand sich auf der Südseite der Straße im Straßengraben und war fast völlig versunken. Es reckte den Kopf, trotzdem ragten nur noch Nase, Augen und Scheitel aus dem Wasser. Ich trug meine Gummistiefel und fand eine Stelle, wo ich über den Graben zu dem Lamm steigen konnte. Alle isländischen Schafe besitzen Hörner, auch Weibchen und Lämmer; dieses Lamm, ein hübsches, kräftiges Exemplar, hatte sieben bis acht Zentimeter lange Stummel, die sich hervorragend zum Anpacken eigneten. Ich zog das klatschnasse, über und über mit grünlichem Schaum bedeckte Tier ans Ufer. Seine Beine waren schlaff, und es gab ein grunzendes Geräusch von sich und knirschte mit den Zähnen. Das kalte Wasser hatte es beinahe getötet.

Wir fuhren nach Stóra Hraun zurück, wo gerade *Rabbabarasulta*, »Rhabarbermarmelade«, gemacht wurde. Kristján arbeitete auf dem Feld, und Margrét war mit dem Auto nach Borgarnes gefahren. Die halbwüchsige Kristín wurde gerufen und kam schlaftrunken aus einem Hinterzimmer. Nancy erklärte ihr in einer Mischung aus Isländisch und Englisch, was geschehen war. Kristín und ihre Tante Veiga, eine der älteren Zwillinge, diskutierten aufgeregt. Veiga holte eine Wolldecke, und wir stiegen wieder in den Wagen. Mit unseren korpulenten Passagieren auf dem Rücksitz, zwischen denen Will eingeklemmt war, musste ich langsam fahren, um zu vermeiden, dass ich unsere Auspuffanlage auf der Straße zurückließ.

Das Lamm hatte sich nicht von der Stelle gerührt. Als das Mutterschaf die vielen Menschen aus dem Auto steigen sah, suchte es das Weite. Das Lamm gab noch immer grunzende Laute von sich und knirschte mit den Zähnen. Ich wurde überredet, noch einmal über den Graben zu springen, mir das Lamm an die Brust zu drücken und wieder zurückzukommen. Irgendwie schaffte ich die Überquerung, ohne hinzufallen oder meine Stiefel mit Wasser zu füllen. Das Lamm wurde in die Decke gewickelt und vor dem Beifahrersitz auf den Wagenboden gelegt. Veiga setzte sich nach vorn und rieb das Lamm mit der Decke trocken. Da sich der Entwässerungsgraben auf nicht eingezäuntem Gebiet befand, hätte das Lamm jedem gehören können. Später stellte sich jedoch heraus, dass es aus der Herde von Stóra Hraun stammte, was an den Einschnitten seiner Ohren zu erkennen war, und der abwesenden Margrét gehörte, weil sie die Besitzerin seiner Mutter war. (Offenbar hatten alle Bewohner von Stóra Hraun eines oder mehrere persönliche Schafe.)

Selbstverständlich wollten sie sich bei uns bedanken, indem sie uns zum Kaffee einluden. Wer in Island ein Schaf anfährt und tötet, ist dazu verpflichtet, dem Bauern das Tier zu ersetzen; aller Wahrscheinlichkeit nach wird die Transaktion bei Kaffee, Kuchen, Gurken und Tomaten besiegelt.

Wir schafften es, uns zu entschuldigen, fuhren zur Hauptstraße und folgten ihr in östlicher Richtung um den Eldborg und das Lavafeld. Unterhalb des Vulkans, am Ende eines anderthalb Kilometer langen Feldwegs, befand sich Snorrastađir, wo wir begrüßt, feierlich ins Haus geführt und gebeten wurden, uns zum Kaffee zu setzen.

Snorrastađir bedeutet »Snorris Stelle«. (Snorri ist in Island ein häufiger männlicher Vorname.) Durch das Anwesen floss der Kaldá, der »Kalte Fluss«, ein schmaler, reißender Flusslauf, in dem es Forellen gab. Außerdem gab es auf Snorrastađir Kuh-, Schaf- und Pferdeställe, Scheunen für Traktoren und zwei Wohngebäude: ein älteres Haus mit traditionellem Satteldach und ein neueres, einstöckiges Gebäude aus Gussbeton. Der Bauer auf Snorrastađir hieß Haukur, seine Frau Ingibjörg. Sie waren schätzungsweise in den Sechzigern. Die beiden wohnten in dem neueren eingeschossigen Haus, ihr Sohn und ihre Schwiegertochter bewohnten mit ihren zwei Kindern das Satteldachhaus. Ingibjörg war eine schlanke, freundliche Frau, die leise sprach. Sie setzte uns an einen reich gedeckten Tisch, auf dem Brot, Butter, Käse, Tomaten, Gurken, Früchtebrot, zwei verschiedene Kuchen, ein Krug mit frischer Milch und eine Kanne mit Kaffee standen. Haukur setzte sich zu uns, zusammen mit einem Jungen und einem älteren Mann, die offenbar Arbeiter waren. Vom Lächeln und Nicken unserer Gastgeber ermuntert, legten wir los.

Haukur war ein kleiner, drahtiger Mann mit Glatze und gepflegtem Bart, in dem noch einige blonde Haare zu sehen waren. Er hatte ein windgegerbtes, sommersprossiges Gesicht, lebhafte blaue Augen und eine tiefe, gebieterische Stimme. Seinen Kaffee trank er durch einen Zuckerwürfel, den er sich zwischen die Zähne geklemmt hatte. Er stellte die Tasse ab, füllte seine Pfeife mit Tabak, stopfte sie mit einem schmutzigen Daumen und zündete sie an.

Wir hatten bereits einiges über Haukur gehört. Er war ein wohlhabender Bauer und ein begnadeter Pferdezüchter und Reiter. Er führte häufig Reitergruppen über das Watt, Touristen, die mit ihren Pferden auf der traditionellen Route die Küste heraufkamen. Ihm gehörte ein Großteil der Ländereien um Little Lava. Oddnýs Familie, mit der er verwandt war, hatte sie ihm verkauft. Die genauen Verwandtschaftsverhältnisse blieben uns jedoch verborgen.

Haukurs Englisch war begrenzt, und so musste Nancy wieder einmal in die Bresche springen. Da er langsam und deutlich sprach, schnappte ich das eine oder andere Wort auf und verstand zum Teil, was geredet wurde.

Im Lauf der Jahre haben mir viele Isländer versichert, dass es keinen Sinn hätte, wenn ich versuchte, ihre Sprache zu lernen. Ich gab mir größte Mühe, mir die komplizierten Vokale einzuprägen, damit ich die Worte wenigstens richtig aussprechen konnte. Aber mich tatsächlich auf Isländisch zu unterhalten schien unmöglich. Im Isländischen oder Ílenska besitzen Substantive und Pronomina ein Genus und können je nachdem, wie sie im Satz verwendet werden, verschiedene Formen annehmen. Das Wort »wer« hat beispielsweise 24 Formen. Verben stehen im Dativ oder Akkusativ. Obwohl ich einige isländische Wörter kannte, war ich nicht in der Lage, sie zu Sätzen zu verknüpfen.

Jede Unterhaltung auf Isländisch besteht zu einem großen Prozentsatz aus dem Wort *já*, das »ja« bedeutet und in der Regel *jau* ausgesprochen wird, wenngleich es verschiedene Möglichkeiten gibt, das Wort zu betonen, zu dehnen, zu verkürzen oder mit einem scharfen Einatmen hinunterzuschlucken, um Zustimmung (in verschiedenen Graden), Einverständnis, Verwunderung, Missbilligung oder Bedenken auszudrücken. In der Küche auf Snorrastaðir hatte ich genug Selbstbewusstsein, um meine eigenen *Jás* zum Gespräch beizutragen. All die *Jás*, die hin und her flogen, klangen wie das Bellen einer Meute von Hunden.

Haukur hätte nicht entgegenkommender sein können. Selbstverständlich durften wir auf seinem Land wandern – allerdings sollten wir vor Spalten und Höhlen in der Lava auf der Hut sein. Ich konnte in den Bächen in der Nähe von Little Lava angeln. »Das würde mich freuen«, sagte er auf Englisch und fügte auf Isländisch hinzu, dass er hoffe, ich würde einen Lachs aus dem Haffjarðará fischen, und zwar an seiner breitesten Stelle, ehe er in die Bucht mündete. Weiter flussaufwärts war es mir nicht gestattet zu angeln, da Haukur dort keine Fischereirechte besaß. Aber er hatte das Recht, in der Nähe der Mündung zu fischen, auf seiner Seite des Flusses – dieses Recht hatten sich er und Oddný vor Gericht erkämpft. In der Stromrinne zu angeln würde natürlich schwierig werden; die Strömung war stark, und ich konnte nur bei Ebbe dorthin gelangen.

Er stellte uns viele Fragen. Woher bekamen wir unser Wasser? Ach, ja, die Quelle in der Höhle, Gvendabrunnur – *já, já, já, já,* ausgezeichnetes Wasser, und egal, wie trocken der Sommer war, die Quelle versiegte niemals. Ob wir wussten, dass Bischof Guðmundur eben diese Quelle vor vielen Jahrhunderten auf seiner Flucht durch den Westen Islands gesegnet hatte? Und wie viele Füchse hatten wir schon gesehen? War uns im Haus warm genug? Er wusste, dass Nancy Reiterin war. Ob sie Lust hätte, irgendwann über das Watt zu reiten? Ob wir schon Adler gesehen hatten? Er nickte, als wir ihm von dem Horst am Thrællyndisgata berichteten. Daraufhin erzählte er stolz, dass auf seinem Land *drei* Adlerpärchen nisteten. Es gab den Horst, den wir bereits gesehen hatten, einen zweiten auf einer Insel in der Lagune und einen dritten irgendwo in der Lava in der Nähe des Eldborg, den Haukur noch nicht genau lokalisiert hatte.

Mit Nancys übersetzerischer Unterstützung erwähnte ich, dass mir der Ornithologe Kristinn Skarphéðinsson von den ersten beiden Horsten erzählt, aber nichts von einem dritten Pärchen gesagt hatte. Drei Pärchen, bekräftigte Haukur und hielt drei Finger hoch. Drei Horste.

Haukur fragte uns, ob wir im *Landnámabók*, dem »Buch der Besiedelung«, die Geschichten über das Hnappadalur und den Eldborg gelesen hätten – das hatten wir tatsächlich getan.

Im *Landnámabók* wird von einem Norweger namens Grímur berichtet, der nach Island kam (es wird nicht erwähnt, wann, aber vermutlich Ende des neunten oder Anfang des zehnten Jahrhunderts, während der Hochphase der Zuwanderung) und sich zunächst im Norden niederließ. Als er im Herbst mit seinen Knechten zum Fischen aufs Meer hinausfuhr, nahm er seinen kleinen Sohn Thórir mit, der am Bug des Boots lag und bis zum Hals in einem Sack aus Seehundfell steckte. Grímur gelang es, einen Wassergeist zu angeln, und nachdem er ihn an die Oberfläche gehievt hatte, fragte er ihn: »Was kannst du uns über unsere Zukunft sagen? Wo in Island sollen wir uns niederlassen?« Der Wassergeist antwortete: »Es hat keinen Sinn, dass ich dir deine Zukunft voraussage, aber der Junge in dem Sack aus Seehundfell wird sich dort niederlassen und Anspruch auf Land erheben, wo sich deine Stute Skálm unter ihrer Last niederlegt.« Später fuhr Grímur noch einmal aufs Meer hinaus und ließ den Jungen an Land zurück; sein Boot kenterte, und er ertrank.

Im Frühling reiste Grímurs Witwe Bergdís mit Thórir durch die Moore nach Westen. Die Stute Skálm ging voraus, legte sich aber kein einziges Mal nieder. Im Winter schlugen die Reisenden ihr Lager auf und zogen erst im Sommer Richtung Süden weiter. Skálm ging auch dieses Mal voraus, und als sie aus dem Moor kamen und »zwei rötliche Sanddünen« erreichten, legte sich die Stute unter ihrer Last nieder. Bergdís beanspruchte die Ländereien in der Umgebung für sich, »von den Bergen bis hin zu Meer«, wie es Brauch war. Die rötlichen Sanddünen waren die beiden vulkanischen Kegel am Ende des Hnappadalur.

Thórir Grímsson erhielt den Namen Sel-Thórir oder »Seehund-Thórir«. Er wurde ein erfolgreicher Bauer und ein geachteter Anführer. Eines Abends, als er bereits alt und fast blind war, ging er aus dem Haus und sah, wie ein riesiger, böse aussehender Mann in einem eisernen Boot in die Kaldárós ruderte, die Flussmündung des Kálda, der durch Haukurs Ländereien floss. Der Riese ging zu einem Anwesen namens Hrip, »Korb«, und begann in der Nähe des Schafstalls zu graben. Im *Landnámabók* heißt es: »In jener Nacht ereignete sich ein Vulkanausbruch, bei dem das Lavafeld des Eldborg entstand. Der Bauernhof stand dort, wo sich heute der Berg befindet.«

Der Pfad führte von Haukurs Innenhof über eine Weide zu einer Lichtung zwischen mannshohen Birken. In der Luft hing der Geruch von Wintergrünblättern. Die Bäume hörten dort auf, wo der schlackige Anstieg zum Elborg begann. Der Engländer Frederick Metcalfe schreibt in seinem 1861 erschienenen Buch *The Oxonian in Iceland,* »Ein Oxfordabsolvent in Island«: »Dort steht er, der schwarze Turm von der Form eines Schmelzofenkamins, und ragt dunkel und steil in den Himmel. Das ist der Eldborg, die ›Feuerburg‹«.

»Sieh mal, Dad.« Will zeigte mit seinem Spazierstock auf einen Steinhügel neben dem Weg. Dort saßen vier Raben. Sie reagierten nicht, als wir näher kamen, was darauf hindeutete, dass es sich um erst kürzlich flügge gewordene Jungvögel handelte.

Die Raben hatten glitzernde schwarze Augen, dicke schwarze Schnäbel und buschig gefiederte schwarze Hälse. Ihre schwarzen Flügel hatten sie dicht am Körper angelegt. Sie saßen gleichgültig und regungslos da, als hätte sie die Erfahrung, den ersten Monat ihres Lebens in einem Nest verbracht zu haben, mit genug Geduld gewappnet, um den nächsten Monat auf dem Steinhügel zu hocken.

Das isländische Wort für Rabe ist *hrafn*, »hropn« ausgesprochen, wobei das »n« meistens verschluckt wird. Der Überlieferung zufolge versammeln sich die Raben jeden Frühling und Herbst. Bei der Zusammenkunft im Frühling beschließen sie, was den Sommer über zu tun ist. Bei der Versammlung im Herbst schließen sie sich zu Paaren zusammen, und jedes Paar beansprucht für das folgende Jahr einen bestimmten Bauernhof für sich. Der altnordische Gott Odin besaß zwei Raben, die um die ganze Welt flogen und anschließend wieder auf seiner Schulter landeten und ihm berichteten, was sie gesehen hatten. Als der wikingische Entdecker Flóki Vilgerđarson im neunten Jahrhundert auf der Suche nach einer großen Insel, die sich, Gerüchten nach zu urteilen, im Norden befand, von den Shetlandinseln lossegelte, nahm er drei Raben mit. Nach einigen Tagen Fahrt ließ Flóki den ersten Raben frei. Er flog zurück nach Schottland. Dann ließ er den zweiten Raben frei, der einen Kreis flog und zum Schiff zurückkehrte. Der dritte Rabe flog genau vor dem Bug her, und Flóki folgte ihm. Auf diesem Kurs entdeckte er Island.

Wir gingen auf die Raben zu, die auf dem Steinhügel am Fuß des Eldborg saßen. Die ebenholzschwarzen Vögel drehten den Kopf hin und her, blickten uns aber nie direkt an. Sie wetzten ihre Schnäbel an den Steinen. Vielleicht hofften sie, wir würden wieder verschwinden, wenn sie sich weigerten, unsere Anwesenheit zur Kenntnis zu nehmen. Wir kamen bis auf wenige Meter an sie heran, ehe sie sich flatternd erhoben und auseinander stoben. Zwei flogen über das Lavafeld nach Norden, die beiden anderen glitten in Richtung Snorrastađir.

Wenn ein Rabe dieselbe Richtung einschlägt wie ein Reisender und tief zu seiner Rechten fliegt, so der isländische Volksglaube, wird dessen Reise ein gutes Ende nehmen. Wenn der Rabe jedoch in die entgegengesetzte Richtung fliegt oder hoch oben am Himmel, sollte der Reisende kehrt machen, nach Hause gehen und beten. In unserem Fall schien es, dass wir uns ein Omen aussuchen konnten.

Will marschierte voraus. Unter seinen Schritten rieselte Schlacke herab. Wenn der Weg besonders steil wurde, schob ich ihn mit der Hand am Hosenboden bergauf.

Es stellte sich heraus, dass der Elborg kleiner war, als es von Little Lava aus schien. Der Bergkegel bestand aus porösen, scharfkantigen Gesteinsbrocken in unterschiedlichsten Farben: in kastanienbraun, rostrot, blaugrau und in einem glänzenden, glasigen Schwarz mit grünlichem Schimmer. Der Weg schlängelte sich durch die spröde Lava bis zum Rand des Kraters, einem etwa dreieinhalb Meter breiten Wall aus nicht verfestigtem Material.

Zu unseren Füßen fiel der Krater des Eldorg in die Tiefe ab. Auf dem Boden des Kraters, 70 Meter weiter unten, bedeckte Moos das Geröll, und auf dem nach Süden ausgerichteten Abhang streckten vereinzelte Grüppchen Birken ihre Äste aus. Die isländischen Naturforscher-Pioniere Eggert Ólafsson und Bjarni Pálsson maßen Mitte des 18. Jahrhunderts den Kraterdurchmesser mit einem Seil und kamen zu dem Ergebnis, dass seine größte Breite 636 dänische Fuß beträgt. Anfang des 19. Jahrhunderts reiste der Schotte Ebenezer Henderson durch Island und verteilte Bibeln. Henderson schrieb später ein Buch über seine Abenteuer, in dem er berichtet, wie er »über einen zerklüfteten Hohlweg auf der südöstlichen Seite« in den Krater des Eldborg kletterte. Ich stellte fest, dass der Pfad fast zwei Jahrhunderte später noch immer in der verwitterten Wand zu erkennen war. »Unten angekommen«, schreibt Henderson, »hatten wir einen herrlichen Ausblick auf die Wolken.«

Wir standen auf dem Kraterrand des Eldborg im Wind.

Nancy blickte durch ihr Fernglas. »Ich sehe Little Lava.«

Daraufhin holte auch ich mein Fernglas hervor. Ich entdeckte die Dächer von Stóra Hraun. Die Punkte auf dem Weideland um das Anwesen waren Schafe. Als ich nach Westen blickte, sah ich unser Haus am Rand der Lava.

Die Sonne zeigte sich als weiße Scheibe hinter dünnen Wolken.

Der schneebedeckte Gipfel des Snæfellsjökull am Ende der Halbinsel schien mit dem Himmel zu verschmelzen. Ein versteckter Rabe erfüllte den Trichter des Eldborg mit seinem Krächzen. Auf einer Höhe mit uns tanzten Schnepfen über den Schultern des Vulkans durch die Luft.

Der Geologe Haukur Jóhannesson hatte mir gesagt, dass der Eldborg letztmals vor fünf- bis achttausend Jahren ausgebrochen ist. Damals war der Meeresspiegel niedriger als heute, was man daran erkennen kann, dass die Lava des Eldborg geradewegs in die Bucht geflossen ist. Wenn ein heißer Lavastrom auf das Meer trifft, erklärte Haukur, erstarrt seine Spitze und lenkt den Strom nach der einen oder anderen Seite ab. Ein großer Teil der Lava des Eldborg liegt unter der Faxabucht begraben.

Der Eldborg ist ein so genannter Ringwallkrater und wird in Thorleifur Einarssons 1994 erschienenem Buch *Geologie Islands*, das mir Haukur empfohlen hatte, als Musterbeispiel für einen Vulkan dieses Typs bezeichnet. Ein Ringwallkrater entsteht, wenn extrem dünnflüssige Lava aus einem runden Schlot oder einer kurzen Spalte ausgeworfen wird.

»Vermutlich war der Schlot weitgehend geschlossen, als der Eldborg ausbrach«, erklärte mir Haukur. »Die Lava pulsierte im Krater und wurde stoßweise ausgeworfen. Man kann einzelne Schichten erkennen, die um den ganzen Kraterrand herum verlaufen. Jede Schicht ist etwa einen Zentimeter dick.« Der Geologe widersprach der weit verbreiteten Annahme, dass der Eldborg erloschen sei. »Diese Region ist noch immer vulkanisch aktiv. Die nächste Eruption könnte sich beinahe überall im Hnappadalur ereignen.«

Haukur fragte mich, ob ich im *Landnámabók* die Geschichte über den Riesen gelesen hätte, auf den die Entstehung des Eldborg zurückgehen soll. Er erzählte mir, dass die in den Annalen erwähnte Eruption tatsächlich während der Zeit der Besiedlung stattgefunden hatte, allerdings war die Lava aus dem Gullborg ausgetreten, einem anderen Krater im Tal. Im Lauf der Jahrhunderte brachten die Menschen den Ausbruch mit dem Eldborg in Verbindung, weil dieser so auffällig ist. Der Geologe meinte: »Er sieht eben eher so aus, wie man sich einen Vulkan vorstellt.«

Die Hauswiese

Die ständige Helligkeit am Himmel machte es schwierig, die Tage zu beenden, und ich blieb oft lange auf. Es gab immer irgendetwas zu tun, einen Spaziergang über die Halbinsel, eine Wanderung durch die Heide. Manchmal setzte ich mich auch einfach nur auf einen angetriebenen Baumstamm, mit Blick auf die Bucht und den Snæfellsjökull oder seine unsichtbare Gegenwärtigkeit, lauschte den Vögeln, roch Wind oder Regen oder sah den Wolken dabei zu, wie sie am Himmel aufzogen und wieder verschwanden.

Für Nancy und mich wurde es zur Gewohnheit, nachts aufzuwachen und ins Freie zu gehen, um den Sonnenaufgang zu beobachten. Wir schlichen auf Zehenspitzen an Wills Schlafsack im Wohnraum vorbei und schlüpften zur Tür hinaus ins zunehmende Licht. Thórđurs Mutter Guđný hatte mir eine Zeile eines Gedichts in mein Notizbuch geschrieben: *Thú hefur ekki lifađ, fyrr en thú hefur vakađ um sumarnótt á Íslandi* – »Wer niemals eine Sommernacht in Island durchwacht hat, der hat nicht gelebt.«

Wir sahen zu, wie die Sonne aufging, dann gingen wir wieder ins Haus, vergruben uns in unserem warmen Bett und schliefen weiter.

Eines Nachts rüttelte mich Nancy wach. »Komm und bring dein Fernglas mit«, sagte sie.

Ich ging zu ihr auf die Eingangstreppe. Der Himmel leuchtete rosafarben und war mit langen, blauvioletten Wolken gestreift; am hellsten strahlte das Rosa über dem Hnappadalur. Über dem Eld-

Little Lava.

Mit dem Kajak in der Löngufjörur-Bucht.
© Nancy Marie Brown

Oben:
Der Eldborg und sein Lavafeld.

Orchideen auf der Hauswiese.
© Nancy Marie Brown

Blick über das Watt nach Little Lava.

Rechts:
Der Snæfellsjökull nach Sonnenuntergang.

Die Löngufjörur-Bucht bei Ebbe. Die Häufchen stammen von Wattwürmern.
Die Marsch im späten August. © Nancy Marie Brown

borg hing eine kleine, runde und etwas dunklere Wolke, als hätte sein Krater eine Rauchwolke ausgestoßen.

Eine ambivalente Stimmung von Ruhe und Erwartung lag in der Luft. Zwischen dem Haus und der Lava standen drei stämmige Pferde mit langer Mähne, die mit gesenktem Haupt dösten. Schafe lagen friedlich wiederkäuend in Zweier- und Dreiergruppen da, weiße, schwarze und braune Flecken zwischen den grasbewachsenen Erdhügeln, die einst Menschen und ihr Vieh beherbergt hatten.

Nancy deutete auf den Felsüberhang, unter dem wir unsere Abfälle entsorgten: Eier- und Kartoffelschalen, saure Milch, schimmligen Käse. Und tote Mäuse, die wir in Fallen aus dem Genossenschaftsladen in Borgarnes gefangen hatten. (Es schien unendlich viele von den kleinen Nagern zu geben, die auf den Tischen ihre Exkremente zurückließen, die Schranktüren anknabberten und auf dem Speicher umhertrippelten und unsere Nachtruhe störten.)

Ich richtete mein Fernglas auf die schattige Stelle unterhalb des Überhangs.

Der Fuchs war schwarz. Er wühlte mit gesenktem Kopf in den Abfällen. Kein Wunder, dass die toten Mäuse immer verschwunden waren, wenn wir nach draußen gingen und den neuesten Fang entsorgten.

Als der Fuchs ans Licht kam, schimmerte sein Fell mahagonifarben. Er hatte kleine dreieckige Ohren, schlanke schwarze Beine und helle Augen. Einen Moment lang sah er uns an, dann lief er über die Hauswiese davon.

Als er unten auf der sumpfigen Weide ankam, hoben die Schafe den Kopf. Er verschwand in einem Graben und tauchte auf der anderen Seite wieder auf. Mit erhobener Nase lief er auf der windabgewandten Seite der Stromrinne dem Wind entgegen. Zunächst erhob sich eines, dann ein zweites Rotschenkelpärchen aus dem Gras und kreiste über dem jagenden Tier. Der Wind trug die schrillen Klagen der Vögel zu uns herüber, doch wir waren zu weit entfernt, um sehen zu können, ob der Fuchs getötet hatte.

Der Himmel erhellte sich, bis er in einem grellen Goldgelb erstrahlte. Die Wolken am Horizont waren feuerrot. Als die Sonne hinter den Bergen auftauchte, verfärbte sich der Fuchs im Laufen blutrot. Die Blüten der Blumen im Sumpf nahmen eine leuchtend pinkfarbene Färbung an. Die Grashalme auf den geheimnisvollen, stummen Erdhügeln auf der Hauswiese bewegten sich scherenförmig im Wind. Die Hügel selbst warfen zehn Meter lange Schatten und wirkten doppelt so hoch wie sonst.

Ich zählte auf Little Lava neun Erdhügel, die ganz offensichtlich von Menschenhand geschaffen worden waren. Wir versuchten herauszufinden, welchem Zweck sie gedient haben mochten, und unterhielten uns deshalb mit Veiga, die ihr ganzes Leben lang in der Gegend gewohnt hatte. Eines Tages tauchte der Bauer Hjörtur Hinriksson, ein Freund von uns, in Begleitung von vier seiner sieben Kinder bei uns auf; er war nach dem allmorgendlichen Melken auf seinem Hof Helgafell auf der Nordseite von Snæfellsnes über die Berge gefahren. Nancy war durch eine handgeschriebene Nachricht, die ihr die Bewohner von Stóra Hraun unter den Scheibenwischer geklemmt hatten, vorgewarnt worden, dass uns sein Besuch bevorstand. Ich war zu dieser Zeit wandern und bekam Hjörtur und seine Kinder nicht zu Gesicht; Nancy und Will trafen sich mit ihnen auf Stóra Hraun und begleiteten sie bei Ebbe über das Watt.

Wie mir Nancy später erzählte, war Will außer sich vor Freude, mit anderen Kindern zusammen zu sein. Er und Hjörturs Zwillinge Óskar und Ósk, ein Junge und ein Mädchen, die ein Jahr älter waren als er, tollten auf der Hauswiese umher. Die Zwillinge sprachen zwar kein Englisch und Will konnte kein Isländisch, doch Kinder verstehen sich beim Spielen auch ohne Worte.

Hjörtur hat einen Sohn namens Hinrik, der an diesem Tag nicht bei ihm war; Hjörturs Vater heißt ebenfalls Hinrik, sein Großvater wiederum Hjörtur. Hjörtur Hinriksson, Hinrik Hjartarson, Hjörtur Hinriksson – die patronymische Kette, die eine Generation mit der nächsten verbindet.

Hjörtur zeigte großes Interesse an den Ruinen. Ein Stück hangabwärts vom Haus, in Richtung Sumpf, aber noch auf der Hauswiese, befanden sich die Überreste eines ansehnlichen Bauwerks, dessen Dach und Mauern längst eingestürzt waren. Der ehemalige Schafstall, sagte Hjörtur spontan. Er deutete auf die beiden erhöhten, aus Lavagestein gemauerten Futtertröge, die sich einst in der Mitte von zwei parallelen Verschlägen befunden haben mussten. Diese Tröge waren mit Heu für die Schafe gefüllt worden.

Oddný zufolge – wir sollten sie am Ende des Sommers endlich in Reykjavík kennen lernen – befand sich das unfertige Gartenhaus an der Stelle, wo einst das alte Torfhaus gestanden hatte, in dem sie und ihre Schwester Ástriður oder Ásta geboren wurden und mit ihren Eltern gewohnt hatten, bis das gemauerte Haus gebaut wurde.

Das eingestürzte Gebäude zwischen dem halb fertigen Gartenhaus und dem gemauerten Haus, in dem wir wohnten, war der ehemalige Kuhstall: von Zeit und Wetter schwer gezeichnet, von rostigen Nägeln strotzend und mit einem herabhängenden Blechstreifen, der im Wind geklappert hatte, bis ich ihn abriss.

Das große Fundament zwischen dem gemauerten Haus und dem Lavafeld, in dem ich die Abfälle aus der Werkstatt verbrannt hatte, gehörte ehemals zu einem Heustadel.

Am Rand der Lava hatte Will einen großen natürlichen Pferch entdeckt, einen Einschnitt im Fels mit grasbewachsenem Boden, steilen Wänden und einem schmalen Zugang. Vermutlich wurden in diesem Pferch, einem so genannten *rétt*, früher die Schafe zum Scheren eingesperrt.

Bei dem kleinen Rechteck aus Steinen, das sich auf der Kuppe eines Hügels auf dem Weg zur Quelle befand, mochte es sich einst um einen Stall gehandelt haben, in dem Schafe gemolken wurden. Und der runde Wall daneben hatte früher vielleicht als Pferch für die Lämmer gedient, während ihre Mütter gemolken wurden. Der kleine, unauffällige Höcker neben dem Haus war möglicherweise ein Räucherhaus gewesen, eine Erhebung auf der Nordseite des Hauses die Schmiede.

Eines Tages besuchten uns Grétar und Guđný, die uns in Reykjavík beherbergt hatten. Sie befanden sich auf dem Heimweg aus dem Norden Islands, wo ihnen ein kleines Anwesen gehört, auf dem sie tausende von Birken und Lärchen gepflanzt haben. Grétar arbeitet als Bodenkundler für die isländische Regierung, und sein Ziel ist es, eines Tages einen Wald auf seinem Grundstück zu haben. Wir hatten ihm eine wunderschöne, mit Holzschnitten illustrierte Ausgabe von Jean Gionos Erzählung *Der Mann, der Bäume pflanzte* geschenkt.

Wir erspähten die beiden, als sie das Watt überquerten. Nachdem wir unsere Besucher mit dem Fernglas identifiziert hatten, nahmen wir sie am Rand der Hauswiese in Empfang. Wir führten sie überall auf Little Lava herum, und sie waren begeistert, vor allem vom Ausblick auf den Eldborg und den Snæfellsjökull. Guđný hatte frisches Brot und einen Drachen für Will dabei. Die beiden wollten nicht lange bleiben; ich merkte, dass sie sich unbedingt auf den Rückweg machen wollten, ehe die Flut einsetzte. Wir schafften es nur mit Mühe, sie zu überreden, wenigstens zum Kaffee zu bleiben – wir hätten uns gern ausgiebiger für die Gastfreundschaft revanchiert, die sie uns stets gewährt hatten.

Ein anderes Mal tauchte ihr Sohn Thórđur mit seiner Freundin Arna auf. Die beiden kamen an einem wolkenverhangenen Abend, an dem es immer wieder regnete. Ich war zu diesem Zeitpunkt gerade mit dem Kajak unterwegs. Nancy und Will machten mit Thórđur und Arna einen Spaziergang auf dem Thrællyndisgata und sahen dabei von weitem die Adler.

Anschließend kehrten sie zur *tún*, zur Hauswiese, zurück. Im Norden und Süden wurde die Tún von Mauern aus Lavagestein begrenzt, die östliche Grenze bildete das Lavafeld. Im Westen, wo sich der Sumpf befand, war die Hauswiese früher von einem Stacheldrahtzaun eingegrenzt worden; inzwischen waren viele der Zaunpfosten verrottet, und der rostige Zaun hing bis zum Boden durch. Die Mauern und der Zaun grenzten die Tún von der unebenen Schafweide ab. In alten Zeiten hatte es den Zaun mit Sicherheit noch nicht gegeben, erklärte Thórđur; im Sommer war vermutlich ein Kind vom Bauernhof damit beauftragt worden, die Grenze nachts zu bewachen und das Vieh zu vertreiben.

Die Hauswiese spielte eine entscheidende Rolle zum Überleben im Winter. Ihr Torf wurde sorgfältig gedüngt, und ihr Gras wurde gemäht, zusammengerecht, zu Heuballen gebunden und eingelagert. In schlechten Jahren, wenn von Norden Eisschollen nach Island trieben und bis in den Frühling oder sogar Sommer an der Insel hängen blieben, konnte die Heuernte ausfallen und Menschen und Tiere verhungerten. In normalen Jahren kommt das Treibeis dem Nordwesten Islands nicht näher als 100 Seemeilen. Im 20. Jahrhundert stellte das Eis aufgrund milder Winter und stets zunehmender Temperaturen kein Problem dar, aber niemand weiß, wann es wieder kommen wird.

Den ältesten Hinweis auf Little Lava fand Thórđur, und zwar in einem *máldagi*, einem Grundbuch, der katholischen Kirche von 1354. Auch in späteren Grundbüchern von 1367, 1397 und 1575 tauchte das Anwesen auf.

In den 13 Bänden des *Jarđabók*, dem »Buch der Höfe«, von 1709 sind sämtliche damalige Bauernhöfe Islands aufgelistet. Grétar hatte einen Nachdruck dieses Werks in seiner Bibliothek stehen. Als wir einmal zu Besuch bei ihm waren, schlug er unter Litla Hraun nach und übersetzte folgende Passage für mich:

Im Jahr 1709 hatte ein gewisser Eríkur Jónsson Little Lava gepachtet. Die Erträge aus der Landwirtschaft gingen an den Priester der Kirche auf Kolbeinsstađir. Zum lebenden Inventar zählten sechs Kühe, zwei Färsen, ein Bulle und ein Kalb, dessen Geschlecht nicht angeführt war, 60 Schafe, 25 kastrierte Schafböcke, die zwei Jahre oder älter waren, 37 einjährige kastrierte Schafböcke sowie vier Pferde und zwei Stutenfohlen. Die gedüngte Hauswiese lieferte Futter für vier Kühe, 20 Lämmer und ein Pferd. Die übrigen Tiere mussten zum Grasen freigelassen werden, auch im Winter. »Es gibt ein altes Sprichwort«, sagte mir Grétar: »*Sett á Guđ og gaddinn*, was so viel bedeutet wie: ›Mit Gottes Hilfe und bei Frost überleben.‹«

Dem *Jarđabók* zufolge gab es 1709 noch Wald auf dem Anwesen, was die Herstellung von Holzkohle ermöglichte. Allerdings ging die bewaldete Fläche bereits damals zurück. Torf gab es zuhauf, doch die Stellen, an denen Torf gestochen werden konnte, waren dünn gesät. Das Anwesen bot gute Möglichkeiten für die Seehundjagd und war mit jeder Menge Treibholz gesegnet. Einen Muschelstrand, an dem Miesmuscheln gesammelt werden konnten, gab es nicht. Vom Ufer aus wegzurudern gestaltete sich schwierig, da das Wasser über lange Strecken seicht war. Zu den Gefahren für das Vieh zählten die rasch steigende Flut sowie Löcher und Spalten in der Lava. Abschließend wurde in der Zusammenfassung darauf hingewiesen, dass der Weg zur nächsten Kirche weit und aufgrund der ausgedehnten Lavafelder und Sümpfe beschwerlich war.

Thórdur zog in Erwägung, dass Little Lava ein Ableger von Stóra Hraun gewesen sein könnte. Er stellte die Theorie auf, dass ein Sklave, dem man die Freiheit geschenkt hatte, auf dem abgelegeneren Pachtgut untergebracht worden war. Die Sklaven waren ursprünglich von Wikingern und übersiedelnden norwegischen Bauern aus Irland und Schottland nach Island geholt worden. In Island wurde die Sklaverei niemals offiziell abgeschafft; sie starb einfach aus. Um das Jahr 1000 stellten die Bauern fest, dass es einträglicher war, einen Sklaven freizulassen und ihm Land zu verpachten, als ihn das ganze Jahr über zu beherbergen und zu verpflegen. Thórđur betrachtete Stóra Hraun als Gutsherrenhaus, Little Lava als Pachtgut. Unter Umständen war das Pachtgut tausend Jahre alt.

Als uns Thórđur und Arna an jenem Abend besuchten, wollten sie nicht über Nacht bleiben. Es war spät, beinahe Mitternacht, als Nancy, Will und ich auf der Eingangstreppe standen und uns von unseren Gästen verabschiedeten.

»Nein«, sagte Thórđur, als wir uns umdrehten, um wieder nach drinnen zu gehen. »Ihr müsst eure Gäste ein Stück nach Hause begleiten.« Er grinste, als wir ihn verwundert ansahen. »Kommt schon.« Er gab uns ein Zeichen, dass wir ihm folgen sollten, und bestand darauf, dass wir ihn und Arna bis zum Rand der Hauswiese begleiteten. »Auf diese Weise werden eure Besucher nicht das Glück von Little Lava mitnehmen«, sagte er.

Von Anfang an reisten Menschen nach Island: Priester, Kaufleute, Seeräuber und Angehörige derer, die sich dort niedergelassen hatten. Vom 18. Jahrhundert an wurde Island zu einem Ziel für eine andere Sorte von Reisenden: Touristen. Berichte über Islandexpeditionen wurden auf Englisch, Französisch, Deutsch, Holländisch, Italienisch, Tschechisch und Serbokroatisch verfasst. Ein großer Teil der Abenteurer stammte aus England. Der britische Forscher und Diplomat Sir Richard Francis Burton, seines Zeichens Übersetzer der Geschichtensammlung *Tausendundeine Nacht*, besuchte Island 1872 im Alter von 51 Jahren. Beim Versuch, den Reiz des Landes zu erklären, spricht Burton von einem Zustand, den er als »nichts als Island im Kopf« bezeichnet. Die Besucher Islands waren beeindruckt, schreibt Burton, von »allem und jedermann« in diesem »schwierigsten und teuersten Land der Welt«, wo sie ihre Augen an »Kulissen von schauerlichem Schrecken, majestätischer Erhabenheit und himmlischer Schönheit« weiden konnten.

Die Aufzeichnungen der Reisenden vermitteln ein Bild des Alltagslebens im Island des 18. und 19. Jahrhunderts. Viele sind in einem etwas verharmlosenden Tonfall verfasst, andere jedoch nicht:

»Beim Untersuchen einiger Spalten fanden wir die Überreste einer Frau, die bereits seit etwa einem Jahr vermisst wurde und von der es bis dahin keine Kunde gegeben hatte. Ihre Kleider und Gebeine waren allerorts verstreut; die Knochen eines Beins befanden sich noch im Strumpf. Es ist anzunehmen, dass sie im Schneegestöber vom Weg abgekommen und in die Felsspalte gestürzt war, wo ihr Leichnam von Adlern und Füchsen in Stücke gerissen wurde.« (Aus: *Reisen durch die Insel Island im Sommer 1810* des schottischen Mineralogen Sir George Steuart Mackenzie.)

»Der Hof, den wir besichtigten, war ein gutes Beispiel für einheimische isländische Architektur. Von drei Seiten erweckte er den Eindruck einer unordentlichen Ansammlung Torfhügel. Zwei davon waren auffällig: Der eine besaß einen Kamin aus einem Fass, bei dem Deckel und Boden entfernt worden waren, in dem anderen, der länger war als die übrigen, befanden sich mit einigem Abstand zwei oder drei Fensterscheiben. In Ersterem war die Küche untergebracht, in Letzterem das *baðstofa* oder Schlafzimmer. Auf der vierten Seite befand sich der Eingang, der aus mehreren hölzernen Giebeln zwischen dicken Torfwänden bestand.« (Der Geistliche Sabine Baring-Gould, ein Pfarrer aus Devonshire, kam 1862 in Island an. Später wurde er Romanschriftsteller, Komponist von Kirchenliedern, darunter das bekannte *Onward, Christian Soldiers,* und verfasste eine Abhandlung über Werwölfe.)

Hier noch einmal Mackenzie, und es würde mich wundern, wenn es auf Little Lava nicht früher einmal ein *torfbær*, ein »Torfhaus«, gegeben hätte, wie er es beschreibt:

»Die dicken Torfwände, die stets feuchten und schmutzigen Erdfußböden und die mangelnde Körperpflege der Bewohner verursachen einen Geruch, der für Fremde unerträglich ist... Es besteht keine Möglichkeit, irgendeinen Teil des Hauses zu lüften, und da bisweilen 20 Menschen in ein und demselben Gemach speisen und nächtigen, mischen sich beißende Gerüche in nicht unerheblicher Menge unter die reichlichen Ausdünstungen von Fisch, Ölpressbeuteln, Tierhäuten, etc.«

»Wie sich herausstellte, waren die Hügel nichts weiter als die Grasdächer des Wohnhauses und der Wirtschaftsgebäude und die Wälle und Gräben nichts anderes als die Einfriedung der peinlich sauberen Wiese, genannt *tún*, von der jedes isländische Gehöft umgeben ist. Das Wort »Tún« ist offenbar gleichbedeutend mit unserem irischen *town-land*, dem kornischen *town* und dem schottischen *toon*, Begriffe, die im regionalen Gebrauch nicht eine Ansammlung Straßen und Gebäuden bezeichnen, sondern den Hof und die Grasflächen, die unmittelbar an ein allein stehendes Haus angrenzen.« (Lord Dufferin, dessen voller Name Frederick Temple Hamilton-Temple Blackwood lautete, segelte 1856 mit seiner Jacht *Foam* nach Island. Er wurde später Vizekönig von Indien und hatte die Befehlsgewalt bei der Annexion Birmas durch das britische Reich.)

»Um Mitternacht machten wir bei einem kleinen Landhaus namens *Skálabrekka* Halt. Selbstverständlich war alles verriegelt, doch wir folgten dem Beispiel von Kapitän von Scheel, der die Wände erklomm, und bemühten uns alle, irgendein Fenster oder Loch im Dach zu finden, durch das wir die Bewohner wecken konnten... Die Begrüßung, die der Kapitän benutzte, war *Hér se Guđ,* ›Möge Gott hier sein‹. Nachdem er sie annähernd ein Dutzend Mal wiederholt hatte, wurde sie mit *Drottinn blessi thig,* ›Der Herr segne dich‹, beantwortet.« (Aus den 1814 – deutsch 1820/21 – veröffentlichten Aufzeichnungen des Missionars Ebenezer Henderson, der in den Krater des Eldborg geklettert war.)

Als der Amerikaner J. Ross Browne, der Island in den 1860er-Jahren bereiste, erstmals einen Landstrich mit Thúfur zu Gesicht bekam, hielt er diese fälschlicherweise für »die Überreste bestellter Felder, vermutlich Kartoffelhügel«.

»Hier ist es ohne weiteres möglich, zu ertrinken, sich das Genick oder die Knochen zu brechen, bei lebendigem Leib gekocht oder zumindest von Rheumatismus niedergestreckt zu werden.« (Frederick Metcalfe, *The Oxonian in Iceland,* »Ein Oxfordabsolvent in Island«, 1861.)

»Dieses Land ist sehr einsam.« (Elizabeth Jane Oswald)

»Die Landschaft vor unseren Augen war außerordentlich trostlos.« (Mackenzie)

»Die Landschaft vor uns wirkte unbeschreiblich öde.« (Pliny Miles)

»Der Gesamteindruck, den dieses Land hinterlässt, könnte nicht schroffer und trübseliger sein.« (Henderson)

Samuel Johnson reiste zwar nie nach Island, erwähnte jedoch gern, dass er ein ganzes Kapitel von *The Natural History of Island,* »Zuverlässige Nachrichten von Island« – verfasst 1752 von dem Dänen Niels Horrebow –, aus dem Gedächtnis wiedergeben konnte. Johnson zufolge lautete der Text in seiner Gänze: »Kapitel LXXII. Über Schlangen. Nirgendwo auf der Insel sind Schlangen anzutreffen.«

Auch Jules Verne reiste nie nach Island. Dennoch ließ er es sich nicht nehmen, die Abenteurer in seinem Roman *Reise nach dem*

Mittelpunkt der Erde durch eine Gletscherspalte des Snæfellsjökull ins Innere des Planeten vordringen zu lassen.

»Die Männer sind in der Regel hässlich, die Frauen weniger.« (Die Wienerin Ida Pfeiffer war die erste Reiseschriftstellerin, die Island besuchte; sie reiste 1845 auf die Insel, sammelte Pflanzen und Insekten und schrieb ein »boshaftes, übellauniges Tagebuch«, so ein späterer Reisender.)

»Die Frauen sind die einzige Bevölkerungsgruppe, abgesehen von den Flöhen, die überhaupt Lebendigkeit besitzt. Wie ungehobelt, schmuddelig und einfältig sie auch sein mögen, im Gegensatz zu den Männern legen sie zumindest ein wenig Lebhaftigkeit und Tatkraft an den Tag.« (Browne)

»Der Natur ist ein Fehler unterlaufen, als sie die Gesichter der Isländer formte; sie hätte ihre Nasen nach innen kehren sollen, um es ihnen zu erleichtern, diese mit Tabak zu stopfen.« (Baring-Gould)

»Ihre beherrschenden Wesenszüge sind vertrauensselige Offenherzigkeit, gottesfürchtige Anspruchslosigkeit und ein stets lebhaftes Temperament, gepaart mit Klugheit und einem scharfen Verstand, wie man ihm in anderen Teilen der Welt nur selten begegnet.« (Henderson)

»Der Stempel, den die Menschen Island aufgedrückt haben, trägt einen nicht unerheblichen Teil zum Reiz des Landes bei.« (Frederick W. W. Howell; als der Engländer Howell 1901 im Alter von 44 Jahren zu Pferd einen Fluss im Norden Islands durchqueren wollte, wurde er aus dem Sattel geworfen und ertrank.)

In der Werkstatt auf Little Lava fand ich eine Schachtel mit alten Dokumenten, unter denen sich einige Unterlagen aus den 1930er-Jahren über das Inventar des Anwesens befanden. Offenbar hatte es zu dieser Zeit auf dem Hof insgesamt drei Kühe gegeben. Oddný bestätigte diese Angaben, als wir Ende August, ehe wir uns auf den Heimweg nach Amerika machten, in ihrer ordentlichen, hübsch eingerichteten Wohnung in einem Außenbezirk von Reykjavík saßen. Ihre Tochter Anna, eine gut aussehende Frau mit blondem Haar und braunen Augen, war ebenfalls anwesend. Oddný war dunkelhaarig und schlank und hatte eine raue Stimme; vier Jahrzehnte hatten Linien und Falten im Gesicht der jungen Krankenschwester hinterlassen, die uns den ganzen Sommer über von dem Foto im Wohnraum auf Little Lava angelächelt hatte.

Oddný kochte Kaffee und servierte uns Apfelstrudel. Sie schwelgte auf Englisch in Erinnerungen, während ich mir Notizen machte; was folgt, ist meine eigene Wiedergabe dessen, was sie sich ins Gedächtnis rief:

»Auf Litla Hraun mussten wir niemals hungern oder frieren«, sagte sie. »Wir hatten immer jede Menge warme Bekleidung. Meine Mutter konnte ausgezeichnet nähen, und sie fertigte alle unsere Kleider selbst an. Außerdem machte sie uns Schuhe aus Seehundfell. Sie hieß Thóranna Guđmundsdottir und wurde auf einem Bauernhof in der Nähe von Kolbeinsstađir geboren.«

»Meine Schwester wurde 1930 geboren und ich 1932.«

»Unsere Eltern hatten immer Zeit für uns. Auf Litla Hraun dachte man nicht über Geld nach. Es war wunderbar. Ich verbrachte dort eine wundervolle Kindheit.«

»Wir hatten zwischen 30 und 50 Schafe, vier Pferde und drei, manchmal auch nur zwei Kühe. Die Kühe lieferten uns Milch. Einen Teil der Milch verarbeitete Mutter zu Rahm und Butter. Die Butter packte sie ab und verkaufte sie in Borgarnes.«

»Vater fing Seehunde und häutete sie. Wir zerlegten sie und aßen ihr Fleisch. Ihr Fett schmolzen wir und schütteten es über das Heu, das die Schafe zu fressen bekamen; das Fett war reich an Vitaminen.«

»Vater flocht Seile aus Rosshaar, mit denen wir das Heu zu Ballen zusammenbanden. Angetriebene Baumstämme zersägte er am Strand in Bretter, mit denen er dann das Haus und die Nebengebäude ausbesserte. Einen Teil des Treibholzes kauften unsere Nachbarn.«

»Wir warfen nichts weg. Wenn ein Teller zerbrach, wurde er einfach wieder zusammengebunden. Wir bohrten kleine Löcher in die Scherben und schnürten sie wieder zusammen.« (Wir hatten einen dieser mit Fäden reparierten Teller auf Little Lava benutzt.)

»Meine Mutter wurde 92 Jahre alt. Samstags tat sie nie einen Handgriff. Sie war Siebenten-Tags-Adventistin und arbeitete niemals am Samstag, selbst wenn das Heu gemäht war und trocknete und die Sonne schien – sie weigerte sich, einen Rechen in die Hand zu nehmen. Das machte Vater ziemlich wütend.«

»Als Beleuchtung benutzen wir Petroleumlampen, allerdings bekam man im Winter nur schwer Petroleum. Dann behalfen wir uns mit Seehundöl und *klófífa* …« Sie sah ihre Tochter an.

»Wollgras«, sagte Anna.

»Mit einem Docht aus Wollgras.« Oddný nippte an ihrem Kaffee. Sie blickte durchs Fenster auf den Himmel; von der Schnellstraße mehrere Stockwerke tiefer drang Verkehrslärm herauf. Oddný sagte: »Wenn meine Mutter mit Torf Feuer machte, brannte es die ganze Nacht; eine Schachtel Zündhölzer reichte uns den ganzen Winter. Wir stachen den Torf im Mai und schichteten ihn auf, damit ihn der Wind trocknete und wir ihn im Herbst, nachdem er in Stücke geschnitten war, verheizen konnten.«

»Meine Schwester und ich lernten zu Hause lesen und schreiben. Später gingen wir auf Snorrastaðir zur Schule. Wir blieben immer zwei Wochen am Stück dort. Haukurs Vater war unser Lehrer. Zehn Kinder aus der Gegend gingen dort zur Schule. Nach zwei Wochen Unterricht durften wir wieder für zwei Monate nach Hause. Wir gingen jeden Winter zweimal zur Schule. Zu Hause mussten wir neue Sachen lernen, die uns der Lehrer mitgegeben hatte, und wenn wir wieder in die Schule kamen, wurden wir darüber abgefragt.«

Leicht pikiert sagte sie: »Ich holte mir auf Snorrastaðir Läuse. In unserem kleinen Zuhause hatten wir *nie* Läuse.«

»Weihnachten kauften meine Mutter und mein Vater immer als besonderen Leckerbissen ein halbes Kilo Äpfel.«

»Ich erinnere mich noch an mein erstes Paar Gummistiefel. Sie waren schwarz und hatten gelbes Futter. Ich stellte sie neben mein Bett, damit ich sie morgens, wenn ich aufwachte, als Allererstes sah.«

»Den alten Walknochenstuhl habe ich noch ganz genau im Gedächtnis. Ich werde mich mein Leben lang an ihn erinnern. Er stand zuerst im alten Haus und wurde aufgehoben und später ins neue Haus gestellt, weil er so besonders war. Irgendjemand hatte ihn am Strand gefunden, ich weiß aber nicht, wann.«

»Zu Lebzeiten meiner Großmutter sanken vor Gamlaeyri zwei französische Schiffe. Die Überlebenden kamen nach Litla Hraun.«

»Eines Tages sammelte ich Beeren am Rand der Lava zwischen Stóra Hraun und Litla Hraun. Das war im August. Als ich aufsah, erblickte ich eine Dame in einem langen, hellgrauen Kleid, wie es damals modern war. Ich sah nur ihre Silhouette. Sie war etwa 50 Meter von mir entfernt. Ich sah sie einmal an, drehte mich wieder weg, und als ich noch einmal hinsah, war sie verschwunden.«

»Die ersten Autos tauchten um 1935 in der Gegend auf. Damals wurden auch die ersten Straßen gebaut.«

»Mein erstes Flugzeug sah ich im Zweiten Weltkrieg.«

»Wir hatten damals weder Radio noch Fernsehen, nur Zeitungen. Mein Vater las liebend gern Zeitung. Sie war sein Fenster zur Welt, die an ihm vorbeizuziehen schien. Meine Mutter sagte immer: ›Sollen sie doch kämpfen, da draußen in der Welt. Ich bleibe hier, kümmere mich um meine Familie und backe Brot.‹ Mein Vater interessierte sich viel mehr für den Krieg und das Zeitgeschehen. Mutter hörte ihm nie zu, wenn er über diese Dinge sprach, also erzählte er es seinen Töchtern und sogar den Kühen, während er sie molk.«

»Vater ging nach Reykjavík und arbeitete für die Amerikaner, als sie in der Stadt ihren Luftstützpunkt bauten. Von dem Geld, das er dort verdiente, baute er das neue Haus.«

»Das alte Torfhaus war warm und gemütlich. Das neue, gemauerte Haus war viel kälter. Ein Nachbar half Vater, es zu bauen. Als Bauholz verwendeten sie Treibholz, das im Krieg angespült wurde. Wir liehen uns ein Pferd und einen Wagen, um den Sand und den Zement bei Ebbe herzuschaffen. Das neue Haus wurde nie fertig. Wir wohnten nur zwei Winter darin.«

»Vater wollte nicht auf Little Lava bleiben. 1946 verkauften wir alles: die Kühe, die Pferde und die Schafe. Dann zogen wir nach Reykjavík. Ich war damals 14, und Ásta war 16. Mutter vermisste Little Lava und die Unabhängigkeit. Alle Menschen, die dort gelebt hatten, wollten unabhängig sein.«

»Wenn ich heute nach Little Lava komme, fällt mir auf, dass sich die Thúfur im Lauf der Jahre stark vermehrt haben. Das liegt daran, dass niemand mehr das Gras auf der Hauswiese mäht.«

Da Nancy und ich beide Schriftsteller sind, fragten wir uns natürlich, ob irgendjemand über Little Lava geschrieben hatte. In den Tagebüchern der englischen Reisenden, die den Westen Islands besucht hatten, fand ich keinen einzigen Hinweis auf das Anwesen, obwohl die meisten von ihnen den Eldborg und die Vulkane des Hnappadalur erwähnen.

Die 1969 erschienene Biografie des Priesters Árni Thórarinsson, *Ævisaga Árna Prófasts Thórarinssonar*, von Thórbergur Thórđarson ist in Island ein viel gelesenes Buch. Árni Thórarinsson war Ende des 19. und Anfang des 20. Jahrhunderts Priester im ländlichen Westen Islands. Er wohnte auf Stóra Hraun und errichtete das Bauernhaus, das dort noch heute steht. 1932 taufte der Geistliche unseren Nachbarn Haukur von Snorrastađir in der Kirche auf Kolbeinsstađir, wo ich der Konfirmation von Jón Thór Kristjánsson beigewohnt hatte. Haukur zufolge genoss Árni zu Lebzeiten in der Gegend hohes Ansehen, »aber das änderte sich ein wenig, als seine Biografie erschien«.

Der Abschnitt über Árnis Amtszeit auf Snæfellsnes trägt die Überschrift *Hjá Vondu Fólki,* »Unter schlechten Menschen«. Nancy hat einige Passagen daraus übersetzt und ist zu dem Ergebnis gekommen, dass der Geistliche Árni Familien, in denen Kinder starben, höchst kritisch gegenüberstand und die Eltern verdächtigte, ihre eigenen Kinder zu töten. Er warnte davor, Äußerungen von Bewohnern von Snæfellsnes Glauben zu schenken, »ohne sie vorher genau geprüft zu haben«. Seinen Nachbarn warf er vor, sie würden versuchen, seine Familie mit den Masern anzustecken, weil ein Mädchen von Litla Hraun, das die Krankheit hatte, seinen Kindern hinterherlief. Außerdem trug er eine Fehde mit einer Frau aus, die er nur als »die böse Witwe von Litla Hraun« bezeichnete und bei der es sich offenbar um Oddnýs Großmutter handelte: Er behauptete, sie habe ihm Pferde gestohlen, sie sagte, er würde ihr Treibholz klauen.

Vermutlich hatte sich Thórđurs Vater Grétar bemüht, Árnis Charakter in ein besseres Licht zu rücken, als er *Hjá Vondu Fólki* mit »Wie wundervoll es doch zwischen schlechten Menschen ist« übersetzte. Er suchte eine Passage für mich heraus, in der es heißt, dass Árni, wenn er eine der drei Kirchen in seinem Pfarrbezirk aufsuchen musste, seinem Pferd nur den Namen des jeweiligen Gotteshauses zu sagen brauchte, und schon brachte ihn das Tier, ohne weitere Anweisungen des Reiters, zu seinem Ziel.

Ein Kapitel der Biografie brachte Nancy und mich zum Lachen. Es trägt die Überschrift »Zwei Mädchen im Dunkeln«.

Dem Geistlichen Árni zufolge hielten sich nach dem Neujahrstag 1943 zwei kleine Mädchen ganz allein auf Little Lava auf. Ihre Mutter war nach Reykjavík gefahren, um ihren Ehemann zu besuchen, der dort arbeitete. Eines Abends überquerten zwei Knechte von Stóra Hraun nach verrichteter Arbeit das Watt, um nachzusehen, wie es den beiden Mädchen erging. Sie fanden die beiden im Haus im Dunkeln.

»Warum sitzt ihr im Dunkeln?«, fragten die Männer. »Habt ihr denn kein Lampenöl?«

»Doch, wir haben genug Öl«, entgegnete eines der Mädchen, »aber wir können im Dunkeln besser sehen.« Sie deutete auf den Schatten hinter einem der Männer. »Der da, zum Beispiel, dein Doppelgänger – der kam vor dir hier an.« Die beiden Mädchen wandten sich dem anderen Mann zu. »Und der alte Baldvin (ein berüchtigter Geist aus dem Hnappadalur), er ist auch mit euch gekommen. Sein Kopf baumelt zwischen seinen Schultern herab.« Die Mädchen lachten und sagten: »Das und noch viel mehr hätten wir nicht gesehen, wenn die Lampe gebrannt hätte.« Die Männer sahen sich beunruhigt um; sie freuten sich nicht auf den langen, finsteren Fußmarsch zurück nach Stóra Hraun.

Als wir in Oddnýs Wohnung waren, fragten wir sie nach der Geschichte aus *Hjá Vondu Fólki*. Sie sei wahr, bestätigte sie. Sie und ihre Schwester Ásta hatten die Lampe gelöscht, als sie die Männer kommen hörten. »Wir wollten ihnen einen Schrecken einjagen.«

Eines Tages ging Nancy auf Little Lava nach draußen, um sich zu erleichtern. Wir waren in dieser Hinsicht ziemlich locker; Will und ich suchten uns bei Bedarf einen geeigneten Thúfa, den wir bewässern konnten, während sich Nancy an einen ungestörten Fleck auf der Hauswiese zurückzog oder sich ein windgeschütztes Örtchen hinter dem Haus suchte. Als Nancy die Tür hinter sich schloss, sah sie zufällig auf. Am Rand der Lava saßen ein Dutzend Männer und Frauen auf den Felsen, die Sandwiches aßen und sie anstarrten.

Wir hatten uns daran gewöhnt, dass unsere Gäste über die Lagune oder vom Sumpf her zu uns kamen, wo wir sie bereits lange Zeit vorher sehen konnten. Diese Gruppe war scheinbar aus dem Nichts aufgetaucht. Als wir uns mit ihnen unterhielten, stellte sich heraus, dass sie auf dem Thrællyndisgata über das Lavafeld gekommen waren. Sie gehörten einem Wanderverein aus Reykjavík an und wollten das Anwesen sehen, auf dem Ásta Sigurðardóttir geboren worden war.

Oddnýs Schwester Ásta war Schriftstellerin und wurde als Ásta Sig bekannt. Ihre Kurzgeschichten – viele sind mit Ástas eigenen Holzschnitten illustriert – zählen zum Besten, was die literarische Moderne in Island hervorgebracht hat. Die meisten ihrer existenzialistischen Geschichten spielen in der Hauptstadt.

In Péturs Wohnung entdeckte ich in einer Enzyklopädie einen Eintrag über Ásta Sig. (Das Werk war ein dreibändiges Sammelsurium von Artikeln über »Astaire, Fred« und »Barnes, Djuna« sowie dem Porträt eines strahlenden Jassir Arafat neben Fotos von isländischen Torfhäusern, Bibern, berühmten Wasserfällen, der Freiheitsstatue und Balzac.) Leider war die Enzyklopädie in isländischer Sprache verfasst, sodass ich den Artikel über Ásta nicht lesen konnte. Dem Eintrag war ein Foto beigefügt, ein Porträt bis zu den Schultern, das eine Frau mit dichtem dunklen Haar, buschigen geschwungenen Augenbrauen, markanten Wangenknochen und vollen Lippen zeigte. Ásta hielt eine Zigarette in den Fingern, trug eine Halskette und sonst offenbar nichts.

Anna erzählte mir, dass ihre Tante Ásta die erste »Bohemien« in Island gewesen war, die erste Frau, die Künstlern nackt Modell stand. Ásta hatte sechs Kinder mit zwei Ehemännern. Einer ihrer Ehemänner war ein führender isländischer Dichter. Ásta hatte ein Alkoholproblem, unter Umständen war sie sogar Alkoholikerin gewesen. Sie starb 1971 in Reykjavík an Leberschaden, verursacht durch verdorbenen, selbst gebrannten Whisky, den ein Liebhaber für sie beschafft hatte.

Die Wanderer aus Reykjavík waren ebenso überrascht, uns auf Little Lava anzutreffen, wie wir bei ihrem Anblick. Ihr Führer hatte einen langen Essay von Ásta Sig bei sich, *Frá mýri, hrauni og fjörusandi*, »Über Moor, Lava und Watt«. Er las der Gruppe einige

Passagen daraus vor. Kurz bevor wir aus Island abreisten, fand Nancy den Essay in einer Bibliothek und machte eine Kopie davon.

Ich wünschte, ich hätte ihn lesen können; Nancy sagte, es sei eine wunderbare, poetische Beschreibung von Little Lava. Auf der Heide rief der *lóa,* der Goldregenpfeifer, *Dýrđin, dýrđin!,* »Glorie, Glorie!«; wenn man im Sumpf stecken blieb, riet einem die *jađrakan,* die Uferschnepfe, *Vaddúti! Vaddúti!,* »Komm raus! Komm raus!« Ásta schreibt über die Sumpfpflanzen und ihre zarten Farben, über Thúfur-Felder, die bedrohlich nahe kommen. Sie erzählt von verborgenen Teichen im Lavafeld, in denen sich der Himmel spiegelt, von Moos, das die zerklüfteten Felsen bedeckt, und von der Quelle in der Höhle, die Gudmundur der Gute gesegnet hat. Sie sagt, das Wasser sei so rein, dass es Gudmundur auch gesegnet hätte, wenn er davon getrunken hätte.

Die Küste übte die größte Anziehungskraft auf Ásta aus. Das erste Mal kam sie zu Pferd nach Gamlaeyri; sie ritt ohne Sattel hinter ihrem Vater her. Sie schildert, wie sie später noch einmal allein dorthin zurückkehrte und sich zwischen den Spanten eines gestrandeten Boots ausruhte. Sie beschreibt das schimmernde Meer, die Seehunde mit ihren menschlichen Gesichtern und ihren wissenden Augen, die Mantelmöwen und die Eiderenten. An der Küste würde man lernen, allein zu sein, allein zu arbeiten, allein zu denken. Wer sich bei einem einsamen Spaziergang am Meer nicht frei fühle, schreibt Ásta, dem sei das Gefühl von Freiheit für immer und ewig aus der Seele gerissen worden.

In der Gesellschaft von Vögeln

Der Nordwind ließ das Wasser in den Prielen gegen die Ufer schwappen. Ich trug einen Parka über meinem Pullover und hielt mich mehr schlecht als recht warm, indem ich forschen Schrittes über das Watt marschierte. Es war Anfang Juli. Die Wolken hingen dicht am Himmel, große, graue Wolken, die südwärts zogen wie eine Herde Schafe, während über ihnen aus Osten eine Schicht blasserer, von der Morgensonne vergoldeter Wolken herandrängte.

Als ich mich dem gegenüberliegenden Ufer der Lagune näherte, folgte ich unseren zahlreichen Fußspuren, die nicht von der Flut verwischt worden waren – Fußspuren, die inzwischen zu einem Pfad über das Watt geworden waren. Ich stieg auf eine grasbewachsene Torfplatte, die vom Ufer weggebrochen war. Nach ein paar weiteren Schritten erklomm ich die Stufe zur Marsch. Eine Bö riss mich beinahe um.

Im Frühsommer waren die Raubmöwen jedes Mal außer sich geraten, wenn wir sie passierten. Als Pétur beim Herrichten des Hauses half, beschloss er eines Tages, die zeitweise als Hotel genutzte Schule aufzusuchen, um dort schwimmen zu gehen und ein Bier zu trinken. (Umgerechnet drei Dollar fürs Schwimmen und acht fürs Bier.) Auf dem Weg zum Auto geriet er zu nah an ein Raubmöwennest. Der brütende Vogel flog in Panik auf und stieß dabei eines seiner beiden Eier aus dem flachen Nest. Da beide Eltern auf Pétur losgingen, hielt er sich nicht damit auf, das Ei wieder zurückzulegen. Als er mir am Abend von dem Zwischen-

Das Watt, im Hintergrund Little Lava.

fall erzählte, hatte die Flut bereits eingesetzt, und ich wollte nicht den ganzen Weg um das Watt gehen. Ich wartete bis zum Morgen. In aller Frühe überquerte ich das Watt, stapfte durch den Sumpf und suchte das Nest.

Die Raubmöweneltern griffen mich im Sturzflug an und schlugen mir ihre grauen Flügel gegen den Kopf. Dann änderten sie ihre Taktik und ließen sich auf dem Boden nieder, wo sie mit verdrehten Flügeln schlugen und vortäuschten, verletzt zu sein, um mich abzulenken.

Ihre imposanten Eier hatten eine olivfarbene Schale mit dunkelbraunen Flecken. Ich hob das aus dem Nest gefallene Ei auf und versuchte, es mit den Händen zu wärmen. Die Raubmöwen flatterten zwischen den Hügeln umher und stießen schrille Schreie aus. Ich legte das abtrünnige Ei neben sein Gegenstück und nahm mir die Freiheit, Letzteres zu untersuchen. Es war warm wie eine Tasse Tee.

Warum hatten die Raubmöwen nicht versucht, das Ei zurück ins Nest zu schubsen? War ihr Gehirn nicht in der Lage, eine solche Aufgabe zu bewerkstelligen?

Ich hatte damals bereits Zweifel, ob aus dem abgekühlten Ei ein Küken schlüpfen würde.

Eine Woche später lagen ein Küken und ein Ei Seite an Seite im Nest. Das Küken war ein weiches, pummeliges Etwas mit einem dunklen, vom Wind zerzausten Flaum. Es hatte die Eierschale ordentlich von innen entlang ihres größten Umfangs aufgepickt. Von diesem Tag an sah ich jedes Mal nach dem Nest, wenn ich vorbeikam. Der Nestling wuchs und gedieh, doch aus dem Ei, das eine Nacht außerhalb des Nests zugebracht hatte, schlüpfte nichts. Es blieb unversehrt und war, was Farbe und Form betraf, hübscher anzusehen als der unbeholfene graue Nestling.

Mit der Zeit wurde das Küken größer und munterer. Es saß mit erhobenem Haupt im Nest und beobachtete uns, wenn wir vorbeigingen. Das Schimpfen seiner Eltern schien etwas an Schärfe und

Lautstärke verloren zu haben; vielleicht waren sie es leid geworden, Störenfriede zu verscheuchen, die ihrem Nest doch nie etwas antaten.

An dem kalten Tag, an dem ich mich über das Watt gegen den Nordwind vorkämpfte, fragte ich mich, ob das Raubmöwenküken bereits die ersten Federn bekommen hatte. Ich bahnte mir den Weg durch die Thúfur zum Nest. Doch irgendetwas stimmte nicht. Keine Raubmöwe erhob sich in die Luft, um mich zu beschimpfen. Ich blieb stehen und lies den Blick schweifen, zu der niedrigen Felswand in der Nähe des Autos, zu den zerklüfteten Felsen auf der Stóra-Hraun-Halbinsel. Keine Spur von dem wachsamen grauen Pärchen.

Das Nest war ebenfalls verschwunden, oder vielleicht sollte ich sagen, dass ich weder das Küken noch das Blindgänger-Ei entdeckte. Ohne sie war das Nest wieder zu dem geworden, was es vorher gewesen war: ein Thúfa unter vielen.

Ich sah mich um und erspähte eine zersplitterte Sperrholzplatte, die vom Wind von der Abfallhalde auf Stóra Hraun ins Marschland geweht worden und zwischen zwei Thúfur hängen geblieben war. Das Nest hatte sich nur wenige Meter entfernt befunden.

Die Kuppe eines großen Thúfa war leicht konkav. Ich war ziemlich sicher, dass sich in dieser Mulde das Nest befunden hatte, und sah mich bestätigt, als ich im Gras eine graue Feder entdeckte. Abgesehen von dieser Feder war nichts von den Raubmöwen zurückgeblieben. Es schien, als hätten die Vögel niemals dort genistet, als hätte sich ihr Wille sich fortzupflanzen niemals auf diesen Hügel im Marschland konzentriert.

Ich stellte mir vor, was geschehen war: Ein Fuchs war vorbeigekommen. Er hatte das Nest gewittert, das Ei gefressen und den Nestling seinen Jungen mitgebracht.

Ich setzte mich auf den Thúfa. Der Wind blies heftig aus dem Hnappadalur, dessen rote Kegel deutlich hervorstachen. Über dem

Haus und der Scheune auf Stóra Hraun, auf die mir eine felsige Erhebung den Blick versperrte, kämpfte sich ein Rabe gegen den Wind voran.

Welchen Trost gibt es für Vögel, die ihre Jungen verlieren? Empfinden Vögel Trauer? Oder löschen sie jede Erinnerung an ihren Nachwuchs ebenso leicht aus, wie man ein Stück Papier zerknüllt und in den Wind wirft? Was musste passieren, damit für die Raubmöwen das Leben weiterging? Vielleicht gar nichts. Ich nahm an, dass die Normalität für sie erschreckend schnell zurückkehren würde, dass sie vielleicht schon in diesem Moment wieder ihre Kreise zogen, auf der Suche nach anderen Vögeln, die sie erbeuten, oder nach Nestern, die sie plündern konnten.

Ich dachte an meine Mutter. Da ich zuvor bereits meinen Vater verloren hatte, wusste ich, dass das Leben für mich weitergehen würde. Im Lauf der Zeit hatte der Schmerz über den Verlust nachgelassen, und was blieb, waren schöne Erinnerungen an seine Langmut und seine Liebe. Ich wollte wieder ein Leben voller Freude und Erfüllung führen. Ich wusste, dass meine Mutter das ebenfalls gewollt hätte.

Der Tod eines geliebten Menschen markiert einen Endpunkt, und er markiert keinen Endpunkt. In Island, im immer währenden Licht des Sommers, wurde die Welt zwischen dunklen Wogen der Trauer langsam heller.

Kurz nachdem Nancy und Will zu mir nach Little Lava gekommen waren, statteten uns Kristín und Jón Thór, die Kinder von Stóra Hraun, einen Besuch ab. Sie kamen keuchend über den Sumpf gelaufen, eingepackt in Skianzüge, obwohl es ein warmer Tag mit Nieselregen war. Genau diese beiden beobachteten wir ein andermal dabei, wie sie bei Flut unerschrocken vor ihrem Bauernhaus in der Lagune schwimmen gingen. Nancy rief ihnen auf Isländisch zu: »Ist es kalt?«, worauf sie entgegneten: »*Já, víst!*«, »Ja, natürlich!«

Sie hatten zwei Welpen und eine Katze dabei. Wir baten die Kinder ins Haus, die Tiere mussten draußen bleiben. Kristín und Jón Thór tranken Tee, aßen Kekse und sahen sich gründlich um, da sie neugierig waren, wie wir das alte Haus wieder auf Vordermann gebracht hatten. Sie boten uns an, uns die Katze dazulassen, damit sie die Mäuse fing. Wir bedankten uns, lehnten aber ab. Nachdem sie sich wieder auf den Heimweg gemacht hatten, ging ich ins Gartenhaus, um meinen Kajak zu holen. Eine der beiden Bachstelzen, die dort nisteten, flatterte hin und her, zur offenen Tür hinein, auf ein verwittertes Fensterbrett, weiter auf einen abgebrochenen Wandpfosten, zum Fenster hinaus und wieder herein. Der Vogel hatte eine Motte im Schnabel, aber keinen bettelnden, scharlachroten Rachen, in den er sie hätte stecken können. Die andere Bachstelze flatterte zwitschernd umher. Das Nest befand sich nicht mehr auf der Wandstrebe, sondern lag zerstört am Boden. Alle sieben Nestlinge waren gefressen worden. Sie hatten bereits ein volles Gefieder gehabt und hätten in wenigen Tagen das Nest verlassen.

Während unseres ersten Islandaufenthalts im Jahr 1986 traf ich mich im Naturgeschichtemuseum mit einem Ornithologen namens Ævar Peterson. Ich recherchierte damals für einen Artikel über Schneehühner. Am Ende unseres Gesprächs hatte Petersen gesagt: »Ich glaube, ich habe etwas, das Sie interessieren könnte.«

Er öffnete eine Schublade, in der sich Dutzende von Aquarellen des amerikanischen Malers George Miksch Sutton befanden. Peterson erzählte mir, dass Sutton die Gemälde dem Museum geschenkt hatte.

Ich betrachtete ein Rotschenkelküken, das bereit schien, auf seinen langen rötlichen Beinen vom Papier zu staksen. Ein Goldregenpfeifer präsentierte seinen schwarzen Bauch und seinen prachtvollen, goldgesprenkelten Rücken; Bauch- und Rückengefieder waren durch einen s-förmigen weißen Wirbel voneinander abgegrenzt. Eine weiße Bachstelze hockte auf einem moosbewachsenen Felsen. Ein isländischer Gerfalke mit blassgrauem Rücken und gelb umrandeten Augen stand auf Füßen mit tödlichen Krallen; das weiße Federkleid an seinen Beinen war mit hübschen schwarzen Flecken verziert, deren Form an segelnde Vögel erinnerte.

Ich hatte bereits Drucke der Gemälde in Suttons Buch *Iceland Summer*, »Islandsommer«, gesehen, das 1961 bei University of Oklahoma Press erschienen war. Sutton war 1958 mit seinen Freunden Sewell und Eleanor Pettingill nach Island gereist, die dort Vögel fotografierten. Der Maler wollte in der freien Natur eine Reihe von Zeichnungen anfertigen, die das Gefieder der zahlreichen in Island brütenden Seevögel unmittelbar nach dem Schlüpfen zeigten und das Gefieder der wenigen ebenfalls dort nistenden Sperlingsvögel beim Heranwachsen.

Bei Seltjarnarnes, in der Nähe der Stelle, wo heute das Haus von Thórdurs Eltern steht, beobachtete Sutton eine große Kolonie brütender Küstenseeschwalben, Enten, Sandregenpfeifer und Austernfischer. Ich hatte diese Kolonie im Lauf der Jahre selbst mehrere Male aufgesucht und war von den Nachfahren der Seeschwalben angegriffen worden. Sutton hätte Reykjavík beinahe nicht mehr lebend verlassen. Als er ein Bachstelzennest in einem Sumpfgebiet in der Nähe des städtischen Friedhofs aufsuchte, stürzte er in einen Entwässerungsgraben, dessen Böschung abrutschte und ihn unter sich begrub. Ein Torfbrocken von sechs Metern Länge und fast einem Meter Dicke drückte ihm Beine, Hüften, Rücken und Schultern zu Boden. Die Torfplatte verfehlte nur knapp seinen Kopf und ließ Arme und Hände frei. Im Graben floss etwas Wasser, und die Torfplatte staute es auf. Sutton betete, dass das Wasser nicht so weit steigen würde, dass er ertrank, und begann zu graben. Während er im Schlamm liegend rackerte, lauschte er den Rufen von Rotschenkeln, Goldregenpfeifern und Wiesenpiepern. »Eine Schnepfe schrie laut unmittelbar über mir«, schreibt Sutton. Er brauchte eine Stunde, um sich zu befreien. »Meine Fingernägel waren inzwischen stark abgenutzt, die Fingerspitzen bleich und schrumpelig.« Schließlich kam er frei, schlammverschmiert und heftig zitternd, doch abgesehen von einigen Schürfwunden und Verstauchungen unverletzt.

Sutton blieb zwei Monate in Island. Während er umherreiste, sah er Rotschenkel, die »zu den lautesten und selbstbewusstesten Vögeln gehören, die ich je beobachtet habe«. Er sah Eissturmvögel auf den Kliffs, »die wie Licht reflektierende Staubkörnchen vor den dunklen Felsspitzen schwebten«. Er war verwundert, als er immer wieder männliche Wassertreter entdeckte, die in Nestern hockten. Offensichtlich hatten Ornithologen in den späten 1950er-Jahren noch nicht herausgefunden, dass Wassertreterweibchen kurz nach dem Eierlegen das Weite suchen und ihren Partnern das Ausbrüten und Aufziehen der Jungen überlassen.

Den Schrei der Raubmöwe beschreibt Sutton als schrilles *Ärra-ärra*, und er beobachtete, wie eine Raubmöwe mit einem Wiesenpieper im Schnabel davonflog. Er fragte sich, wie der Zaunkönig mit seinen Stummelflügeln über die Meere hatte fliegen können, um in Island heimisch zu werden. Er nahm ein Küken aus dem Nest einer Großen Raubmöwe und erklärte, es sei »ein possierliches, plumpes kleines Wesen, das sich nicht besonders schnell fortbewegen kann und dazu neigt, sich selbst auf die Füße zu treten … Als ich es hochhob, spürte ich einen Windstoß – einer der erwachsenen Vögel hatte mich nur knapp verfehlt.«

Zu Beginn des Sommers schreibt er: »Wie sehr sehnte ich mich danach, einen Blick zu erhaschen, nur einen flüchtigen Blick von einem Seeadler, diesem majestätischen Vogel, den die Isländer *örn* nennen.« Beinahe 40 Jahre später wünschte ich mir, ich hätte Sutton eine der vielen Gelegenheiten, bei denen ich Adler gesehen hatte, abtreten können, denn der Wunsch des Vogelmalers ging während seines Islandaufenthalts nicht in Erfüllung.

Ich hatte einen Vorteil gegenüber Sutton: Während er seine Tage damit zubrachte, in einem alten Chevrolet-Pick-up kreuz und quer durchs Land zu fahren, blieb ich überwiegend an einem Ort. Ich hatte jede Menge Zeit zur Verfügung und stets mein Fernglas dabei, wenn ich spazieren ging.

Einmal saß ich spät abends gegen einen Felsen gelehnt da und blickte durchs Fernglas auf den Snæfellsjökull. Der Himmel leuchtete bernsteinfarben, die Bergspitze schimmerte tiefblau und wirkte zweidimensional, als wäre sie aus farbigem Papier ausgeschnitten worden. Aus dem Gipfel ragten die Hörner des Bergs heraus. Auf Landkarten ist der Gipfel des Snæfellsjökull mit drei Erhebungen eingezeichnet: Vesturthúfa oder »Westhügel«, Miđthúfa, »Mittelhügel«, und Norđurthúfa, »Nordhügel« – von Little Lava und aus jeder anderen Richtung, aus der ich den Vulkan betrachtet habe, konnte ich allerdings immer nur zwei ausmachen.

Ich richtete das Fernglas auf den Gletscher und bemühte mich, irgendein Detail zu erkennen: eine Gletscherspalte, einen Lavahöcker, ein Geröllfeld oder vielleicht sogar eines der Snowmobile, die Touristen über das Eis nach oben bringen. Doch der Snæfellsjökull machte keine Anstalten, eine dritte Dimension anzunehmen oder zuzugeben, dass Menschen ihn bezwungen hatten.

In großer Entfernung, aber dennoch deutlich zu erkennen, kreuzte die Silhouette eines Adlers mein Sichtfeld, der vor dem blauen Kegel vorüberflog.

Am Bug des Kajaks schwammen Federn vorbei, eine nach der anderen, getrieben von der Flutströmung und vom Wind. Die Federn waren grau-weiß gesprenkelt und an beiden Enden aufgebogen wie winzige Boote – Eiderentenfedern. Draußen auf der Sandbank mauserten sich die Erpel.

Es war ein bewölkter Tag mit Regenschauern und blauen Lücken am Himmel, und bisweilen bohrte sich ein strohfarbener Sonnenstrahl in die grüne Flanke eines Bergs. Wie so oft schwamm ein Seehund mit gewissem Sicherheitsabstand neben mir her. Ich ließ mein Paddel kreisen; seine Blätter spritzten, wenn sie in das klare Wasser eintauchten und den Kajak in sanften Schüben vorantrieben. Der Seehund tauchte unter und durchbrach einige Meter weiter mit glitzerndem Kopf und tropfenden Barthaaren die Wasseroberfläche.

Ich beugte mich bei jedem Schlag in der Hüfte nach vorn und arbeitete mich gleichmäßig voran. Mir schien, als hätte ich stets gegen die Strömung anzukämpfen, was nicht weiter verwunderlich war: Um innerhalb eines Gezeitenzyklus zu meinem Ziel zu gelangen und wieder zurückzukehren, musste ich gegen die Flutströmung in See stechen und gegen die Ebbeströmung zurückpaddeln.

Vier gedrungene Eiderenten umringten ein Dutzend Entlein. Als sie die Kleinen von mir wegdrängten, gaben sie ein tiefes, nervöses *Kor-or-or-or* von sich.

Das Kabbelwasser um die Stóra-Hraun-Inseln überspülte den Kajak mit kleinen Wellen. Hinter den Inseln, außerhalb des Flusslaufs des Haffjarđará, war die Lagune friedlich. An vielen Stellen blieb sie auch bei Flut verhältnismäßig seicht. Der Seehund wich nicht von meiner Seite, als ich auf Suđurey, die Südinsel, zusteuerte. Bald streifte mein Paddel den Sand. Der Kajak lief 20 Meter vor dem Ufer auf Grund. Meinem Seehund-Gefährten gefiel mein Anblick nicht, nachdem ich aus dem Boot gestiegen war. Er blies Wasser durch die Nase und tauchte ab.

Ich zog den Kajak an Land. Suđurey war stellenweise mit borstigem Gras bewachsen. Ich stapfte die sandige Böschung hinauf; oben angekommen, blickte ich in eine breite Mulde. Auf der gegenüberliegenden Seite der Bodensenke reckten zwei Graugänse die Hälse und verharrten regungslos, als ich sie durchs Fernglas musterte. Ich hielt nach den Jungen des Pärchens Ausschau, die sich aller Wahrscheinlichkeit nach im hohen Gras versteckten, konnte sie aber nicht entdecken. Die Gans und der Ganter hatten dunkle Augen und kräftige, rosafarbene Schnäbel. Sie rührten sich nicht von der Stelle. Ich setzte mich in den Sand und beobachtete, wie sie mich beobachteten, während ich aus meiner Wasserflasche trank und mein Mittagessen verzehrte.

Suđurey war mit der von den Eiderenten bevorzugten Sandbank verbunden. Ich konnte die Bank sehen, auf der sich Scharen schwarz-weißer und brauner Enten tummelten; die bewegte Oberfläche des Meeres dahinter war ebenfalls von zahllosen Eiderenten bevölkert. Wo die Sandbank aufs Festland traf, befand sich auf einer Anhöhe das Anwesen Skógarnes. Der Bauer hieß Trausti, seine Frau Guđríđur. Beide sprachen ein wenig Englisch und waren schätzungsweise in den Fünfzigern oder Sechzigern. Er war untersetzt und kräftig, sie eine groß gewachsene Frau mit stechenden, wachsamen Augen. Zu den Bewohnern von Skógarnes zählten außerdem eine dicke schwarze Katze namens Jósafat und ein ebenso dicker schwarzer Labrador mit dem Namen »Präsident Clinton«, den das Paar »*Clean Tone*« aussprach. Trausti und Guđríđur hatten uns einmal in ihre schmucke Küche eingeladen. Kaffee, Kuchen, Kräcker und Käse wurden auf den Tisch gestellt und eine Kanne Milch aus dem Kühlbehälter im Melkraum geholt. Während wir plauderten, ließ Guđríđur einen Kuchenbrocken nach dem andern in das sabbernde Maul von Präsident Clean Tone fallen.

Wir erzählten den beiden, dass wir auf Little Lava wohnten; die Art und Weise, wie sie nickten, verriet mir, dass sie es bereits wussten. Sie sagten uns, dass wir jederzeit auf die Halbinsel hinter ihrem Haus hinausfahren durften, um die Vögel zu beobachten, die dort nisteten – Trausti erklärte, dass der Sand bei Ebbe fest genug sei, um das Gewicht eines Autos zu tragen. Bislang waren wir allerdings nicht wieder dorthin zurückgekehrt, um Vögel zu beobachten; auf Little Lava gab es immer mehr als genug zu tun.

Als ich auf Suđurey saß, erspähten mich zwei Seeschwalben, flogen auf mich zu und belästigten mich pflichtgemäß einige

Minuten lang, ehe sie weiterzogen. Das *Gack-gack-gack* einer vorbeifliegenden Mantelmöwe drang an mein Ohr. Ein Rotschenkel stakste mit gekrümmtem Rücken an mir vorbei, drehte den Kopf, sah mich einen Moment lang an und rannte dann hysterisch kreischend davon. (War mein violetter Trockenanzug daran schuld?) Der Wind trug ein sonores Summen an mein Ohr: die Laute tausender rastender Eiderenten.

Mit einem Mal änderte sich die Tonlage leicht, und das Summen wurde intensiver. Ich blickte zuerst zu den Enten, dann in den Himmel. Hoch oben vor den Wolken war ein schwarzer Schatten zu sehen, der sich mit gleichmäßigem Flügelschlag vorwärts bewegte, ohne seine Flughöhe zu ändern. Dann hielten die langen, breiten Flügel in der Bewegung inne, und der Adler segelte dahin.

Was sah der Adler dort oben, im Reich des Winds? Den schwankenden, schaukelnden Horizont. Die aufgewühlte See und ihre halb verborgenen Fische. Die lange, gewundene Küstenlinie von Snæfellsnes. Eiderenten, im Wasser und auf dem Sand. Einen roten Kajak und einen Menschen auf einer Insel.

Der Adler flog weiter, zwischen Himmel und Erde, wie eine Seele auf einer langen Reise.

Als ich über das Watt marschierte, sah ich in der Ferne einen Schatten, der sich so schnell bewegte, dass er mich an ein Jagdflugzeug erinnerte. Der Vogel befand sich über Gamlaeyri. Ich griff rasch zum Fernglas. Er war schneller als ein Adler und wirkte entschlossener als ein Rabe oder eine Möwe. Ich war sicher, dass es sich um einen Gerfalken handelte, doch der Vogel flog so schnell, dass er bereits wieder verschwunden war, ehe ich ihn mir genauer ansehen konnte. In alten Zeiten waren isländische Gerfalken als Jagdvögel äußerst begehrt. Als Island noch eine dänische Kolonie war, forderten die Dänen den Tribut in Form von Falken ein, die sie dann an europäische Herrscher und sogar an nordafrikanische Sultane verschenkten oder verkauften.

Eines Morgens drangen mehrere heisere Krächzlaute aus dem Ofen in der Küche, in dem zu diesem Zeitpunkt kein Feuer brannte. Neugierig schlüpfte ich zur Tür hinaus, ging auf die Wiese und sah zum Kamin hinauf. Ein Rabe starrte auf mich herab. Er war glänzend schwarz, und sein Gefieder schimmerte im zunehmenden Licht. Der Rabe muss ebenso überrascht gewesen sein wie ich, denn er stieß einen kreischenden Laut aus, verließ seinen Aussichtsplatz und flog murrend über das Marschland davon.

Die Rotdrosseln in der Lava glichen flüchtigen Gedanken, die einem im Kopf umherschwirren.

Ein grauschwarzer Steinschmätzer fing akrobatisch Motten im Flug.

Ein Schneehuhn landete auf dem Dach des baufälligen Gartenhauses. Es war ein Männchen und hatte deshalb keinen Einfluss auf den Bestand. Das Schneehuhn krächzte, trat nervös von einem Bein aufs andere und bewegte den Kopf vor und zurück, während es mich beobachtete. Wir hatten seit einer Woche kein frisches Fleisch mehr gegessen. Ich hatte gerade einen Stock in die Hand genommen, als das Schneehuhn mit irrsinnigem Gackern und rauschenden Flügeln davonflog.

Schnepfen pickten auf der Suche nach Würmern zwischen den Thúfur – der alltägliche Gegensatz zu ihrem klangvollen Tanz am Himmel, der bis in den Juli andauerte.

Als Stockenten von den Teichen im Marschland aufflatterten, fing sich das Licht im schillernd grünen Gefieder ihrer Köpfe, und das Wasser fiel in kristallenen Tropfen von ihren Bäuchen.

Aus der Heide ertönte das *Tluh-ie* der Goldregenpfeifer, das so oft wiederholt wurde, dass es manchmal lästig war.

Adler zogen ihre Kreise.

Unter dem Gletscher

Wir kletterten über Blumen, Moos und Heidekraut. Man hatte das Gefühl, eine Treppe hinaufzugehen, auf der eine nasse Matratze lag. Der Wind blies ein Büschel Schafswolle über den Hang. Von weiter oben ertönte ein flötendes, blubberndes Pfeifen. Ein Vogel lief mit gekrümmtem Rücken im Zickzack zwischen den Thúfur davon. Es war ein großer, graubrauner Watvogel, mit langen, stelzenähnlichen Beinen und gekrümmtem Schnabel: ein Regenbrachvogel. Sowohl sein isländischer Name *spói* als auch sein englischer Name *whimbrel* beschreiben seinen Gesang, den Isländer mit dem Geräusch kochenden Haferbreis vergleichen.

Gary und ich blieben stehen und hielten den Atem an. Gary hatte unmittelbar zuvor zwei Wochen in Frankreich verbracht und an der Dordogne in Höhlen nach Tierbildern aus dem Pleistozän gesucht (und abends Unmengen von Köstlichkeiten verspeist, die er – wie ich ihn vorgewarnt hatte – auf Little Lava nicht aufgetischt bekommen würde); Anfang des Jahres war er nach Costa Rica gereist und hatte im Regenwald einen Vulkanausbruch beobachtet. Wie sich ein Postbote aus einer ländlichen Region Pennsylvanias solche exotischen Reisen leisten konnte, war mir schleierhaft, aber ich war froh, dass mein Freund auf dem Heimweg von Frankreich einen Zwischenstop in Island eingeplant hatte.

Nachdem wir Gary in Reykjavík abgeholt hatten, fuhr ich mit ihm nach Little Lava, während Nancy und Will in der Hauptstadt blieben. Als Geburtstagsgeschenk durfte Will auf Thórđurs Computer spielen und in der Stadt einen Abenteuerspielplatz und das

Schwimmbad besuchen, das er so gern mochte. (Wir hatten seinen achten Geburtstag mit ein paar kleinen Geschenken und einem Kuchen gefeiert, den ich im Rucksack über den Sumpf schmuggelte). Nancy und Will wollten eine knappe Woche in Reykjavík bleiben, während ich mit Gary wandern ging.

Der Aufstieg zum Kolbeinsstađafjall war lang und schweißtreibend. Wir blieben mehrmals stehen und blickten hinab auf das vulkanische Chaos im Hnappadalur. Unseren Durst löschten wir an Quellen, die aus dem Berg sprudelten, sich verbündeten, den Hang hinunterliefen, mit anderen Rinnsalen verschmolzen und in den Lachsfluss mündeten, in dessen felsgesäumtem Flussbett ihr Wasser in schwungvollen Kurven in die Lagune und schließlich in die Bucht gespült wurde.

Wir genossen einen weiteren herrlichen Sommertag – den siebten in Folge. In einer regionalgeografischen Abhandlung über Island hatte ich gelesen, dass der Himmel über Snæfellsnes im Durchschnitt an mehr als 200 Tagen im Jahr bedeckt ist. An diesem Tag hingen einige Wolken am Himmel, aber es sah nicht nach Regen aus. Ich hoffte auf ein mehrtägiges Sturmtief, damit Gary einmal am eigenen Leib echtes isländisches Wetter erleben konnte – schließlich hatte ich mich oft damit gerühmt, es ertragen zu haben. Außerdem machte ich mir Sorgen um unsere Wasserquelle auf Little Lava: Bischof Guđmundurs Segnung zum Trotz war der Wasserstand der Quelle niedrig und fiel jeden Tag weiter.

Wir warfen einen Blick auf die topografische Karte und beschlossen, einen Bergsattel zwischen dem Kolbeinsstađafjall und einem steilen Gipfel namens Hrútaborg, »Widderfestung«, anzusteuern. Als wir uns dem Grat näherten, toste der Wind wie ein Wasserfall, und wir wichen auf den Sattel aus. Mit dem Wind ist in Island nicht zu spaßen; hin und wieder werden Menschen von den Kliffs geweht. Der schottische Geistliche Robert Jack war in den 1940er-Jahren für den lutherischen Pfarrbezirk auf Grímsey zuständig, einer Insel vor der Nordküste Islands. Die Kliffs von

Grímsey erheben sich fast 100 Meter über das Meer. Um seine Kinder vor Sommerböen zu schützen, brachte Jack ihnen bei, sich beim ersten Windstoß auf den Boden zu werfen und dort liegen zu bleiben, bis der Wind wieder abflaute.

An diesem Tag war der Wind eher gleichmäßig stark als böig und hinterhältig und sorgte nach dem Aufstieg für Abkühlung. Wir suchten uns einen Felsen und setzten uns auf seine windabgewandte Seite, wo uns die Sonne wieder aufwärmte.

Auf der gegenüberliegenden Seite des Sattels lag Hítardalur, das »Tal des heißen Flusses«, durch das der Hítará, der »heiße Fluss« strömte, dessen Name daher rührte, dass sein Wasser von unterirdischem Magma aufgeheizt wurde. Die Talsohle war ein aberwitziges Flickwerk aus gelbbraunen, schwarzen und tonfarbenen Lavaströmen. In Richtung Bucht lagen die Mýrar, die Marschen, flach und grün und von den Schatten der Wolken gefleckt. Ein großer Teil der Mýrar war für die Landwirtschaft trocken gelegt worden. Überall auf den Feldern lagen runde, in weiße Plastikplanen gewickelte Heuballen; aus unserem Blickwinkel sahen sie aus wie Pilze, die hier und dort auf den Wiesen wuchsen.

Jenseits der Moore oberhalb des Hnappadalur war Breiðafjörður zu sehen; hinter dieser inselreichen Bucht erhoben sich die bergigen Westfjorde, die vom weißen Streifen des Drangajökull überragt wurden, dem »Gletscher des einsam aufragenden Felsens«. Meiner Karte zufolge war der Gletscher etwa 135 Kilometer entfernt, trotzdem konnte ich ihn so klar sehen wie einen Eisbrocken zu meinen Füßen. Auf der Suche nach dem Langjökull, dem »Langen Gletscher«, der größer und näher war als der Drangajökull, ließ ich den Blick nach Osten wandern, doch die hohen Berge versperrten die Sicht.

Die Gipfel von Snæfellsnes erstreckten sich bis zum Snæfellsjökull am Ende der Halbinsel. Der Gletscher glitzerte in der Mittagssonne unter einer seltsamen Wolkenformation, die aussah wie ein Stapel von fünf weißen, knapp übereinander schwebenden

Tabletts. Gary war beeindruckt von der Schönheit des Bergs und machte viele Fotos von ihm.

Jahrhundertelang hatte man angenommen, der Snæfellsjökull sei der höchste Berg Islands, da er, allein stehend, sich in seiner ganzen Pracht erhebt. Mit einer Höhe von 1446 Metern ist er jedoch einige hundert Meter niedriger als verschiedene andere Erhebungen. Auf dem Gipfel des Bergs, eingebettet zwischen zwei hornartigen Zacken, befindet sich ein mit Eis gefüllter Krater. Der Gletscher gehört zu den kleinsten in Island und war in den letzten warmen Jahrzehnten starkem Abschmelzen, so genannter Ablation, unterworfen; heute ist er nur noch etwa halb so groß wie vor hundert Jahren.

Diejenigen, die in der Nähe des Snæfellsjökull wohnen, leben im Volksmund *undir jökli,* »unter dem Gletscher«, eine Formulierung, die »im Bann des Gletschers« zu implizieren scheint. Islands bedeutendster Romanschriftsteller ist Halldór Laxness, dem 1955, nach dem Erscheinen seines Meisterwerks *Unabhängige Menschen,* der Nobelpreis für Literatur verliehen wurde. Zu seinen Werken zählt ein Roman mit dem Titel *Am Gletscher*. Über den Snæfellsjökull schreibt Laxness: »Des Nachts, wenn die Sonne hinter den Bergen steht, wird der Gletscher zu einem stillen Schattenbild, das in sich selbst ruht und Menschen und Tieren das Wort »nie« zuatmet, das vielleicht »stets« bedeutet.« Und: »Oft hört man von hellseherischen Leuten, dass ihre Seele den Körper verlassen kann. Das passiert dem Gletscher nicht. Doch das nächste Mal, wenn man wieder hinsieht, hat der Körper den Gletscher verlassen, und die Seele ist übrig, in Luft gehüllt.«

Der Snæfellsjökull ist ein Furcht erregender Anblick, ob man ihn von einem Berggipfel aus 80 Kilometern Entfernung betrachtet, von Reykjavík auf der anderen Seite der Bucht oder von den einsamen Fischerdörfern an seinem Fuß. Er ist Berg, Gletscher und Vulkan zugleich und verlangt in jeder seiner Rollen Beachtung. Ich konnte mich nie an ihm satt sehen. Dem Snæfellsjökull schien irgendeine Kraft innezuwohnen, und diese Kraft war potenziell vernichtend.

Zu den ersten Menschen, denen es gelang, den Snæfellsjökull zu bezwingen, gehörten die Isländer Eggert Ólafsson und Bjarni Pálsson, dieselben beiden wegbereitenden Naturforscher, die auch ein Seil über den Krater des Eldborg spannten. Sie bereisten Mitte des 18. Jahrhunderts ganz Island und machten Notizen über alles, von Seeadlern bis hin zu Sandpieren, von den Nutzungsmöglichkeiten heißer Quellen (zum Waschen von Kleidung, Erwärmen von Milch, Kochen von Gemüse und zum Einweichen von Holz und Knochen, um sie geschmeidig genug zu machen, damit sie zu Fassreifen und anderen Gegenständen verarbeitet werden konnten) bis hin zu den Formen von Sätteln und Satteltaschen, die sich von Region zu Region unterschieden. Sie verzeichneten die auf Snæfellsnes vorherrschenden Seewinde und bezeichneten sie als »überaus häufig und stürmisch«. Ihr Buch *Reise durch Island* wurde 1774 aus dem Dänischen ins Deutsche und 1805 unter dem Titel *Travels in Iceland* ins Englische übersetzt.

Eggert und Bjarni begannen die Besteigung des Snæfellsjökull am 1. Juli 1753. Bevor sie aufbrachen, wurden sie von den Einheimischen gewarnt, dass sie den Berg nicht besteigen könnten, da er zu steil sei, dass verschiedene Gletscherspalten unpassierbar seien, dass das vom Eis reflektierte Sonnenlicht sie erblinden lassen würde und ihnen Geister, Trolle und Riesen auflauern würden. Im Gepäck hatten die beiden einen Kompass, einen Höhenmesser, ein Barometer, ein Thermometer, Kletterseile, Schals aus schwarzem Krepp, um sich die Augen verbinden zu können, wenn das Licht zu grell wurde, und einen mit Ammoniak getränkten Schwamm zum Inhalieren, falls sich die Luft als zu dünn und schwindelerregend erweisen sollte. Bis zur Schneegrenze ritten sie auf Pferden, dann gingen sie zu Fuß weiter. Nach elfstündigem Aufstieg erreichten die Forscher die Spitze des Miđthúfa oder »Mittelhügel«, den höchsten Punkt des Berges. Die Temperatur auf dem Gletscher betrug minus 4 Grad. Die Kompassnadel drehte sich unstet. Vom Gipfel aus sahen Eggert und Bjarni ausgedehnte Schlackefelder und Bimsstein-, Asche- und Felsablagerungen, die, wie die beiden richtig vermuteten, von dem Vulkan unter ihren Füßen ausgestoßen worden waren.

Als wir auf den fernen Bergkegel blickten, erzählte ich Gary eine Geschichte, die wir von den Bewohnern von Stóra Hraun gehört hatten: Vor langer Zeit lebte ein Troll in einer Höhle des Snæfellsjökull. Er hatte eine Trollfreundin, die im Hnappadalur wohnte. Eines Tages beschloss die Trollfrau, ihren Liebhaber am Ende der Halbinsel zu besuchen, und machte sich mit etwas Skyr auf den Weg zu ihm. Trolle werden zu Stein, wenn sie außerhalb ihrer Höhlen vom Tageslicht überrascht werden, und die Trollfrau stellte auf dem Weg zur Behausung ihres Liebhabers fest, dass die Morgendämmerung nahte. Voller Hast warf sie ihre Skyreimer hin und ließ ihr Pferd zurück – von der Sonne versteinert, wurden die Eimer zu zwei Bergen, die den Namen Skyrtunna, »Skyreimer«, erhielten, und das Ross verwandelte sich in einen Gipfel namens Hestur, »Pferd«. Die Trollfrau kam noch ein Stück weiter. Heute rastet sie neben einem der Bergpässe über Snæfellsnes als steinerner Turm auf dem Kerlinggarfjall, dem »Berg der alten Frau«.

Wir arbeiteten uns auf der Rückseite des Grats vor zu einer Gesteinsformation namens Tröllakirkja, »Trollkirche«. Kreuz und quer durchs Gras verliefen Schafspuren. Das helle Blöken eines Lamms, das vielleicht seine Mutter verloren hatte, drang aus dem Hítardalur zu uns herauf. Überall im Tal weideten Schafe auf abenteuerlich steilen und steinigen Hängen. Die Felswände zu unserer Rechten waren beinahe senkrecht und vom Frost zerbröckelt. Wir bahnten uns den Weg über einen schmalen Pfad. Eigentlich wollten wir die Tröllakirkja erklimmen, doch ihre Flanken waren zu steil und zu brüchig. Auf allen vieren kämpften wir uns durch eine Kerbe zwischen der Trollkirche und einer anderen zerklüfteten Felsspitze zu einem Felsvorsprung und weiter zu einem kleinen Bergsee vor, der von schmelzendem Schnee genährt wurde.

Anschließend kletterten wir den Kolbeinsstaðafjall auf derselben Route wieder hinunter, auf der wir aufgestiegen waren. An der Straße begegneten wir deutschen Touristen, zwei Frauen und zwei Männern, die uns fragten, ob wir Englisch sprächen. Sie erkundigten sich nach dem Weg zu einem nahe gelegenen Bauernhof, auf dem es eine Lavahöhle mit sehenswerten Gesteinsformationen geben sollte. Ich breitete meine Karte auf der Motorhaube des Wagens aus und zeigte ihnen, wie sie zu dem Hof kamen. Ich fragte mich, ob sie mich für einen der vielen zweisprachigen Isländer hielten.

Gary und ich stiegen ins Auto und machten uns auf den Rückweg nach Little Lava. Auf meiner Karte war nicht weit von der Straße nach Stóra Hraun eine *hver* in der Lava eingezeichnet. Wir stellten den Wagen ab und folgten einem ausgetretenen Pfad durch die Heide. Hver bedeutet »Kochkessel« und bezeichnet eine heiße Quelle. Vermutlich wärmte besagte Quelle bereits seit dem Zeitalter der Besiedlung erschöpfte Menschen. Hatte auch der legendäre Anführer Sel-Thórir in ihr gebadet? Die dampfende Öffnung war von Steinplatten mit abgerundeten Kanten umgeben. Das überfließende Wasser ergoss sich aus der Quelle in einen mit Riedgras bewachsenen Teich. Eine niedrige Felswand bot Schutz vor dem Nordwind. Am Fuß der Wand stand ein Blumentopf mit blau blühenden Lupinen und einem kleinen Kreuz aus angelaufenem Metall. Die Hver war heißer als alle Heißwasserbecken in den öffentlichen Schwimmbädern, die ich in Island besucht hatte. Wenn man sich auf die flachen Steine auf ihrem Boden setzte, befand sich das Kinn unmittelbar über dem Wasserspiegel.

Das Rauschen des Winds in den Birken. Eine Schnepfe auf der Flucht. Unsere zufriedenen Blicke. Die Aussicht auf messerscharfe, blaue Berge.

Der alte Mann mähte in gebückter Haltung den Rasen um die Grabsteine auf dem Friedhof. Seine Sense biss sich in kleinen effizienten Bögen durchs Gras. Die Klinge des Werkzeugs war gekrümmt wie der Schnabel eines Regenbrachvogels. Steinplatten und eiserne, von der salzigen Luft verrostete Kreuze schmückten die Gräber.

»Wenn ihre Wiesen ebener wären, wäre die Heuernte wesentlich einträglicher, und sie könnten größere Sensen verwenden, deren Sensenblätter länger sind als zwei Fuß.« (Der in Watertown, New York, geborene Journalist und Globetrotter Pliny Miles besuchte Island 1852. Sein Reisebericht erschien 1855 unter dem Titel *Eine Nordfahrt* in deutscher Übersetzung. Auf dem Weg nach Ägypten, wo er von der Eröffnung des Suezkanals berichten wollte, starb Miles im Alter von 47 Jahren auf der Insel Malta.)

Der alte Mann hörte auf zu mähen und richtete sich auf. Das stehende Gras vor ihm war dunkelgrün, im gemähten, fächerförmig ausgebreiteten Gras fing sich das goldene Sonnenlicht. Er starrte Gary und mich an, genau genommen in erster Linie Gary, der einige Aufmerksamkeit erregte; Gary hatte wallendes graues Haar und einen buschigen Bart, und Isländer tragen ihr Haar in der Regel kurz und sind glattrasiert.

Der alte Mann war dünn und gebeugt und hatte sich seit geraumer Zeit nicht mehr rasiert. Seine Brille hing ihm schief auf der Nase. Auf dem Kopf trug er eine Schildmütze aus einem neuartigen Kunstfasermaterial mit wildem Farbmuster, sicherlich – so stellte ich mir vor – ein Geschenk eines Sohns oder einer Tochter, die in die Stadt gezogen waren. Er hieß Ásmundur, Ásmundur von Akrar oder »Kornfelder«, einem der ältesten Gehöfte, die im *Landnámabók* verzeichnet sind.

»*Talar thú ensku?*«, fragte ich den alten Mann und rechnete damit, dass seine Antwort *nei*, er spreche kein Englisch, lauten würde.

Er lächelte schelmisch. »*Talar thú íslensku?*«

Ich lachte und schüttelte den Kopf. Dann machte ich eine Gehbewegung mit zwei Fingern, deutete auf die flache Landzunge, die sich hinter der Kirche in die Bucht streckte, und tippte auf das Fernglas, das ich um den Hals hängen hatte. »*Fulgar*«, sagte ich, was »Vögel« bedeutet.

Ásmundur nickte und machte eine Bemerkung über unser *bíll*, unser Auto; ich nahm an, er wollte nicht, dass wir damit auf die Landzunge hinausfuhren. Dann senkte er sein graues Haupt und mähte weiter. Ich war mir ziemlich sicher, dass wir die Erlaubnis erhalten hatten, auf Akranes hinauszuwandern, eine fast fünf Kilometer lange, sandige Landzunge, auf der, wie ich gehört hatte, zahlreiche Vögel nisteten.

Als Erstes mussten wir jedoch bei den Seeschwalben Spießruten laufen.

Die Seeschwalben nisteten auf einer Wiese voller Unkraut hinter der Kirche. Sie erhoben sich scharenweise in die Luft, leiteten einen entschlossenen Angriff auf unsere Köpfe ein, bombardierten uns in einem fort mit Exkrementen und, was noch zermürbender war, erhoben im Chor zu hunderten ihre Stimme zu kreischenden Warnrufen. Der Geistliche Robert Jack trug auf Grímsey als Schutz vor Verletzungen durch Seeschwalbenschnäbel unter seinem Hut immer einen Untersetzer aus Kork. Die Seeschwalben trieben uns durch eine Lücke in den Dünen hinunter zum Strand, wo sie uns, solange wir durch die Ausläufer der Wellen stapften, unter gelegentlichen Scheinangriffen und Verwünschungen unseres Wegs ziehen ließen.

Die Seeschwalben pendelten zwischen den Untiefen vor der Küste und ihrer Kolonie hin und her und brachten Fische für ihre Jungen mit. Die Brandung war sanft, und die Sonne wärmte uns das Gesicht. Aus der plätschernden See, in der sich der türkisfarbene Himmel spiegelte, ragten Inseln mit schwarzen Kliffs. Im Südwesten lagen die Hvalseyjar, die »Walinseln«. Die größte war Húsey, die »Hausinsel«, auf der sich ein kleines, quaderförmiges

Gebäude für Eier- und Daunensucher befand. Bevor ich nach Island kam, hatte ich geplant, von Little Lava aus im Kajak die Küste etwa 20 Kilometer weit hinunterzufahren; ich wollte mehrere Tage in der Nähe der Hvalseyar bleiben, in der Eiersucherhütte oder in einem kleinen, mitgebrachten Zelt schlafen und dann wieder zurückpaddeln – ein ziemlich abenteuerliches Unterfangen.

Vorüberhuschende Schatten ließen uns zusammenzucken. Diesmal handelte es sich jedoch nicht um eine Schar Seeschwalben, die einen Überraschungsangriff einleiteten.

Eine Möwe jagte vorbei, dicht gefolgt von einer Raubmöwe. Sobald die weiße Möwe die Richtung änderte, tat es ihr die dunkle Raubmöwe gleich. Wie hastig die Möwe auch mit den Flügeln schlug, die Raubmöwe war schneller. Vermutlich hatte sich die Möwe irgendetwas Fressbares geschnappt und es verschlungen, und die Raubmöwe war entschlossen, sie dazu zu bringen, den Leckerbissen wieder auszuspucken. Der Name »Raubmöwe« kommt nicht von ungefähr.

Die Möwe flog mit der Raubmöwe im Schlepptau aufs Meer hinaus und schrie dabei, als würde sie getötet. Beide Vögel waren gleich groß, und der dunkle hätte der Schatten des hellen sein können. Als die Möwe in den Sturzflug ging, stürzte sich die Raubmöwe hinterher. Knapp über der Wasseroberfläche schlug die Möwe wieder mit den Flügeln und jagte in Richtung Land. Die Raubmöwe vollführte dasselbe Manöver.

Die Verfolgungsjagd ging über dem Meer, dem Strand und den Dünen noch einige Zeit weiter. Plötzlich brach die Raubmöwe die Verfolgung ab. Die Möwe schwenkte in eine Richtung, die Raubmöwe in die andere. Es schien keinen besonderen Grund zu geben, weshalb die Raubmöwe genau in diesem Moment von der Möwe abließ. Die Möwe hörte auf zu kreischen, die Raubmöwe flog zügig und geschäftig davon.

Wir setzten unseren Weg über den festen Sand fort. Gary trug

Gummistiefel, die ihm Kristján von Stóra Hraun geliehen hatte. Wir sprachen nicht viel miteinander, aber es war angenehm, in Begleitung spazieren zu gehen.

Das Klatschen und Rauschen der kleinen Wellen erfüllte unsere Ohren. Am Strand lagen lange, verdrehte Stränge von olivgrünem und rotbraunem Seetang. Jedes der gummiartigen Gewächse hatte einen kräftigen Stängel, der über ein wurzelähnliches, handförmiges Haftorgan mit den rundlichen Felsen verbunden war. Kleine glatte Steine, schwarz mit weißen Punkten, tanzten wie winzige Schwertwale im Sog der Wellen.

Die Ebbe hatte eingesetzt. Die Wellen liefen auf die Schräge des Strands, machten Halt, zogen sich wieder zurück und versanken im Sand. Wo sich das Wasser am weitesten vorarbeitete, ließ es winzige schwarze Körnchen zurück, offenbar die schwerfälligsten der Bestandteile, die es mit sich trug. Wenn die Wellen dann wieder zurückwichen, luden sie die orangefarbenen, rotbraunen und weißen Muschelscherben ab, die den Stränden von Löngufjörur ihre charakteristische goldene Färbung verliehen. Das Resultat des ganzen Strömens und Spülens war, dass jede Welle an ihrem Umkehrpunkt einen markanten schwarzen Streifen hinterließ, nicht breiter als drei Millimeter. Nachdem die Ebbe eingesetzt hatte, war der gesamte vordere Teil des Strands mit schwarzen Linien überzogen.

Die Brise wehte einen Duft zu uns. Neugierig stapften wir durch eine Lücke in den Dünen. Der ausgeprägt süßliche Geruch schlug uns entgegen. Er stammte von zierlichen gelben Blumen, die überall aus dem sandigen Boden wuchsen. Meinem Pflanzenführer zufolge handelte es sich um Echtes Labkraut, *Galium verum*, auf Isländisch *gulmaðra* oder »Goldkrapp«.

An ihrem Ende wurde die Landzunge Akranes breiter und machte einen Knick zurück in Richtung Festland. Die Ebbe hatte eine schwarze Felsformation freigelegt. Die Alpenstrandläufer, die auf den Felsen rasteten und schliefen, rührten sich nicht von der

Stelle, als wir zwischen ihnen hindurchspazierten. Wir wateten durch klare Pfützen, kletterten über algenbewachsene Steine und bahnten uns den Weg zum äußersten Ende der Landzunge. Im Meer schwammen hunderte von Eiderenten, dunkle Entlein zwischen wachsamen Erwachsenen. Weiter vom Ufer entfernt schwammen Lummen im Wasser, kleine schwarze Seevögel mit weißen Schulterflecken. Ein Papageitaucherpärchen flog mit schwirrenden Stummelflügeln vorbei und landete mit einer weißen Fontäne im Wasser.

Wir setzten uns in die Sonne. In diesem Augenblick wäre ich an keinem tropischen Strand der Erde lieber gewesen. Ich stellte mir vor, wie ungemütlich Akranes sein musste, wenn Atlantikstürme darüber hinwegfegten: das Heulen des Winds, die von der Brandung aufgeworfene Gischt, das Schlagen der Wellen gegen die Felsen, die aufgewühlte Faxaflói, die »Bucht der Mähnen«, deren Schaumkronen den Mähnen tausender Pferde glichen, die gegen das Ertrinken kämpften.

Mantelmöwen standen paarweise herum, reglos, gebieterisch, die dunklen Flügel an ihre weißen Seiten angelegt. Dutzende der riesigen Vögel kreisten über uns und taten ihre Missbilligung in heiseren Tönen kund.

Vor uns befanden sich unzählige Nester. Es handelte sich um einfache, schüsselförmige Vertiefungen, die mit Moos ausgekleidet waren. Ein ekelhafter Geruch, der an den Gestank in einem Hühnerstall erinnerte, erstickte den Duft des blühenden Labkrauts.

Mantelmöwen legen ihre Eier zwischen Ende April und Anfang Mai. Die Jungen schlüpfen innerhalb eines Monats und werden weitere acht Wochen später flügge. Wie die anderen Vögel hatten es auch die Mantelmöwen in diesem Jahr offenbar besonders eilig. Wir schrieben den fünften Juli, und die Jungen hatten bereits ihre Nester verlassen.

Gary winkte mich zu sich. Zwei junge Mantelmöwen kauerten im Gras. Sie waren in blassgrauen Flaum gehüllt, der an Kopf und Rücken schwarze Flecken aufwies. Ihre Körper waren zwar schon recht groß, aber in ihre riesigen, mit Schwimmhäuten versehenen Füße mussten sie erst noch hineinwachsen.

Mantelmöwen nisten in ganz Island: auf sandigem Ödland und auf flussreichen Ebenen, auf Bergen, Felsinseln, Inseln in Seen und Flüssen, in Lavafeldern und auf Gletschermoränen. Sie nisten in Oasen mitten in der Mondlandschaft der Hochebenen im Landesinnern und auf Felsspitzen, den so genannten *nunatuks* – diese Bezeichnung stammt aus dem Grönländischen –, die aus den Gletschern herausragen. Die Vögel müssen an derart abgelegenen, abweisenden Orten nisten, weil sie von Isländern, die ihre Eiderentenkolonien schützen wollen, bis heute beharrlich verfolgt werden.

Ich hatte gehört, dass Ásmundur von Akrar einer der wenigen Bauern im Südwesten Islands war, die noch immer darunter litten, dass eine Mantelmöwenkolonie auf ihrem Land nistete. Ásmundur verlangte dafür eine Gebühr in Form von Eiern, die er für den Eigenverbrauch und für den Verkauf auf dem Markt einsammelte.

Gary und ich marschierten durch dichten Stranddreizack, der zwischen der Wiese und dem Strand wuchs. Am Strand stießen wir auf Dutzende junger Austernfischer. Sie sahen ihren schwarzweiß gefiederten Eltern recht ähnlich, nur hatten die Jungen dunkle Schnäbel und Füße, während die der Erwachsenen leuchtend orangefarben waren. Außerdem war das Federkleid der jungen Vögel matter und spärlicher, was sie schmutzig aussehen ließ. Da sie noch nicht fliegen konnten, sausten sie zwitschernd aufs Meer zu, wenn wir auch nur einen Schritt in ihre Richtung machten.

Wenige Meter vom Ufer entfernt schwamm ein halbes Dutzend winziger Wassertreter. Sie hatten einen braunen Rücken, ihr Kopf und ihre Brust waren grau und ihren ziegelroten Hals zierte vorn ein weißer Fleck. Die Vögel waren auf Nahrungssuche und drehten daher auf dem ruhigen Wasser enge Kreise. Hin und wieder stieß einer mit seinem nadelspitzen Schnabel zu und schnappte sich einen winzigen Bissen, den der Strudel seiner Kreisbewegung an die Oberfläche gebracht hatte.

Wir machten uns auf den Rückweg. Aus den sanft plätschernden Wellen vom Vormittag war eine donnernde, einen Meter hohe Brandung geworden. Der Gezeitenwechsel hatte eingesetzt und den Strand verschmälert.

Vor uns standen drei junge Möwen, die älter und größer waren als die Küken, die wir in der Kolonie gesehen hatten. Weiter unten am Strand befand sich ein Pärchen erwachsener Mantelmöwen. Die Jungen ließen uns bis auf wenige Meter an sich heran, dann liefen sie panikartig davon. Sie flüchteten jedes Mal nach unten zum Wasser, anstatt nach oben in Richtung Dünen. Von unserem langen Spaziergang erschöpft, hatten wir keine Lust, durch den weichen Sand zu stapfen, um einen Bogen um die verschreckten Jungvögel zu machen. Stattdessen gingen wir weiter am Strand entlang und scheuchten die Möwen, die noch nicht fliegen konnten, vor uns her. Ihre Eltern erhoben sich immer wieder in die Luft, beschimpften uns, segelten ein Stück weiter und landeten. Dieses Schauspiel zog sich über fast anderthalb Kilometer hin, bis die jungen Möwen mit ihren Kräften am Ende waren. Ihre Schnäbel standen offen, und sie keuchten.

Schließlich torkelte einer der jungen Vögel in den feinen Sand, wo er resigniert abwartete, was mit ihm geschehen würde. Die anderen beiden versuchten, sich durch die Brandung an uns vorbeizumogeln, und wurden dabei von einer Welle erfasst. Einer der beiden wurde auf den Strand gespült, wo er sich hilflos hinkauerte. Sein Kamerad nahm Kurs aufs offene Meer; er wurde von einem zweiten Brecher überrollt und von der Rückströmung seewärts gezogen. Die junge Möwe tauchte mit durchnässtem Gefieder hinter der Brandungszone auf und schwamm unsicher dahin. Sie schien überrascht zu sein, dass es tatsächlich möglich war zu schwimmen. Dann ruderte sie entschlossen davon. Sie war im Wasser ebenso zu Hause, wie sie es in der Luft sein würde.

Am nächsten Morgen packten Gary und ich Proviant und Regenbekleidung in unsere Rucksäcke. Der Tag war windig und bewölkt; es sah aus, als könnte das Wetter umschlagen.

Auf der Hauswiese flatterte ein Steinschmätzer von einem Schafkothaufen zum nächsten und schnappte die schwerfälligen, senffarbenen Fliegen auf, die über den Exkrementen ihre Schleifen flogen. Der isländische Name für diesen unscheinbaren, in Grau, Weiß und Braun gekleideten Vogel lautet *steindepill*, »Fleck auf einem Stein«. Sein englischer Name *wheatear* leitet sich von »weißes Hinterteil« ab.

Wir marschierten auf dem Thrællyndisgata los und nahmen bald einen Pfad nach Süden namens Króksvegur.

Nancy und ich hatten vom Króksvegur auf ungewöhnliche Weise erfahren. Nancy war allein in der Lava gewandert. Als sie um eine Kurve bog, stand ihr plötzlich ein Mann mit einem Gewehr in den Händen gegenüber. Er starrte sie an und war ebenso überrascht, jemanden zu treffen, wie sie. Nancy grüßte ihn auf Isländisch. Der Mann stammte aus dem Hnappadalur. Er war mit Kristján von Stóra Hraun auf Fuchsjagd; Kristján war gerade irgendwo anders in der Lava unterwegs. Der Mann zeigte Nancy einen Pfad, den er Króksvegur nannte. Er war mit Steinhügeln markiert. Wir wanderten auf ihm, und er erwies sich als nützlich bei unseren Erkundungstouren.

Gary und ich folgten dem Króksvegur etwa anderthalb Kilometer weit, ehe wir ihn wieder verließen. Unser Ziel war Selfit, die »Seehundspitze«. Die letzten hundert Meter legten wir in gebückter Haltung zurück. Dann blieben wir hinter einem Lavawall stehen. Eine Felsspalte führte zur Lagune. Der Durchgang war brusthoch, hatte zerklüftete Wände, und sein Boden war mit einem Teppich aus Habichtskraut, Farn und Wiesenstorchschnabel bedeckt, dessen blauviolette Blüten im weichen Licht zu glühen schienen.

Die Spalte brachte uns zu einer Art Brustwehr aus Lava. Wir spähten durch Ritzen in der Wand. In etwa 50 Metern Entfernung lagen zwei Dutzend Seehunde auf einem Felsen, der sich ins Wasser streckte. Es handelte sich um graue Seehunde, die auch als »Herbstseehunde« bezeichnet werden, da die Weibchen ihre Jungen zu dieser Jahreszeit bekommen. Die Seehunde machten einen wohlgenährten Eindruck. Sie lagen auf der Seite oder auf dem Bauch. Der größte von ihnen schien über zwei Meter lang zu sein. Ihr hellgraues Fell war mit dunklen Flecken gezeichnet, ihre Augen und Nasen waren schwarz. Sie dösten niemals alle gleichzeitig: Mindestens ein Kopf war immer erhoben, mindestens eine Nase ragte immer schnuppernd in den Wind.

Der Lavawall vor uns war niedrig und bot kaum Sichtschutz. Wir krochen auf allen vieren von der Lücke weg, wurden aber trotzdem beobachtet. Die Seehunde schnaubten und grunzten, krümmten den Rücken und robbten bäuchlings vom Felsen. Ihre geschmeidigen grauen Körper plumpsten ins Wasser. Nachdem sich das Platschen gelegt hatte, tauchten ihre Köpfe aus der Bucht auf wie kreuz und quer gesetzte Zaunpfosten.

Wir verhielten uns still; die Seehunde rührten sich nicht von der Stelle und beobachteten uns. Die Neugier von Seehunden ist in Island Legende. Eine Fangmethode vergangener Zeiten bediente sich eines kleinen Fasses, das an ein Seil gebunden und in einem schmalen Priel hin und her gezogen wurde; Seehunde, die herbeischwammen, um ihre Neugier zu befriedigen, verfingen sich in einem verborgenen Netz. Manche Jäger füllten Hornspäne in eine Kiste, zündeten die Späne an und ließen die Kiste in der Nähe eines Netzes schwimmen. Der seltsame, beißende Geruch lockte Seehunde an.

Die gefangenen Seehunde wurden vollständig verzehrt. Kopf und Flossen wurden nach dem Abbrennen der Haare gepökelt und galten als Delikatesse. Teile des Herzens wurden zusammen mit Streifen aus den Flanken in das Zwerchfell gewickelt und anschließend in gesäuberte Gedärme gesteckt; auf diese Weise entstand die begehrte *selabaggi* oder »Seehundtasche«, die man gepökelt oder roh zu essen pflegte. Man band Bücher in Seehundhaut ein und trug Schuhe aus Seehundfell. Aus einem Gemisch aus Seehundöl und Talg wurde Butter hergestellt. Seehundöl galt außerdem als das beste Öl zum Backen von Brot und Kuchen. Seehundblut diente zur Holzversiegelung an Gebäuden. Mit Teer bestrichene Seehundmägen wurden zu Schwimmflügeln für Kinder umfunktioniert.

In Island werden Seehunde noch heute wegen ihres Fells und ihres Fleisches gefangen. Einmal betrat ich mit Nancy den Scheunenhof eines isländischen Anwesens, wo der Bauer und seine Frau auf einem Tisch gerade einen Seehund häuteten. Als wir eines Tages auf Skógarnes Halt machten, zeigten uns unsere Nachbarn Trausti und Guðriður stolz einen selbst gedrehten Videofilm, in dem ein Verwandter mit dem Gewehr einen Seehund erschoss und bis zum Hals ins Wasser watete, um ihn an Land zu ziehen; anschließend wurde er fachmännisch zerlegt. Trausti erzählte uns, dass er früher selbst Seehunde gejagt, es inzwischen aber aufgegeben habe, weil der Preis für das Fell so stark gesunken sei – eine Entwicklung, für die er Brigitte Bardot verantwortlich machte, die sich seit Beendigung ihrer Schauspielkarriere für den Tierschutz engagiert. In den Vereinigten Staaten lernte ich einmal eine Frau kennen, die erwähnte, dass sie in Betracht gezogen hatte, in Island Urlaub zu machen, sich dann aber doch dagegen entschied, weil sie es nicht ertragen hätte, unter Menschen zu sein, die Seehunde und Wale töten.

Von Selfit marschierten Gary und ich durch die Lava nach Snorrastađir. Unterwegs sahen wir den Adlerhorst auf der Insel in der Kaldá-Flussmündung. Durchs Fernglas entdeckten wir ein braunes Häufchen, bei dem es sich um einen jungen Adler handelte.

Vielleicht war er der einzige Adler, der in diesem Sommer in der Nähe von Little Lava heranwachsen würde. Nancy, Will und ich hatten noch einmal nach dem Horst neben dem Thrællyndisgata gesehen und festgestellt, dass er verlassen worden war. Ich erklomm die Felsspitze, sah das Ei im Horst liegen und berührte seine glatte, kalte Schale. Von Stóra Hraun rief ich Kristinn Skarphéđinsson an, den Ornithologen im Staatsdienst; er bat mich, das Ei mitzunehmen, er würde es bei mir abholen. Doch als ich einige Tage später zurückkehrte, war das Ei verschwunden. Ich nahm an, dass sich ein Rabe damit aus dem Staub gemacht hatte, erfuhr später jedoch, dass ein Kollege von Kristinn vor mir da gewesen war.

Auf Snorrastađir wurden Gary und ich von Haukur begrüßt, der sich gerade in seinem ramponierten Volvo auf den Weg machen wollte; wir entgingen um ein Haar einer Einladung zum Kaffee.

Von dort schlugen wir den Weg ein, der auf den Eldborg führte. Oben angekommen, kletterten wir auf dem steilen Pfad in den Krater hinab. Im Innern des Bergs stand die Luft still. Die Sonne schien schwach durch die Wolken. Es herrschte völlige Stille. Nachdem wir wieder nach oben geklettert waren, gingen wir am Kraterrand entlang zum Nordhang. Beim Abstieg zur Lava rutschten unsere Stiefel über das Geröll.

Auf meiner Karte war deutlich ein Pfad über das Lavafeld eingezeichnet, der nördlich des Kraters von Osten nach Westen führte. Er war einst frei gewesen und häufig genutzt worden, jetzt wirkte er allerdings wenig vertrauenserweckend. Die vom isländischen Landesvermessungsamt herausgegebene Karte basierte auf einer dänischen Landkarte von 1910. Als sich Nancy bei Haukur nach dem Pfad erkundigt hatte, sagte er ihr, dass er inzwischen zugewachsen sei.

Wir wanderten zwischen niedrigen Bäumen: Birken, vermischt mit Ebereschen, Weiden und Heidewacholder. Graugrünes Moos bedeckte die schrägen schwarzen Gesteinsplatten und verbarg Felsen, die unter unseren Schritten kippelten. In den 1860er-Jahren schrieb der Engländer Frederick Metcalfe über das Lavafeld des Eldborg: »Hin und wieder stieg die Schlacke derart plötzlich an, dass mir für ihre Schroffheit kein besserer Vergleich einfällt als gebähte Brotbrocken.« Ich wusste zwar nicht, was gebähte Brotbrocken sind, war mir aber sicher, dass das Lavafeld in den vergangenen 130 Jahren nicht weniger schroff geworden war.

Schließlich glaubten wir, auf den Weg gestoßen zu sein. Wir folgten ihm, bis er sich in einer Gruppe Birken verlor. Dann machten wir ihn wieder ausfindig; der Pfad wurde immer unkenntlicher und endete nach etwa zehn Metern im Nichts. Wir arbeiteten uns nach Westen voran; über die zerklüftete Lava gingen wir äußerst vorsichtig, wo es vergleichsweise eben war, marschierten wir zügiger voran. Wir hielten nach Löchern und Spalten Ausschau und machten große Bögen um Wasserrinnen. Es gab kein Anzeichen dafür, dass hier Schafe weideten; zwischen den brüchigen Steinplatten wuchsen Farne und Blumen in Hülle und Fülle.

Auf einem Felsen befand sich ein gelber Klecks: Es handelte sich um Farbe, nicht um Flechte. Ich rief Gary herbei. Wir bildeten uns ein, eine verblasste Spur zu erkennen. Als wir ihr folgten, stießen wir auf einen weiteren Farbklecks, dann auf noch einen und noch einen.

Nachdem wir eine halbe Stunde lang marschiert waren, erhoben sich in etwa 400 Metern Entfernung zwei Adler aus der Lava. Sie sahen aus wie Lavabrocken, die frei in der Luft schwebten und in Zeitlupe in unsere Richtung rollten. Die Vögel stießen ihr heiseres, krächzendes *Klie-klie-klie* aus. Im Tiefflug verschafften sie ihrem Protest Gehör.

Wir verließen den Pfad und brauchten eine halbe Stunde, um den Weg durch die scharfkantigen Felsen zu der Stelle zu finden, von der die Vögel losgeflogen waren. Wir blieben stehen und suchten die Lava mit dem Fernglas ab. Ich entdeckte einige Äste in der Nähe der Spitze einer turmähnlichen Erhebung in der Lava. Unter den Ästen wuchs ein grüner Bart aus Gras herab. Als wir näher kamen, landeten die Adler und verstummten. Ich erklomm einen Lavagrat, blickte hinüber zum Horst und sah einen jungen Adler.

Der junge Adler hatte einen riesigen, dunklen und gekrümmten Schnabel mit einem gelben Fleck am Ansatz. Offenbar war sein Gefieder bereits vollständig. Er kauerte im Horst und hatte die Flügel halb angelegt. Seine Federn glänzten, als bestünde er aus Metall. Er machte keine Bewegung, außer mit dem Augenlid, das auf und zu ging, wenn er blinzelte.

Die Wolken waren dichter und der Wind kälter geworden, als wir uns den Weg durch die Lava bahnten. Es war bereits später Abend, beinahe zehn Uhr. Wir waren fast verhungert. Unsere Füße waren wund, und unsere Stiefel hatten neue Rillen in den Sohlen und im Leder.

Ich freute mich darauf, Kristinn Skarphéðinsson anzurufen. Ich erklärte Gary, dass sich die Behauptung von Haukur von Snorrastaðir bestätigt hatte: In der Nähe von Little Lava hatten drei Adlerpärchen genistet.

Wir erreichten die Stromleitung, die über das Lavafeld verlief, und ich schrieb mir die Nummer auf, die auf dem Metallschildchen am nächstgelegenen Masten stand. Durchs Fernglas konnte ich den Turm sehen, auf dem sich der Adlerhorst befand; ich prägte mir ein, wie er aussah, und notierte mir seine Lage zum Eldborg und zu Stóra Hraun.

Wir marschierten nach Süden. Schieferblaue Wolken lagen flach über der Bucht. Am Ende der Halbinsel schwebte der Snæfellsjökull, grau und körperlos wie ein Geist.

Der Lachsfluss

Ich freute mich, dass uns Gary auf Little Lava besuchte. Es war sicherer, in Begleitung in den Bergen und den Lavafeldern zu wandern. Doch manchmal, wenn ich mich mit ihm unterhielt, erstarrte ich, und meine Gedanken schweiften von Island ab. Dann musste ich stehen bleiben, mich umblicken, den Anblick der kahlen, schroffen Berge und das grenzenlose Licht in mir aufsaugen und mich anstrengen, meine Lungen mit Atem zu füllen.

Er erinnerte mich an zu Hause. Er erinnerte mich an die Tatsache, dass meine Mutter ermordet worden war, dass der Mann, der sie getötet hatte, noch nicht vor Gericht gestanden hatte und dass ich irgendwann wieder zurückkehren musste und mit allen qualvollen Einzelheiten des schrecklichen, unfassbaren Unglücks konfrontiert werden würde, das unserer Familie zugestoßen war.

In Island schwelgte ich in der Leere des Landes, die ein Spiegelbild der Leere in mir war. Jeder Handgriff, ob Arbeit oder Vergnügen, jeder sorgenfreie Gedanke war eine Errungenschaft. Kajak fahren, Angeln, Treibholz sammeln, Wasser holen, Kilometer um Kilometer spazieren zu gehen – all diese Dinge konnte ich tun. Sie halfen mir, mich aus meiner trostlosen und blinden Lethargie zu reißen. Doch ich wusste, der Sommer würde enden. Die Hälfte unseres Islandaufenthalts hatten wir bereits hinter uns.

Der Wind wehte böig aus Südwest. Um die Tür zu öffnen, musste ich mich fest gegen sie lehnen; es fühlte sich an, als würde ich gegen eine Masse durchweichten Papiers drücken.

Draußen fiel der Regen schräg vom Himmel. Er fiel auf die Felder und die Lava, auf die Berge und auf das Meer; auf Adlerhorste und Fuchsbauten und Hausdächer.

Die Schafe auf der Hauswiese lagen an geschützten Stellen. Hahnenfuß und Habichtskraut wurden vom Wind gepeitscht. Ich trug zwei große, leere Wasserkannen, eine in jeder Hand, und ein halbes Dutzend Flaschen in meinem Rucksack. Ich ging zwischen den Thúfur und den grasbewachsenen Ruinen hindurch und zog den Kopf vor den Naturgewalten ein.

Ein Schneehuhn gackerte und flog fast unmittelbar vor meinen Füßen auf. Seine Küken machten sich laut zwitschernd, halb hüpfend, halb mit ihren Stummelflügeln fliegend, in alle Richtungen davon. Sie waren halb so groß wie Baumwachteln, gelbbraun und hatten eine Streifenzeichnung. Ihre Mutter landete in wenigen Metern Entfernung und lief mit einem hängenden Flügel umher. Ich schenkte ihrer Finte keine Beachtung und marschierte weiter. Als ich bei der Lava ankam, blickte ich zurück. Sie war auf einen Thúfa gehüpft und stand mit zerzaustem Gefieder im strömenden Regen. Sie würde keine Zeit verlieren, ihre Jungen einzusammeln.

Der Wind wirbelte durch die Senke in der Lava. In gebückter Haltung betrat ich die Höhle. Im Innern stand die Luft still. Wasser tropfte. An den felsigen Wänden wuchsen grüne Farnwedel. Eine Spinne saß in ihrem Netz.

Der Wasserstand des Gvendarbrunnur war niedriger, als ich ihn je gesehen hatte. Ich tauchte eine der Literflaschen vorsichtig ein, um keinen Bodensatz aufzuwirbeln, und füllte damit die Vierliterkannen. Anschließend füllte ich sämtliche Flaschen und verstaute sie im Rucksack. Als ich fertig war, schien der Wasserpegel nicht niedriger zu sein als am Anfang.

Ich steckte die Hände in die Taschen, um sie zu wärmen, setzte mich hin und blickte nach draußen in den Regen. Die Höhle erinnerte mich an die Schneehöhlen, die ich als Kind mit meinem Bruder gebaut hatte. Wir gruben sie am Rand der Zufahrt, im

Der Autor am Gvendarbrunnur. © Nancy Marie Brown

festen Schnee, den mein Vater dort aufhäufte, wenn er das Pflaster freischaufelte. Sobald Mike und ich mit dem Graben fertig waren, setzten wir uns in die Höhle, in der es still und seltsam warm war, und blickten durch den Zugang auf die vorbeitreibenden Schneeflocken. Zwischen den Schneewänden fühlte ich mich immer sicher und geborgen.

Wir hätten es niemals für möglich gehalten, dass jemand nur wenige Meter von der Stelle entfernt, wo wir im Schnee gruben, eines Tages unsere Mutter töten würde.

Ich nahm die schweren Kannen am Griff und kletterte aus der Höhle. Auf dem Rückweg sah ich weder das Schneehuhn noch seine Jungen.

Gary und Will schliefen im Wohnraum: Will auf dem Feldbett, Gary in seinem Schlafsack auf einer Schaumgummimatte auf dem Boden. Nancy war bereits wach; sie stand in der Küche und kochte Tee. Ich stellte eine der großen Kannen auf den Küchentisch, und zwar an den Rand, sodass ihr verschließbarer Ausguss über das Spülbecken ragte, das Pétur für uns montiert hatte. Dann schürte ich im Ofen ein. Das Brennholz knisterte und fing Feuer. Ich warf zusammengeknüllte Milchkartons und Treibholzscheite dazu. Das Feuer prasselte. Ich schob den großen Topf auf die Kochstelle. Der Wind heulte im Kamin. Die Fenster klapperten. Von der Küche aus sah man tief hängende graue Wolken schnell über das Watt ziehen.

Als Gary und Will aufstanden, machten wir Haferbrei, garniert mit getrockneten Preiselbeeren, die wir von zu Hause mitgebracht hatten. Anschließend spülten und trockneten wir ab und räumten das Geschirr auf. Ich sah zum Fenster hinaus und sagte zu Gary: »Jetzt zeigt der isländische Sommer sein anderes Gesicht.«

»Wie lange wird das anhalten?«, fragte er.

»Schwer zu sagen. Ein paar Tage, eine Woche, vielleicht bis Ende des Monats.«

Gary, Nancy und Will machten es sich bequem und lasen. Ich sagte ihnen, dass ich angeln gehen wollte. Bislang hatte ich kein Glück gehabt. Die Bewohner von Stóra Hraun hatten mich nicht gerade ermuntert; vielleicht würde ich eine Lachsforelle fangen, meinten sie, oder, später im Sommer, in einem der kleineren Flüsse, einen *bleikja*, einen Wandersaibling. Wenn ich wirklich etwas an den Haken bekommen wollte, empfahlen sie mir, sollte ich mich an einen Bauern wenden, dem ein See im Hnappadalur gehörte.

Im Haffjarðará gab es Lachse, doch der Zutritt zu diesem Fluss war verboten, es sei denn, man blätterte pro Tag 50 000 Krónur oder 750 Dollar hin. Auf der anderen Seite der Schnellstraße, in der Nähe der Stelle, wo die Straße nach Stóra Hraun abzweigte, befand sich das Anglerhotel, eine Ansammlung blitzsauberer Ferienhäuser mit roten Wänden und grünen Dächern, in denen zahlende Gäste untergebracht waren. Ein hauseigener Koch war für das leibliche Wohl zuständig, und am Fluss patrouillierte ein Aufseher, der dafür sorgte, dass niemand unerlaubterweise angelte. Wenn wir zum Einkaufen fuhren, sahen wir oft die Pick-ups der Angler an den bevorzugten Plätzen stehen, glänzende, allradgetriebene Vehikel, die Millionen von Krónur gekostet haben mussten. Und wir sahen die Angler, begleitet von Führern, mit langen Angelruten in den tiefen Bereichen des Flusses fischen. Wir sahen, wie Fische aus dem Haffjarđará gezogen wurden: atlantische Lachse mit hellen Flanken, die bis zu einem Meter lang waren und schwer an der Leine hingen. Einer davon hätte uns tagelang ernährt.

Ich hatte in der Nähe unseres Hauses in dem gewundenen Bach beim Krókar-Sumpfgebiet gefischt. Ich hatte die Angel bei Flut, wenn die Lagune zur Bucht wurde, unmittelbar vor dem Haus ausgeworfen. Ich hatte am Ende der Litla-Hraun-Halbinsel und in dem Priel hinter der Seehundspitze geangelt. Ich hatte es mit Blinkern und Spinnern, mit Würmern und Muscheln versucht. Ich hatte es bei Flutstrom, bei Stillwasser und bei Ebbestrom versucht. Ich hatte meine Köder in die Mündung des Haffjarđará geschleudert, wo ich laut Haukur fischen durfte. Mir war klar, dass er mich als Werkzeug benutzte, um die Rechte geltend zu machen, die er vor Gericht zugesprochen bekommen hatte, und da ich einer Konfrontation aus dem Weg gehen wollte, hielt ich immer mit einem Auge Ausschau nach dem Flussaufseher. Glücklicherweise ließ er sich nie blicken.

Ich hatte fast schon Angst davor, irgendwann tatsächlich einen Lachs am Haken zu haben, und fragte mich, ob ich überhaupt imstande wäre, einen so großen, kräftigen Fisch an Land zu ziehen. Da ich bei Ebbe nie tote Fische herumliegen sah, nahm ich an, dass sie nur selten bis auf unsere Seite der Lagune vordrangen. Nahrung hätte es in den Süßwasserprielen jedoch zuhauf gegeben: Sandpiere, Muscheln und Elritzen.

Der Hauptgrund, weshalb ich trotzdem angelte, war der, dass ich dabei zu allen Tageszeiten und bei jedem Wetter an die frische Luft kam. Jetzt veranlasste es mich dazu, meine Stiefel und meine feuchte Regenbekleidung wieder anzuziehen. Ich lehnte mich gegen die Tür und drückte sie auf. Mit einer Schaufel und einem Eimer in den Händen ließ ich mich vom Wind den Hügel hinunter zum Watt treiben. Es regnete noch immer in Strömen. In der Nähe des Stakkholtssteinn grub ich ein Dutzend Sandpiere und einige Muscheln aus. Dann machte ich mich auf den Rückweg nach Little Lava, um die Schaufel zurückzubringen und meine Angel zu holen.

Auf halbem Weg zum Haus sah ich ein Schaf in einem kleinen Graben flach auf dem Rücken liegen.

Seine gespreizten Beine zitterten schwach. Unter seinem Hinterteil hatte sich ein Kothaufen gesammelt. Es hatte die Augen halb geschlossen und atmete angestrengt durch sein weit geöffnetes Maul. Ich ging näher hin. Als mich das Schaf bemerkte, fing es an zu strampeln, hörte aber gleich wieder auf. Seine zwei Lämmer, die in der Nähe gelegen hatten, standen auf und trotteten einige Meter weg; dort blieben sie eng aneinander geschmiegt stehen und starrten mich an. Der Regen prasselte herunter. Der Atem des Schafs dampfte in der eisigen Luft.

Ich bin zwar kein Tierarzt, hatte aber keinen Zweifel daran, dass das Schaf im Sterben lag, höchstwahrscheinlich aufgrund irgendeiner Krankheit. Ich zog in Betracht, seinem Leiden mit einem Stein ein Ende zu setzen, doch die Überwindung war zu groß. Ich zuckte mit den Achseln und machte mich auf den Heimweg. Pech für das Schaf. Ich hatte nicht das geringste Mitleid. Im Haus würden wir beim Beobachten der Aasfresser in der ersten Reihe sitzen. Raben, Möwen, Füchse – würde sich auch ein Adler blicken lassen? Im Haus angekommen, erzählte ich es Nancy.

Sie trat ans Fenster. »Wir müssen auf Stóra Hraun Bescheid geben«, sagte sie.

»Warum? Ich glaube kaum, dass man noch irgendwas tun kann. Ich gehe jetzt auf jeden Fall angeln.« Das Letzte, was ich wollte, war, den ganzen langen Weg bis zu dem Bauernhaus zu marschieren und mich dort hinzusetzen, Kaffee zu trinken, Zigarettenqualm einzuatmen und dabei den Verlust eines grasfressenden Schafs zu beklagen.

»Du fängst doch sowieso nichts«, meinte Nancy. An ihrem Ton erkannte ich, dass sie den Bewohnern von Stóra Hraun die Nachricht überbringen würde, wenn ich mich weigerte.

»Sei dir da mal nicht so sicher. Vielleicht komme ich ja mit einem Lachs zurück.«

Sie sah mich mit zurückgelegtem Kopf an. »Auf den Tag warte ich.«

Ich ging an dem Schaf vorbei – ein grauer Haufen im Gras – und wandte mich nach Westen.

Auf dem festen Sand kam man am besten voran, besser als auf der bröckeligen Lava, den Geröllflächen oder im Sumpf. Kein Wunder, dass Reisende früher Löngufjörur als Schnellstraße benutzt hatten. Etwa jeden dritten Tag sahen wir Reitergruppen das Watt überqueren, lange Karawanen, begleitet von Dutzenden freilaufender Pferde. Rotbraune Pferde, dunkelbraune, schwarze, graue, Apfelschimmel – ihre Farben verschmolzen mit den Schattierungen der Landschaft. Die Pferde flogen mit wallenden Mähnen und Schweifen über den Sand.

Im Watt fraßen Alpenstrandläufer in kleinen Gruppen. Wenn ich mich näherte und die zierlichen Strandläufer aufflatterten, glichen ihre weißen Bäuche und Unterflügeldecken einem Konfettiregen. Das Weiß verwandelte sich wieder in ein Graubraun, sobald die ganze Schar gleichzeitig landete und sich auf dem Sand niederließ.

Seeschwalben hielten im Wind schwebend die Stellung über den Prielen und bewegten sich dabei auf und ab, als hingen sie an den Fäden eines unsichtbaren Puppenspielers. Austernfischer, Große Raubmöwen und Schmarotzerraubmöwen, deren kleinere, weniger bösartige Verwandte, Heringsmöwen, sowie Lachmöwen. Außerdem sah ich mittelgroße Möwen mit einfarbig weißem Gefieder und rosafarbenen Beinen, die ich für Islandmöwen hielt.

Ich erreichte die Stromrinne in der Nähe der Seehundspitze. Zum hundertsten Mal wünschte ich mir, ich hätte Wasserstiefel gehabt. Ich hatte zwar ein altes Paar von zu Hause mitgebracht, doch die leckten wie ein Sieb, und neue Stiefel zu isländischen Preisen kamen nicht in Frage. Also zog ich meine Gummistiefel aus und krempelte meine Hosen und meine Regenhosen hoch. Das Wasser war so kalt, dass es schmerzte.

Der Wind blies den Regen über das Watt. Plötzlich wurde der Himmel heller, und der Regen ließ nach. Dann verdunkelte sich der Himmel erneut, und es schüttete so heftig, dass ich nichts hörte außer dem Prasseln der Tropfen auf meiner Kapuze.

Ich erreichte die Felszunge, die sich in der Nähe der Barnasker in den Haffjarđará streckte. Die Felsen waren von Seetang gesäumt, der sich in den Wellen hob und senkte. Ich machte meine Angel fertig und warf sie von den Felsen in den Fluss aus. Nachdem der Blinker kurz eingesunken war, holte ich wieder ein. Ich trug fingerlose Wollhandschuhe, und meine Finger waren taub. Dann warf ich noch einmal aus, doch der Blinker flog nicht so weit, wie ich wollte.

Ich ging am Flussufer in Richtung Meer und warf immer wieder aus. Bei diesem Wetter fühlte ich mich vor dem Flussaufseher sicher. Ich legte eine Pause ein, kehrte dem Regen den Rücken zu und aß ein Sandwich. Dann machte ich mich mit einem anderen Köder erneut ans Werk. Beim Einholen zog ich schwere Unkrautknäuel an Land. Der Köder wurde flussaufwärts getragen. Der Gezeitenwechsel hatte eingesetzt; das Meer stemmte sich gegen den Fluss und drängte ihn in die Bucht zurück.

Ich stellte mir vor, dass die Flut vielleicht Lachse mitbringen würde.

Lachse können im Salzwasser und im Süßwasser leben. Biologen sind geteilter Meinung, ob es sich bei ihnen um Süßwasserfische handelt, die sich dem Leben im Meer angepasst haben, oder um Meeresfische, die sich in Flüssen angesiedelt haben. Lachse laichen in Flüssen, deren Betten in Kies und Fels Winkel und Nischen bieten, in denen ihre großen Eier vor anderen Fischen sicher sind. Die frisch geschlüpften Junglachse versteckten sich zwischen den Felsen am Grund der Flüsse. Sobald sie ein Jahr alt sind, schwimmen die meisten von ihnen flussabwärts zum Meer. In diesem Stadium werden sie als »Sälmlinge« bezeichnet. Es ist durchaus möglich, dass einer von zwei Fischen aus demselben Laich sein ganzes Leben im oberen Abschnitt eines Flusslaufs verbringt und ein Gewicht von einem oder zwei Pfund erreicht, während der andere tausende Kilometer im offenen Meer zurücklegt, sich von Garnelen und anderen Fischen ernährt und 20 Pfund schwer wird.

Lachse verbringen bis zu fünf Jahre im Meer. Vor der Küste Grönlands versammeln sich zahllose Atlantische Lachse, die ursprünglich aus europäischen und nordamerikanischen Flüssen stammen; ein zweites bedeutendes Nahrungsgebiet befindet sich in der Nähe der Färöer Inseln. Sobald Lachse voll entwickelt sind, kehren sie zum Laichen in die Flüsse zurück, aus denen sie gekommen sind. Vermutlich finden sie den Heimweg mit Hilfe des Magnetfelds der Erde. Da Lachse nahe an der Wasseroberfläche schwimmen, nehmen manche Wissenschaftler auch an, dass sie mit ihrem Sehsinn navigieren und sich an den Sternkonstellationen am Nachthimmel orientieren – was bei Lachsen, die nach Island zurückkehren, im Sommer aufgrund des sich niemals verdunkelnden Himmels auszuschließen ist. Man geht davon aus, dass Lachse in der Lage sind, minimale Unterschiede in der Wassertemperatur und im Salzgehalt wahrzunehmen, die durch bislang unerforschte Meeresströmungen verursacht werden. Sobald ein Lachs Küstengewässer erreicht hat, führt ihn sein Geruchssinn – oder vielleicht sollte man besser sagen: Geschmackssinn – ans Ziel.

Das isländische Wort für Lachs lautet *lax* und wird »Lox« ausgesprochen. In Island gibt es zahlreiche Flüsse mit dem Namen Laxá oder »Lachsfluss«. Mehr als 80 isländische Flussläufe beherbergen Lachse, und Angler fangen jährlich etwa 40 000. Isländische Flüsse sind in der Regel kurz, reißend und sauber. Im Stadtgebiet von Reykjavík gibt es einen berühmten Fluss, den Ellidaá, der an Wohnhäusern, Einkaufszentren und einem Kraftwerk vorbeifließt; der Ellidaá liefert 1500 bis 2000 Lachse pro Jahr.

Ich hatte von verschiedenen Seiten gehört, dass der Haffjardará der beste Lachsfluss auf Snæfellsnes sei. Er gilt als verlässliches Fanggebiet mit geringen Schwankungen bei der jährlichen Fangrate. Die meisten Lachse im Fluss wiegen zwischen sieben und elf Pfund, manche sind sogar über 20 Pfund schwer. Der Haffjardará ist der einzige Fluss in Island, an dem ausschließlich Fliegenfischen erlaubt ist – was meine unerlaubten, wenngleich vergeblichen Versuche mit Würmern und Blinkern zu einer besonders verwerflichen Sünde machte.

Ich angelte eine weitere Stunde. Die Flut drängte mich unaufhaltsam zurück, weiter nach oben auf die Felsen und dann auf den Sand. In der immer breiter werdenden Stromrinne kam ein Seehund an die Oberfläche. Eine Krähenscharbe tauchte nach einem Fisch. Über mir flog ein Zug Gänse vom Wind getrieben vorbei.

Die Lachse waren da, irgendwo im Verborgenen. Ich spürte ihre Anwesenheit, wenngleich ich sie nicht fangen konnte. Letzten Endes nahm ich meinen Eimer mit den Ködern und machte mich auf den Rückweg nach Little Lava.

Der Wasserpegel war bereits so weit angestiegen, dass ich den Priel bei der Seehundspitze nicht mehr durchqueren konnte. Ich stellte den Eimer ab, befestigte einen Sandpier als Köder am Haken und warf die Angel aus. Das Wasser war unergründlich, vom Regen gewellt und mit Schaum bedeckt. Nach einer Weile ging ich auf der Sandbank zur Seehundspitze, ein zehnminütiger Fußmarsch. Ich erklomm die hügelförmige Insel und setzte mich in einer windgeschützten Mulde ins Gras. Der Regen hatte nachgelassen und tröpfelte sanft vom Himmel. Der Spaziergang hatte mich aufgewärmt, und meine Augenlider wurden schwer. Ich lehnte mich gegen den Hang, den Kopf auf ein Büschel Moos gebettet, das Gesicht vom Regen abgewandt.

Ein Platzregen weckte mich. Ein Blick auf das Watt, das bereits zur Hälfte unter Wasser stand, sagte mir, dass ich mich in Bewegung setzen musste. Ich nahm die Angel und den Eimer mit Ködern und stolperte den Hang hinab. Dabei scheuchte ich mehrere Schafe auf, die mit ihren Hufen den Sand aufwirbelten, als sie Reißaus nahmen.

Die Stromrinne zwischen der Seehundspitze und dem Festland war bereits zu tief. Ich folgte der Fährte der Schafe. Dort, wo sich der Priel zu der grasbewachsenen Halbinsel Fitjar schlängelte, war das Wasser noch immer zu tief, deshalb ging ich weiter Richtung Süden. Schließlich konnte ich hindurchwaten und erreichte die flache, sumpfige Landzunge. Auf Fitjar gab es Teiche, schwarze Moore und tiefe Wasserrinnen, denen man landeinwärts folgen musste, bis sie so schmal waren, dass man auf die andere Seite springen konnte.

Ich sah einen Nerz zwischen den Felsen jagen. Ursprünglich gab es in Island keine Nerze. Sie wurden importiert und zur Pelzgewinnung gezüchtet; einige von ihnen entwichen, und heute stellen Nerze in Island eine erhebliche Bedrohung für am Boden nistende Vögel dar.

Ich stieß auf einen breiten, morastigen Reiterpfad, kreuzte ihn und kämpfte mich am Rand der Lava voran. Ich befand mich in der Nähe des Stelpusteinn, der nach dem Mädchen benannt war, das beim Schafehüten ertrunken war.

Bei Krókar wand sich ein weiterer Wasserlauf aus dem Lavafeld. Als ich an einer kleinen Bucht vorbeikam, stieß ein Rotschenkel schreiend aus der Luft herab, dicht gefolgt von zwei Raubmöwen. Ich hatte den Eindruck, dass die Raubmöwen dem Rotschenkel nicht nur Nahrung entreißen wollten, sondern es darauf abgesehen hatten, ihn zu töten. Als sie mich sahen, drehten sie ab und flogen davon, zwei dunkle, düstere Räuber mit Flügeln wie Messer und krummen schwarzen Schnäbeln. Ihre mittleren Schwanzfedern waren länger als die übrigen und machten ihre finstere Erscheinung noch unheimlicher.

Der Rotschenkel verkroch sich unter einem Felsvorsprung. Ich ging ziemlich nah an ihm vorbei. Noch nie zuvor war ich einem Rotschenkel begegnet, der nicht vor mir flüchtete oder empört aufflog und mich beschimpfte.

Der Rauch aus dem Kamin zog nordwärts. Ich suchte mit den Augen die sumpfige Wiese vor Little Lava ab, sah aber weit und breit kein Schaf auf dem Rücken liegen. Als ich nach drinnen ging, traf ich Nancy, Will und Gary in der Küche an. Nancy stellte den Wasserkessel für mich auf den Ofen und teilte mir mit, dass wir jetzt von der Familie auf Stóra Hraun als Nachbarn noch mehr geschätzt wurden.

Als Nancy die Nachricht überbrachte, dass ein Schaf auf dem Rücken lag, gab es für Veiga, die auch die Rettung des Lamms in dem wassergefüllten Graben in die Hand genommen hatte, kein Halten. Sie und Nancy trieben zwei Pferde zusammen, die Verwandte am Tag zuvor auf dem Anwesen zurückgelassen hatten. Nancy meinte, dass sie zu Fuß vermutlich schneller gewesen wären: Sie mussten die Pferde einfangen und satteln, mit ihnen über den Feldweg und durch den Sumpf reiten und sie dazu bringen, die Priele im Watt zu durchqueren. Es stellte sich heraus, dass Veigas Pferd lahmte und kaum vom Fleck kam.

Als Veiga endlich auf der anderen Seite des Watts angelangt war, brauchte sie nicht lange, um das Schaf ausfindig zu machen und ihm wieder auf die Beine zu helfen. Nancy hatte alle Hände voll zu tun, ihres eigenen Pferdes Herr zu werden, das sich weigerte, über einen Priel zu springen, und sah deshalb nicht, wie die Auferstehung bewerkstelligt wurde. Das Schaf wackelte mit seinen Lämmern davon. Veiga wollte nach Hause, ehe ihr die Flut den Weg abschnitt, und ihre Erklärung erfolgte in rasantem Isländisch: Schafe fallen ständig auf den Rücken, und wenn niemand vorbeikommt und sie wieder aufrichtet, verenden sie. Veiga war überglücklich, das Schaf gerettet zu haben, und bedankte sich überschwänglich bei Nancy. Nachdem Nancy abgestiegen war, setzte sich Veiga auf Nancys Pferd und ritt davon. Das lahmende Pferd humpelte hinterher.

Wie konnte sich das Schaf so schnell erholt haben, nachdem es bereits an der Schwelle des Todes gestanden hatte? Später fragten wir bei unserem Freund Hinrik nach, dem Sohn von Hjörtur von Helgafell.

Schafe legen sich auf die Seite, um sich auszuruhen; manchmal lehnen sie sich zu weit zurück und kippen um. »Isländische Schafe haben einen breiten, flachen Rücken«, erklärte Hinrik, »und können ihr Gewicht nicht weit genug verlagern, um wieder auf den Bauch zu rollen. Manchmal bleiben sie auch zwischen zwei Thúfur stecken.« Unter Umständen liegt ein Schaf tagelang auf dem Rücken, dehydriert und verhungert. »Wenn die Raben es finden, picken sie ihm die Augen aus.« Hat das Tier zu lange auf dem Rücken gelegen, ist es manchmal auch dann nicht mehr zu retten, wenn man ihm wieder auf die Beine hilft.

Offenbar sind auch die Schafe in anderen Ländern nicht vor diesem Missgeschick gefeit. In Schottland existiert sogar eigens ein Wort, das diese Situation bezeichnet. Die isländische Bezeichnung für diesen Zustand lautet *afvelta* und wird für Pferde, Vieh und im ironischen Sinn auch für Menschen verwendet. Er liegt »afvelta« da. Er liegt betrunken da. Sternhagelvoll.

Ich begleitete Gary an seinem letzten Tag über das Watt. Wir brachten die Gummistiefel zurück, die ihm Kristján geliehen hatte, und fuhren den Kiesweg bis zu der Stelle, wo er in die asphaltierte

Straße mündete. Dort stellten wir Garys Rucksack am Straßenrand ab und warteten.

Ein Traktor mit Anhänger fuhr vorbei. Ein Milchwagen. Ramponierte Autos, die von Leuten aus der Gegend gesteuert wurden, und glänzende japanische Wagen, in denen Urlauber aus der Stadt saßen. Wir plauderten. Dann kam der Bus angefahren, mit biegsamer Funkantenne und großen, grobstolligen Reifen, wie man sie in Island häufig sieht. Der Fahrer sah Gary, hielt an und verstaute den Rucksack im Gepäckfach zwischen anderen bunten Rucksäcken, die vermutlich jungen Europäern auf Rundreise durch Island gehörten, und den abgenutzten Koffern von Isländern aus der Provinz, die auf dem Weg zu Verwandten in der Stadt waren. Gary kaufte eine Fahrkarte nach Reykjavík, schüttelte mir die Hand und stieg ein.

Die Pforten der Hölle

Nebel kroch über die moosbewachsene Lava. Die Blüten von Grasnelken, Thymian und Leimkraut zwischen den Felsen verliehen der Landschaft eine rosige Färbung. In einer tiefen Spalte neben dem Pfad entdeckte ich die vielleicht kerzengeradeste Eberesche von ganz Island: Ihr Stamm schoss vom Boden der Felsspalte bis zum Erdboden sechs Meter nach oben – aber kein Stück weiter, da der Wind, der sonst über die Heide fegte, alles zurechtstutzte, was darüber hinauswuchs. Wäre ich in diese Spalte gestürzt, hätte ich mich vermutlich befreien können, indem ich an der Eberesche nach oben geklettert wäre.

Ein Vogel segelte über die Lava. Als er mich sah, drehte er ab, schlug mit seinen braunen Flügeln und verschwand hinter einem Grat. Es war ein Merlin, ein Feind von Rotschenkeln und Wiesenpiepern und ein Jäger der Jungen von Regenpfeifern und Schneehühnern. Die braune Färbung des Falken verriet, dass es sich um ein Weibchen handelte. Bei den Männchen sind Rücken und Flügel schieferblau wie die See an einem düsteren Tag oder wie der Kolbeinsstaðafjall, der vor mir aus dem Nebel ragte.

Der Pfad, auf dem ich unterwegs war, führte von Little Lava nach Norden zu einem knapp anderthalb Kilometer entfernten hohen Steinhügel von der Form eines gekrümmten Fingers, der auf einer Erhebung des Lavafelds errichtet worden war. Hinter dem Steinhügel verlor sich der Pfad zwischen Birken, die stellenweise so dicht standen, dass ich mich auf allen vieren voranarbeiten musste. Als ich nach dem Weg suchte, fand ich unter den Bäumen zwei Eier. Sie waren identisch: fünf Zentimeter lang, an einem Ende rund, am anderen etwas spitzer, mit einem herausgepickten Loch auf der Seite. Die Schalen hatten die Farbe von altem Elfenbein mit braunen Flecken und Tupfern. Ich nahm an, dass es sich um die Eier eines Schneehuhns handelte.

Ich suchte nach dem Pfad in der rauen Lava, der Apalhraun oder Aalava. Im Hawaiischen bedeutet *aa* angeblich »eine Oberfläche, auf der man nicht barfuß gehen kann«. Pahoehoelava, die glatte Lava, ist dagegen »eine Oberfläche, auf der man barfuss gehen kann«.

Die Brockenlava bestand aus Schlacke: aus scharfkantigen, zerbröckelten Gesteinsplatten, die sich übereinander geschoben hatten. Einige der größeren Platten mussten eine halbe Tonne gewogen haben. Als ich einen Abhang hinunterging, trat ich auf eine Platte, die einem Tisch glich. Sie kippte mit einem jähen, klackenden Geräusch und kam in einem anderen Winkel zum Liegen. Ich berührte den nächsten Lavablock mit den Zehen, ehe ich darauf stieg. Die Platte, auf der ich zuvor gestanden hatte, kippte knirschend in ihre ursprüngliche Position zurück. Drei Schritte weiter stieg ich auf eine Steinplatte, die sich unter meinem Gewicht drehte und in zwei Stücke zerbrach, von denen eines in ein Loch rutschte, während das andere nach oben knickte und an meinem Bein entlangkratzte. Ich stützte mich auf meinen Wanderstock und hielt die Balance.

Nachdem ich fast eine Stunde lang gesucht hatte, gestand ich mir ein, dass der Pfad verschwunden war. Das Labyrinth aus seltsamen stummen Formen hatte ihn verschluckt.

Ich setzte mich auf einen Felsblock. Der Himmel klarte auf; eine Brise hatte eingesetzt, die den Nebel vertrieb. Der Kolbeinsstađafjall war deutlich zu sehen. *Fell* bedeutet im Isländischen »Berg«, *fjall* heißt »riesiger Berg«. Von den Gipfeln, die von Little Lava aus zu sehen waren, ließ der Kolbeinsstađafjall am deutlichsten erkennen, wie sich das Land aufgetürmt hatte – und wie es wieder in sich zusammenfiel.

Die Linien an den Seiten des Bergs markierten die zahlreichen Lavaschichten, die sich im Lauf der Jahrhunderte angehäuft hatten; diese Schichten bedeckten das gesamte Gebirgsmassiv, sodass sich ein und dieselbe Linie über alle Hänge fortsetzte. Am Fuß des Kolbeinsstaðafjall erstreckten sich Erosionskegel in die Ebene. Einige der Kegel bestanden aus nacktem Fels, andere waren mit Moos bedeckt, das dort, wo Bäche herabflossen, von Zickzacklinien durchzogen war. Ich blickte auf die Südwand, die aus dem Geröll emporragte; meiner Ansicht nach war der Hang zu steil und zu zerklüftet, als dass man ihn hätte erklimmen können. Die Erosionskegel, die in Island die Berge säumen, sind seit dem Ende der letzten Eiszeit vor 10 000 Jahren entstanden. Wind, Wasser und Eis, die Haupterzeugnisse isländischen Wetters, hatten am scharfkantigen Kegel des Kolbeinsstaðafjall ihre Spuren hinterlassen.

Island sitzt rittlings auf dem Mittelatlantischen Rücken, und zwar dort, wo die nordamerikanische und die eurasische Platte auseinander driften. Der Mittelatlantische Rücken verläuft von der Arktis bis zur Antarktis. Es handelt sich dabei um einen untermeerischen Gebirgszug, dessen Gipfel im Südatlantik auf den Azoren und auf Tristan de Cunha und im Nordatlantik auf Island aus dem Meer ragen. Unter Island steigt ein Konvektionsstrom von flüssigem Magma zur Erdkruste auf. Dieser Konvektionsstrom setzt in Verbindung mit der Verbreiterung des Mittelatlantischen Rückens enorme Lavamengen frei.

Während des Tertiärs, das vor 1,6 Millionen Jahren endete, war Island verhältnismäßig flach und glich einem dünn mit Erde bedeckten Pfannkuchen aus Lava. Im Anschluss an das Tertiär sorgte anhaltender Vulkanismus für das Entstehen der hohen Berge. Dann kühlte das Klima wieder ab. Während der Eiszeit von vor 100 000 bis vor 10 000 Jahren war ganz Island mit Ausnahme der höchsten Gipfel von Gletschern bedeckt. Diese Gletscher schliffen die Konturen der Berge und wuschen die Fjorde an der Küste aus.

Als die Gletscher schmolzen und ihr gewaltiges Gewicht nicht mehr auf Island lastete, hob sich das Land wieder an. Die Vulkantätigkeit nahm zu. Magma strömte aus dem Mittelatlantischen Rücken, der Island von Reykjanes, der »rauchenden Halbinsel«, im Südwesten bis zur Melrakkaslétta, der »Fuchsebene«, im Nordosten durchzieht. Island dehnt sich bis heute unentwegt aus, hauptsächlich entlang dieser Südwest-Nordost-Diagonale. Seit dem letzten Eiszeitalter hat sich die Insel um über 180 Meter verbreitert, seit dem Beginn der Besiedlung vor etwa 1000 Jahren um 20 Meter. In jedem Jahrhundert wächst Island um etwa 1,8 Meter in die Breite.

Geologen gehen davon aus, dass in Island drei bis sechs Millionen Vulkanausbrüche stattgefunden haben, seit die Insel aus dem Atlantik aufgetaucht ist. Im Durchschnitt bricht alle fünf Jahre irgendwo in Island ein Vulkan aus. Seit dem Zeitalter der Besiedlung haben sich zwischen 220 und 440 größere Eruptionen ereignet. Ein Drittel der gesamten Lavamenge, die in den letzten 500 Jahren auf der Erde ausgetreten ist, hat sich über Island ergossen.

Die Vulkane in Island zu zählen ist nicht möglich, da sie ineinander übergehen. Man hat den Eindruck, dass beinahe jede ausgeprägte Geländeformation ein Vulkan, der Überrest eines Vulkans oder das Produkt eines Vulkans ist. Man findet in Island Schildvulkane, Ringwallkrater, Schlacken- und Aschenkrater, Schlacken- und Aschenkraterreihen, klassische Stratovulkane und Mischformen aus Spalten- und Stratovulkanen, Tephrakrater und Tephrakraterreihen, Explosionskrater und Explosionskraterreihen. Verschiedene Klassifizierungsschemata verzeichnen bis zu 25 unterschiedliche Vulkantypen in Island. Thorleifur Einarssons Lehrbuch *Geologie Islands* zufolge ist »die Vulkantätigkeit in Island seit jeher vielfältiger als in jeder anderen Region auf der Welt von vergleichbarer Größe«.

Von meinem Rastplatz im Lavafeld des Eldborg konnte ich im Hnappadalur und auf Snæfellsnes einen Ringwallkrater (Eldborg), zwei Schlackenkrater (die beiden rötlichen Kegel) sowie verschiedene Felsen, Hügel und Berge sehen, die durch Vulkanismus entstanden oder geformt worden waren, wie beispielweise *stapi*, so genannte Tafelberge, *móberg*- oder Palagonit-Hügelketten und Rhyolith-Dome. Den Stratovulkan Snæfellsjökull konnte ich in diesem Moment nicht sehen, da er sich hinter Wolken verbarg. Haukur Jóhannesson, der Geologe, mit dem ich mich in Reykjavík unterhalten hatte, bezeichnete den Snæfellsjökull als äußerst aktiven Vulkan, obwohl er seit 3500 Jahren nicht mehr ausgebrochen ist. Seine letzte größere Eruption brachte einen gewaltigen Lavastrom hervor, der von heftigem Aschenregen im Norden begleitet wurde. Der Snæfellsjökull ist in den letzten 700 000 Jahren immer wieder ausgebrochen, erklärte der Geologe, und isländische Vulkane sind in der Regel bis zu zwei Millionen Jahre lang tätig.

Das Lavafeld des Eldborg gilt als neu, da es erst nach der letzten Eiszeit entstanden ist. Für mich war es ein deutliches Indiz für die Kräfte, die unter der Erdkruste schlummerten. Ich sah das Lavafeld jeden Tag, und es beeindruckte mich immer wieder aufs Neue. Es war ein Stück Erde im Entstehen. Und trotzdem hatten die Naturgewalten bereits begonnen, es zu zerstören, so, wie sie auch am Kolbeinsstaðafjall nagten. Das Moos, das die Lava bedeckte, ernährte sich von den Felsen, verschlang sie Molekül um Molekül. Die Wurzeln von Pflanzen zwängten sich in Spalten, die durch Frost und Tauwetter entstanden waren. Bestandteile der Lava wurden zu Erde und sammelten sich in Spalten und Mulden. Der Entwicklungsgang war endlos. Er nimmt überall auf der Welt seinen Lauf, doch an Orten wie Island wird er besonders deutlich sichtbar.

Möglicherweise kam im sechsten Jahrhundert der irische Mönch Brendan der Seefahrer nach Island. Diese Vermutung wird durch das Epos *Navigatio Sancti Brendani, Sankt Brendans wundersame*

Seefahrt, aus dem neunten Jahrhundert unterstützt. Der Heilige stach mit einer Besatzung von 17 anderen Mönchen mit einem so genannten *curragh* in See, einem offenen Boot, dessen Rumpf mit Kuhhäuten bespannt war. Brendan war auf der Suche nach dem »gelobten Land« (und gelangte schließlich nach Nordamerika, wie manche Gelehrte annehmen). Er schlug einen nördlichen Kurs ein und segelte von Insel zu Insel. Im Epos heißt es, dass Brendan auf eine Insel stieß, die »äußerst zerklüftet, felsig und voller Schlacke war, ohne Bäume oder Gras, und voller Schmieden. Der ehrwürdige Abt sagte zu seinen Brüdern: ›Diese Insel ängstigt mich. Ich möchte mich ihr nicht nähern, geschweige denn einen Fuß auf sie setzen, doch der Wind treibt uns geradewegs auf sie zu.‹« Brendan bekreuzigte sich in alle vier Himmelsrichtungen und betete: »Herr Jesus Christus, führe uns fort von dieser Insel.«

Ein Inselbewohner, »verlottert und voller Feuer und Dunkelheit«, kam mit einer Zange zum Strand, in der er einen großen Brocken glühender Schlacke hielt. Der verwahrloste Mann schleuderte die Schlacke auf die Diener Gottes, »aber sie fügte ihnen keinen Schaden zu. Sie flog mehr als 200 Meter über sie hinweg. Wo sie auftraf, begann die See zu kochen … und Rauch stieg vom Wasser auf wie von einem brennenden Schmelzofen.« Dann erschienen weitere Isländer und warfen mit flammenden Geschossen auf die Mönche, die in Todesangst davonruderten.

> »Es schien, als stünde die ganze Insel in Flammen wie ein riesiger Schmelzofen, und die See kochte wie ein Kessel mit Fleisch, der gründlich erhitzt wurde. Den ganzen Tag lang vernahmen sie großes Getöse von der Insel. Und als sie außer Sichtweite waren, drang das Geheul der Bewohner noch immer an ihr Ohr und der Gestank in ihre Nasen. Dann beschwichtigte der heilige Abt seine Mönche, indem er sagte: ›O Soldaten Christi, vertraut in euren unerschütterlichen Glauben und in die göttlichen Waffen, denn wir stehen vor den Pforten der Hölle.‹«

Offensichtlich beschreibt diese Passage die Entstehung einer vulkanischen Insel. Nach Brendan haben auch andere Seefahrer von Feuern berichtet, die sich aus dem Meer um Island erhoben. Im November 1963 glaubten die Besatzungsmitglieder eines Fischerbootes, 20 Seemeilen vor der Südküste Islands ein Schiff zu sehen, das in Flammen stand. Als sie näher kamen, bemerkten sie, dass sie Zeuge einer Eruption wurden. Während der nächsten Tage strömte glühend rote Basaltlava aus einer Spalte am Meeresgrund. Die Lava brachte das Meer zum Kochen, und der entstehende Vulkan stieß Asche aus, die sich mit den Dampfwolken vermischte. Die Eruption dauerte dreieinhalb Jahre an. Der Vulkan erhob sich 172 Meter über den Meeresspiegel, und die etwa zweieinhalb Quadratkilometer große Insel, die entstand, ist heute der südlichste Teil Islands. Der bewegungslose Haufen erstarrter Lava erhielt den Namen Surtsey, nach dem Feuergott Surtur aus der altnordischen Mythologie, und wurde nach und nach von Pflanzen, Insekten und Vögeln bevölkert. Die stets pragmatischen Isländer nahmen die Entstehung von Surtsey zum Anlass, ihre internationale Fischereigrenze einige Seemeilen nach Süden zu verschieben.

Islands bedeutendster Vulkan ist die Hekla, die »Bedeckte«. Dieser Vulkan stellt eine Übergangsform zwischen Spalten- und Stratovulkan dar und sieht aus, als würde er eine Haube oder Kapuze tragen; aus der Luft erinnert er angeblich an ein umgekipptes Kanu. Die Hekla erhebt sich am nordöstlichen Rand des südlichen Tieflands, Islands ertragreichstem Landwirtschaftsgebiet. Ihre Hauptspalte Heklugjá ist fast fünf Kilometer lang. Der Berg, den dieser infernalische Schlund hervorgebracht hat, ist 1491 Meter hoch und kann mit jeder Eruption noch weiter wachsen.

Vor vielen Jahrhunderten soll ein isländischer Priester zu den Angelsachsen gereist sein, wo er einer Hexe den Hof machte und ihr versprach, sie zu heiraten. (Mir ist aufgefallen, dass sich die

Isländer in solchen Geschichten immer als die Verführer darstellen.) Als der Priester wieder nach Island zurückkehrte, wurde der Hexe bewusst, dass sie getäuscht worden war. Sie schickte ihm eine goldene Schatulle mit der Anordnung, dass niemand außer ihm sie öffnen dürfe. Doch der Priester ließ sich nicht zum Narren halten; er ritt mit der Schatulle zum Gipfel der Hekla und warf sie in eine Felsspalte. Der Überlieferung zufolge brennt seitdem im Innern des Bergs ein Feuer.

Allerdings war die Hekla bereits aktiv, bevor der Priester oder irgendjemand anders in Island lebte. Wie dem Buch *Hekla* des Vulkanologen Sigurđur Thorarinsson zu entnehmen ist, brach der Vulkan nach dem Schmelzen der Gletscher und vor der Ankunft der Siedler mit solcher Heftigkeit aus, dass Island zu 80 Prozent von Asche bedeckt war. Diese Asche ist noch heute als markanter Streifen im Bodenprofil des Landes zu erkennen.

Schriftliche Aufzeichnungen belegen, dass die Hekla 1104, 1158 und 1206 ausbrach. Eine Eruption, die im Juli 1300 begann, dauerte ein Jahr an und bedeckte ein Drittel des Landes mit Tephra. Mit dem Begriff Tephra werden sämtliche Stoffe mit Ausnahme von Gasen und fließender Lava bezeichnet, die bei einer Eruption ausgestoßen werden: Staub, Asche, Fladen (in der Luft erstarrte, flüssige Lava), Blöcke und so genannte Bomben.

Eine Eruption der Hekla im Jahr 1693 dauerte sieben Monate an und war einer der folgenschwersten Vulkanausbrüche in der Geschichte Islands. Geologen schätzen, dass während der ersten Stunde des Ausbruchs pro Sekunde mehr als 45 000 Kubikmeter vulkanisches Lockermaterial ausgeworfen wurden. Aus dem Krater entwichen Fluorwolken. An jenem Tag wehte der Wind aus Süden. Im Norden Islands verfärbten sich die Blätter an den Bäumen schwarz, die Fische schwammen mit dem Bauch nach oben in den Flüssen, Schneehühner fielen tot um und Nutztiere verendeten, nachdem sie fluorverseuchtes Gras gefressen hatten.

1540 hatte der isländische Geistliche Gizur Einarsson eine Audienz bei König Christian III. von Dänemark. Einer zeitgenössischen Quelle zufolge »schien es Gizur, als stelle ihm der König viele unnötige Fragen, insbesondere im Zusammenhang mit dem Berg Hekla«. Geschichten über die Hekla hatten in der gesamten christlichen Welt Verbreitung gefunden. Der Vulkan wurde für den Eingang zur Hölle oder für die Hölle selbst gehalten. Religiöse Theoretiker stellten sogar die Vermutung auf, Judas Ischariot sei in der Hekla eingesperrt. 1675 schrieb ein Franzose, der Island bereist hatte, dass der Teufel die Seelen der Verdammten aus den Feuern der Hekla zerrte und sie in Vorbereitung auf künftige Foltern auf dem Packeis vor der Küste abkühlte.

In Island gibt es eine große Zahl bemerkenswerter Vulkane. Eldgjá, die »Feuerschlucht«, bedeckte im Jahr 930 mehrere hundert Quadratkilometer mit Lava. Bei einer Dampferuption des Kraters Víti, »Hölle«, regneten 1724 Schlamm und Bimsstein über einen großen Teil von Islands Norden herab. Der Krater Askja, heute eine riesige Caldera in den Tiefen von Víti, brach 1875 aus; das vulkanische Lockermaterial, das dabei ausgeworfen wurde, zerstörte so viele Höfe im Osten Islands, dass die Menschen in Scharen nach Nordamerika auswanderten.

Der weltweit größte Lavastrom, der seit Beginn der Geschichtsschreibung aufgezeichnet wurde, trat aus Lakagígar aus, einer gut 30 Kilometer langen, südlich der Mitte Islands gelegenen Vulkanspalte. Zwischen Juni 1783 und Februar 1784 spieen etwa 135 Krater insgesamt 15 Milliarden Kubikmeter Lava aus, die eine Fläche von 450 Quadratkilometern unter sich begruben. Die Lavamassen füllten bis zu 180 Meter tiefe Täler auf und erreichten in der Ebene eine Dicke von sechs bis dreißig Metern. Nach Schätzung eines Geologen hätte die Lava ausgereicht, um ganz England mit einem zehn Zentimeter dicken Lavateppich zu bedecken. Aufgrund seiner Dicke speicherte der Lavastrom die Hitze. Das aus seinen Flussbetten gedrängte Schmelzwasser der Gletscher tanzte so lange auf der Lava, bis es verdampft war oder sich neue Flussläufe gegraben hatte.

Aus der Lakagígar-Spalte stieg eine Fluorgaswolke auf und setzte sich über Island fest. Die Sonne schien wie ein karmesinroter Feuerball durch den dichten Dunstschleier. Menschen erstickten an dem Gas. Tiere, die kontaminiertes Gras gefressen hatten, bekamen seltsame Wucherungen an Zähnen und Knochen, die sie am Fressen und am Gehen hinderten. Das Gras hörte auf zu wachsen. Die Heuernte war erbärmlich, und die Futtervorräte gingen zur Neige. Sogar die Fische blieben von der Küste fern.

In den folgenden sechs Jahren fielen ein Viertel der isländischen Bevölkerung und drei Viertel ihres Viehbestands Hungersnöten und Krankheiten zum Opfer. Island war zu dieser Zeit eine Kronkolonie Dänemarks. Heute erzählt man in Island gern, nach den Schicksalsschlägen des 18. Jahrhunderts habe die dänische Regierung ihre isländischen Untertanen retten und sie alle nach Jütland im Norden Dänemarks umsiedeln wollen. Die Isländer, die überlebt hatten, so heißt es weiter, weigerten sich aber, ihre Heimat zu verlassen.

Ein anderer berühmter Vulkan ist die Katla, der »Kessel«, die sich unter dem Mýrdalsjökull verbirgt, dem viertgrößten Gletscher des Landes im Hochland hinter der Südküste. Der Mýrdalsjöküll ist ein Doppelhöcker aus Eis, das zwischen 180 und 360 Meter dick ist. Seit der Zeit der Besiedlung ist die Katla mindestens 16-mal ausgebrochen, das letzte Mal im Jahr 1918. Vom Mýrdalsjökull fließt ein Fluss herab, der Jökulsá oder »Gletscherfluss«. Wenn die Katla ausbricht, nimmt der Jökulsá die Schmelzwassermassen des Gletschers auf. Die Isländer haben ein Wort für dieses Phänomen geprägt: *jökulhlaup*, »Gletscherlauf«.

Zum Jökulhlaup kommt es, wenn das Magma unter einem Gletscher so viel Eis schmilzt, dass der entstehende Druck den Gletscher anhebt und das Wasser unter ihm herausströmen kann, oder wenn ein subglazialer Vulkan ausbricht, riesige Mengen Eis auftaut und eine plötzliche, mit Steinen, Schlamm, Asche und Eisplatten vermischte Wasserflut auslöst.

Auch im *Landnámabók*, dem »Buch der Besiedelung«, wird offenbar von einem Jökulhlaup berichtet. Lođmundur und Thrasi, zwei alte Hexenmeister, lagen in Fehde miteinander. Eines Morgens wurde Thrasi einer gewaltigen Wasserflut gewahr und lenkte sie mittels seiner Zauberkraft auf Lođmundurs Land. Lođmundurs Knecht teilte seinem Herrn mit, dass die See das Land überschwemmt habe, worauf Lođmundur, der blind war, verlangte, dass ihm eine mit diesem Wasser gefüllte Schale gebracht werde. Als er daran nippte und feststellte, dass das Wasser nicht salzig schmeckte, ließ er sich von seinem Knecht zu dem Strom führen. Dort hielt er die Spitze seines Stocks ins Wasser und biss auf einen eisernen Ring an dessen Ende, worauf der Strom nach Westen auf Thrasis Land floss. Die beiden Hexenmeister schickten das Wasser zwischen ihren Ländereien hin und her, bis sie sich schließlich darauf einigten, dass der Fluss auf kürzestem Weg zum Meer fließen solle.

Die Abflussmenge des Jökulsá während eines durchschnittlichen Jökulhlaup beträgt 50 000 Kubikmeter pro Sekunde. Eine Badewanne fasst etwa einen Kubikmeter Wasser. Aus dem Mississippi fließen unter normalen Bedingungen knapp 14 000 Kubikmeter Wasser in der Sekunde. Während eines Jökulhlaup rauscht der Gegenwert von dreieinhalb Mississippis durch ein schmales Tal südlich des Mýrdalsjökull.

Im 18. Jahrhundert hielt der Priester Jón Thorláksson eine Eruption unter dem Öræfajökull, dem »Wüstengletscher«, im Südosten Islands schriftlich fest. Die folgende Passage aus seinen Aufzeichnungen wird in George S. Mackenzies *Reisen durch die Insel Island* im Sommer 1810 wiedergegeben:

> »Der Jökull explodierte, und Massen Eis stürzten herab, von denen ein großer Teil ins Meer geschleudert wurde; doch das dickste Eis blieb auf der Ebene liegen, in kurzer Entfernung vom

Fuß des Bergs. Der Lärm und das Knallen dauerten an, und die Luft war so voller Feuer und Rauch, dass der Tag in der Dunkelheit, die folgte, kaum von der Nacht zu unterscheiden war und nicht einmal vom Licht des Feuers, das durch fünf oder sechs Spalten im Berg gedrungen war, erhellt wurde. In dieser Weise wurde der Pfarrbezirk von Öræfi drei Tage lang heimgesucht …

Der Erdboden war vollständig von Bimssteinsand bedeckt, und angesichts der rot glühenden Steine, die vom Himmel fielen, war es nicht angeraten, ins Freie zu gehen. Wer sich dennoch nach draußen wagte, tat gut daran, den Kopf mit einem Eimer zu bedecken.«

Während des Ausbruchs ritt der Priester los, um nach seiner Pfarrei zu sehen. Er und seine Begleiter brachten ihre Pferde nur mit Mühe dazu, den erhitzten Fluss zu durchschwimmen. Der Priester musste feststellen, dass sein Anwesen und die Unterkünfte seiner Arbeiter zerstört worden waren. Als der Jökulhlaup einsetzte,

»… befand sich die Belegschaft der Pfarrei in vier fast fertig gestellten Schafställen, und zwei Frauen und ein Junge versuchten, sich auf das Dach des höchsten Stalls zu retten; doch sie hatten das Dach gerade erklommen, als dieses der Gewalt der Schlammmassen nicht mehr standhielt und von der heißen Wasserflut fortgetragen wurde, und so weit das Auge reichte, sah man, wie sich die drei unglücklichen Personen am Dach festklammerten. Eine der Frauen wurde später zwischen den Massen gefunden, die von dem Jökull herabgeflossen waren, doch sie war verbrannt und gewissermaßen halb gar gekocht; ihr Körper war so weich, dass er kaum angefasst werden konnte … Die Schafe waren verloren; mache von ihnen wurden drei Pfarrbezirke weiter vom Meer tot an Land gespült. Das Heu, das gerettet werden konnte, reichte nicht für die Kühe aus, weshalb ein

Fünftel von ihnen getötet werden musste; und die meisten Pferde, die nicht ins Meer gerissen wurden, fand man später völlig verstümmelt.«

Die Südostküste Islands wurde immer wieder von Gletscherläufen heimgesucht. Dieser trostlose Küstenabschnitt, an dem es keine Ortschaften und nur wenige Bauernhöfe gibt, besteht aus kilometerlangen, windgepeitschten Sandflächen, so genannten Sandern: den Mýralssandur, den Međalladssandur, den Brunassandur und den riesigen, von Wasserläufen geäderten Skeiđarásandur, die 50 Kilometer lang und 25 Kilometer breit sind. Die Skeiđarásandur befinden sich im Tiefland am Fuß des Vatnajökull, dessen Eiskappe stellenweise bis zu 1000 Meter dick ist.

Um Island führt der Hringvegur, die Ringstraße. Die Ringstraße wurde 1974 fertig gestellt, als ein Brückensystem über die Skeiđarásandur, die »Sandflächen des reißenden Flusses«, errichtet wurde, dem größten Sander an der Küste. Vor dem Bau der Brücken war es nicht möglich, ganz um Island herumzufahren. Das vulkanische, von reißenden Flüssen durchzogene Landesinnere lässt sich nur zu Pferd oder mit dem Geländewagen durchqueren. Um mit dem Auto von Höfn im Südosten Islands ins 200 Kilometer entfernte Vík im Süden zu gelangen, musste man Island gegen den Uhrzeigersinn umrunden: eine Zweitagestour. Heute dauert die Fahrt über die Sandfläche etwa drei Stunden. (»Versucht es nicht an einem windigen Tag«, hatte uns unser Freund Thórđur gewarnt, »sonst wird die Farbe eures Autos per Sandstrahl weggeblasen.«)

Die Ringstraße hat nichts mit einer modernen Schnellstraße gemein. Sie hat zwei Fahrspuren und ist größtenteils unbefestigt. Die meisten Brücken haben nur eine Fahrspur. Dennoch verkörpert die Ringstraße im Bewusstsein der Isländer das Ende einer Zeit der Entbehrung und Härte, als Reisen ausschließlich zu Fuß oder zu Pferd unternommen werden konnten. Die Ringstraße ist eine dünne, brüchige Rettungsleine in die Gegenwart, die jederzeit von einem Jökulhlaup durchtrennt werden kann.

Im Oktober 1996, etwas mehr als einen Monat nachdem wir von Island nach Hause zurückgekehrt waren, brach unter dem Vatnajökull ein Vulkan aus. Unter der Eiskappe des Vatnajökull befinden sich zahlreiche Vulkane; in diesem Fall handelte es sich um einen bis dahin unbekannten Vulkan, der nach einer Trollfrau aus einer alten Legende den Namen Gjálp erhielt. Gjálp war einen Monat lang aktiv. An den Stellen, wo das Eis schmolz, sackte der Gletscher in sich zusammen. Ein großes Becken am Fuß des Vatnajökull füllte sich mit Schmelzwasser. Oberhalb des Beckens war das Eis 250 Meter dick. Der Vatnajökull wurde langsam angehoben wie der Deckel auf einem Topf mit kochendem Wasser.

Als es Anfang November schließlich zum Jökulhlaup kam, stürzten 35 000 Kubikmeter Wasser pro Sekunde herab. Die Flutwelle war fast fünf Meter hoch. Die Wassermassen rissen mehr als elf Kilometer der Ringstraße mit sich, zerstörten eine Stahlbetonbrücke völlig und beschädigten eine weitere schwer. Der entstandene Schaden an der Straße, den Brücken und den Versorgungsleitungen wurde auf 1,1 Milliarden Krónur oder umgerechnet 16 Millionen Dollar geschätzt. Die Isländer machten sich unverzüglich an die Reparatur der Fahrbahn, und drei Wochen später wurde die Ringstraße wieder für den Verkehr geöffnet.

Da sich die Gjálp-Eruption in einem dünn besiedelten Gebiet ereignete und der Vulkan nur wenig Asche auswarf, wurde der Ausbruch eher zu einem Medienspektakel als zu einer Katastrophe. Radio- und Fernsehteams aus der ganzen Welt reisten an. Die Isländer verkauften T-Shirts, die mit Fotos von der Dampfwolke über dem Gletscher bedruckt waren. In den Souvenirshops in Reykjavík tauchten Videos auf, gefilmt aus Flugzeugen, die über dem Vatnajökull kreisten. Islands Slogan »Feuer und Eis« wurde von den Medien endlos breit getreten.

Die Siedler in Island konnten sich die Vulkane, die ihre Wahlheimat in regelmäßigen Abständen in Schutt und Asche legten, nicht erklären. Sie schaufelten die Schlacke von ihren Hauswiesen. Sie begruben ihre Toten. Sie hielten die Ausbrüche für Launen der Götter, Racheakte von Hexen, Tricks von Zauberern und Arglisten von Trollen. Im Lauf der Jahrhunderte litten sie immer wieder unter Phasen intensiver Vulkantätigkeit.

Auch heute leben die Isländer auf bewegtem Magma und sind sich dessen entweder bewusst – weil sich ihre Häuser heben und senken, wenn sich das Magma in seiner Kammer bewegt – oder nicht. Ein Drittel der Fläche Islands ist vulkanisch aktives Gebiet, darunter auch ein Teil der Halbinsel Snæfellsnes. Nicht nur in Reykjavík, sondern auch in vielen anderen Regionen des Landes heizen die Menschen ihre Häuser mit geothermischer Energie. Die Wärme aus dem Erdinneren wird in Gewächshäuser und Schwimmbäder geleitet.

Ich fragte den Geologen Haukur Jóhannesson, welche Folgen heute eine große Eruption in Island hätte. Er entgegnete, dass das von der Lage des Vulkans abhinge. Ein Ausbruch im unbewohnten Landesinneren würde vermutlich keinen allzu großen Schaden anrichten. Eine Eruption in der Nähe von Reykjavík könnte Strom- und Frischwasserversorgung lahm legen. Ein Vulkanausbruch mit starkem Aschenregen hätte unter Umständen katastrophale Auswirkungen auf die Landwirtschaft im ganzen Land. Wenn der Wind günstig stünde, würde sich das Ereignis vielleicht nur als eine weitere Touristenattraktion erweisen.

Auf Little Lava hatten wir keinen Jökulhlaup zu befürchten – im Gegensatz zu den Menschen, die unmittelbar *undir jökli* wohnten, auf den Bauernhöfen und in den kleinen Städten am Ende von Snæfellsnes. Trotzdem hätte sich im Lavafeld hinter dem Haus eine Spalte auftun können. Oder im Hnappadalur oder in dem ähnlich vulkanischen Hítardalur, einen Gebirgszug weiter südlich. Eine neue Feuerspalte hätte sich überall auf Snæfellsnes öffnen können, wo die Spuren jahrtausendelanger Vulkantätigkeit ihre zerklüfteten Köpfe aus der Faxabucht recken. Wenn Snæfellsnes den Sommer 1996 gewählt hätte, um seinen Schlaf zu beenden, und der Wind aus Westen geweht hätte, wären wir vielleicht in Schwierigkeiten geraten. Von Zeit zu Zeit empfand ich es wirklich als Vorteil, ein Asbestdach über dem Kopf zu haben.

Während unseres Sommers auf Little Lava ereigneten sich tatsächlich zwei kleinere Eruptionen. Beide hatten einen kurzen Jökulhlaup an der Südküste zur Folge. Da wir weder ein Radio noch einen Fernseher hatten, bekamen wir nichts davon mit.

Das schwindende Licht

Wenn jemand, den ich kenne, diese Welt verlassen hat, fällt mir auf, dass ich genauer auf den Himmel achte. Auf seine Farbe. Auf die Intensität seines Lichts, auf den Zenit und auf den Horizont. Ich betrachte die Wolken, die über das Firmament ziehen und sich auf ihrer Reise verändern. Der Himmel sieht immer anders aus als zuvor, und doch bleibt er immer gleich. Dasselbe gilt auch für das Leben.

Vom Meer kroch Nebel über das Watt, und die Berggipfel waren mit tiefen Wolken verhangen. Die Sonne bohrte sich durch die Wolkendecke und strahlte verschiedene Gipfel an: den Skarđsheiđi in der Nähe von Borgarnes, die Skyrtunna auf Snæfellsnes und eine zerklüftete Felsspitze weiter draußen auf der Halbinsel, deren Namen ich nicht kannte.

Es regnete. Es hörte auf zu regnen. Die Ebbe setzte ein, und Vögel ließen sich zum Fressen auf dem Watt nieder.

Am Nachmittag marschierten Nancy, Will und ich hinüber nach Stóra Hraun. Auf dem Hof war ein blauer Toyota-Pick-up mit verlängertem Führerhaus und einer Plane über der Pritsche geparkt. Im Haus, beim Kaffeetrinken am Küchentisch, saßen Kristinn Skarphéđinsson und ein Kollege von ihm, ein anderer Ornithologe, den uns Kristinn als Arnór vorstellte. (Der Name »Arnór« ist eine Verknüpfung von »Adler« und »Thór«.) Die beiden unterhielten sich mit Kristján von Stóra Hraun. Offenbar ging es um die Vogelbestände in der Gegend. Ich schnappte die Worte *stokkönd,*

»Stockente«, *urtönd*, »Krickente«, *fálki*, »Falke«, und *örn*, »Adler«, auf.

Will sollte die Nacht auf Stóra Hraun verbringen, da er nicht in der Lage war, die anstrengende Wanderung über die Lava zum Adlerhorst zu bewältigen, die wir vorhatten. Margrét war nach Borgarnes gefahren und hatte amerikanische Filme auf Video ausgeliehen; ich bat sie, ihn die grausigeren nicht ansehen zu lassen. (Der Geschmack der Familie schien in Richtung Vampire und Axtmörder zu tendieren.) Nancy und ich umarmten Will zum Abschied und stiegen in den Toyota.

Kristinn fuhr bis zu der Stelle, wo die Stromleitung die Straße kreuzte. Wir stiegen aus, und die beiden Ornithologen diskutierten, ob sie ihre Regenbekleidung anziehen sollten oder nicht. »Ob es wohl regnen wird?«, fragte Kristinn und blickte zum Himmel. »Wir sind in Island, oder etwa nicht?«, entgegnete ich. Lächelnd schlüpfte Kristinn in seine Regenjacke. Dazu setzte er eine orangefarbene Pudelmütze auf, ein Souvenir aus seiner Studienzeit in Wisconsin, wo jeden Herbst tausende von Rotwildjägern mit orangefarbenen Pudelmützen auf den Köpfen die Wälder bevölkern.

Wir folgten der Stromleitung über ein Heufeld. Kristinn und Arnór waren beide groß und breitschultrig; sie machten mit langen Schritten Boden gut, und Nancy und ich mussten zusehen, dass wir hinter ihnen herkamen. Arnór hatte seinen Irish Setter Snót dabei (*snót* bedeutet »Mädchen« und wird oft in romantischer Poesie verwendet), eine gutmütige Hündin, die mich an meinen Cockerspaniel zu Hause erinnerte. Sie lief im Zickzack vor uns her. Arnór erzählte, dass er sie immer mit auf Schneehuhnjagd nahm.

Die Wolken senkten sich, und der Himmel wurde finster. Wir stapften durch einen Sumpf und sprangen über einen Entwässerungsgraben. Als die Stromleitung ein Lavafeld überquerte, mussten wir über Steinschutt marschieren. Das Lavafeld streckte sich nach beiden Seiten schwarz und gezackt aus. Es begann zu regnen; die Niederschläge der letzten Woche hatten ausgereicht, um die Quelle in der Höhle wieder auf ihren normalen Pegel ansteigen zu lassen.

Als wir den fraglichen Strommasten erreichten, drehte ich mich zum Eldborg. Ich entdeckte die Felsspitze mit dem Adlerhorst und zeigte sie Kristinn. Wir kehrten der Stromleitung den Rücken und bahnten uns den Weg zum Horst, wobei wir versuchten, die unwegsamste Lava zu meiden. Da jeder glaubte, die am wenigsten beschwerliche Route über die Lava finden zu können, teilten wir uns, achteten jedoch darauf, uns nicht aus den Augen zu verlieren. Ich musste an mein ganz persönliches isländisches Sprichwort denken: Durch die raue Lava sucht sich jeder seinen eigenen Weg.

Der Wind pfiff an den kantigen Steinplatten vorbei. Felsbrocken knirschten und kippten unter unseren Schritten. Kristinn sagte, dass die Isländer solche heimtückischen, unberechenbaren Felsen »Judassteine« nennen.

Die Adler hockten an verschiedenen Stellen. Ich war mir sicher, dass sie uns bereits in dem Moment, als wir die Lava betraten, entdeckt hatten. Einer der beiden Vögel erhob sich mit wenigen Flügelschlägen und glitt auf uns zu; dann schraubte sich auch der andere in die Luft. Als die Adler über uns kreisten, erklärte Kristinn mit einer Kinnbewegung: »Das Weibchen ist größer als das Männchen und hat eine tiefere Stimme.« Er sagte, dass es sich um alte Vögel handelte, was an ihren hellen Hälsen und Köpfen zu erkennen sei.

Arnór rief Snót zu sich und band sie an einem Felsen fest; er wollte die Adler nicht noch mehr aus der Fassung bringen, indem er ein fuchsähnliches Tier mit in die Nähe ihres Horstes nahm. Wir überquerten einen niedrigen Lavagrat, und ich deutete noch einmal auf das Nest. Ich hoffte inständig, dass der junge Adler noch da war.

Als ich Kristinn angerufen und ihm von dem Horst erzählt hatte, war er außer sich gewesen vor Freude. Seit 1914, als der berühmte ortsansässige Priester Árni Thórarinnsson von Stóra Hraun ein Adlerpärchen unerlaubterweise töten und ihren Horst zerstören ließ, waren in diesem Teil des Eldborg-Lavafelds keine nistenden Adler mehr gesichtet worden. »Was haben Sie sich dabei gedacht, in der Gegend hier spazieren zu gehen?«, hatte Kristinn mich lachend gefragt. »Kein Isländer würde jemals einen Fuß auf diese Lava setzen.«

Die Adler landeten und hörten auf zu schimpfen, wie damals, als ich mich mit Gary ihrem Nest genähert hatte. Mit dem Fernglas machte ich zwischen den fleckigen Flechten auf den Felsen und den Zweigen, aus denen der Horst bestand, das runde Auge des jungen Adlers aus. Nachdem ich das Auge erspäht hatte, rückte der übrige Teil des Adlers ins Blickfeld.

Nancy und ich erklommen einen nahe gelegenen Lavagrat und setzten uns, um dem Schauspiel zuzusehen. Kristinn kletterte vorsichtig auf die Felsspitze. Ich war überrascht, dass ihn die erwachsenen Vögel nicht angriffen. Sie rührten sich nicht von der Stelle und sahen auf den schrägen Steinplatten aus wie schwarze Wasserspeier.

Kristinn pirschte sich dicht an den Felsen gedrückt an den Horst heran. Der junge Adler fauchte ihn an. Er hatte bereits sein vollständiges Gefieder und sah aus wie ein ausgewachsener Adler, mit Ausnahme seines schwarzen Schnabels, der sich später, wenn der Vogel ausgewachsen war, gelb färben würde. Der junge Adler breitete die Flügel aus und öffnete drohend den Schnabel. Er richtete sich auf und zeigte seine Krallen. Kristinn streckte die Hand aus und ließ seine Pudelmütze über den Kopf des jungen Adlers fallen. Dann berührte er den Vogel sanft auf der Seite, worauf er sich augenscheinlich beruhigte.

Kristinn holte eine Zange aus der Tasche und den größten Vogelring, den ich je gesehen hatte. Er hatte einige Mühe, den

Ring ordentlich am Bein des jungen Adlers zu befestigen. »Es gibt ein paar kleinere technische Probleme«, rief er uns lächelnd zu. Arnór kletterte in der Zwischenzeit über den regennassen Wall und sammelte Beutereste und abgestoßene Federn ein. Mit Hilfe der Zange bog Kristinn den Ring wieder auf und schloss ihn erneut, um sicherzugehen, dass er auch wirklich fest saß. »Das ist eine einmalige Erfahrung für den Adler«, meinte er, »also soll er auch was davon haben.«

Schließlich stand er auf. »Ein hübscher, kerngesunder Vogel. In etwa einer Woche müsste er fliegen können.«

Die Szenerie hatte etwas Unirdisches: die nebelumhüllten Berge, das schwarze Lavafeld, der launenhafte Lichtwechsel in der Ferne, der fast waagrechte Regen und die Felsspitze, auf der die beiden großen Männer über dem jungen Adler standen. Kristinn drückte verschiedene Knöpfe auf seinem GPS-Gerät, das piepsend mit den Satelliten Kontakt aufnahm, die unsichtbar über das Himmelszelt zogen.

Auf dem Rückweg holten wir den winselnden, wedelnden Setter ab. Wir machten bei der Stromleitung Halt und aßen einen Bissen. Arnór legte seinen Sandwich weg und griff zum Fernglas. Über der von der Flut mittlerweile zur Hälfte gefüllten Lagune hing eine kleine Wolke, die etwas dunkler war als der bedeckte Himmel und aussah wie eine Sandhose. Die Wolke dehnte sich aus, zog sich zusammen, verschwand für einen Moment, tauchte wieder auf und wirbelte in Richtung Norden davon.

»Watvögel«, sagte Arnór, »höchstwahrscheinlich Alpenstrandläufer.«

»Arnór beschäftigt sich mit Watvögeln«, erklärte Kristinn. »Das waren vermutlich Weibchen. Sie machen sich meist früh aus dem Staub und überlassen ihren Partnern die Aufzucht der Nestlinge. Allerdings ist es bei ihnen nicht wie bei den Wassertretern, wo die Weibchen unmittelbar nach dem Eierlegen das Weite suchen. Alpenstrandläuferweibchen verlassen ihre Nester einfach nur etwas früher im Herbst.«

Wir verabschiedeten uns. Kristinn und Arnór marschierten an der Stromleitung entlang zu ihrem Pick-up, Nancy und ich gingen in Richtung Süden nach Little Lava. Der Wind blies uns den Regen ins Gesicht. Wir hielten uns so lange wie möglich an einen langen Streifen glatter Lava, der zwischen zerklüfteten Bereichen hindurchführte, dann verlangsamten wir unser Marschtempo, als wir in unwegsameres Gelände kamen. Ich hielt nach dem fingerförmigen Steinhügel Ausschau und hoffte, dass der Nebel nicht dichter werden würde. Wir stolperten beide mit bleiernen Beinen dahin. Goldregenpfeifer flüchteten vor uns über die Heide. Im Isländischen heißt der Goldregenpfeifer *heiđlóa*. Der wesentlich kleinere Alpenstrandläufer, der oft Seite an Seite mit dem Goldregenpfeifer frisst, wird *lóuthræll* genannt, »Sklave des Lóa«.

Wir fanden den hohen Steinhügel, der sich wie ein gekrümmter Finger zur Seite neigte. Von dort aus konnten wir auf dem Pfad weitergehen, bis wir schließlich den Kamin von Little Lava sahen. Dann kam das ganze Haus ins Blickfeld, grau und mysteriös wie seine Umgebung. Wir gingen hinein und zogen unsere Regenbekleidung aus. Wir zitterten beide vor Kälte. Ich machte Feuer im Ofen. Wir tranken heißen Tee mit einem Schuss Whiskey und gingen ins Bett.

Ich wachte mitten in der Nacht auf. Durchs Küchenfenster blickte ich nach draußen über den Sumpf. An der örtlichen Schule brannte die elektrische Außenbeleuchtung. Es war das erste Mal, dass ich die Lampen in diesem Sommer brennen sah. Ich erinnerte mich, wie ich die Lampen durch dasselbe Fenster betrachtet hatte, als Pétur und ich im Dezember vergangenen Jahres nach Little Lava gekommen waren. Ich erinnerte mich, wie die Lampen in der schwarzen Nacht und der eisigen Kälte gefunkelt hatten.

Jetzt leuchteten sie vor dem dunkelgrauen Kegel des Hafursfell,

Der Hafursfell.

dessen obere Hälfte sich in den Wolken verlor. Das Tageslicht erhellte den Himmel noch immer, doch es war gedämpft und trüb. Ich spürte Unbehagen in mir aufsteigen, eine vage Angst, und wunderte mich über die beinahe körperlich spürbare Wirkung, die – daran bestand für mich kein Zweifel – von der Wiederkehr der Nacht hervorgerufen wurde. Es war das erste echte Anzeichen dafür, dass sich der Sommer seinem Ende näherte. Die Alpenstrandläufer hatten es bereits gespürt, ebenso die anderen Vögel, deren Augen und Gehirne darauf geeicht waren, das Kürzerwerden der Tage wahrzunehmen. Doch es gibt keinen Grund zur Annahme, unsere Augen und Gehirne seien jahreszeitlich bedingten Lichtveränderungen gegenüber unempfindlich. Wie jeder Sommer musste auch dieser irgendwann zu Ende gehen. Der Winter rührte sich, ein stummes Ungeheuer, das irgendwo im Norden schlummerte. Ich sah auf die Uhr. Es war 1:30 Uhr am Morgen des 18. Juli.

Etwa eine Stunde früher war in den Vereinigten Staaten, wo man noch den Abend des 17. Juli schrieb, eine Passagiermaschine der Trans World Airlines mit Ziel Paris gestartet.

Am nächsten Nachmittag holten wir Will auf Stóra Hraun ab. Ein weiterer kühler Tag mit Nieselregen. Wir fuhren zur Schule, wo ich ausgiebig duschte und den Schmutz einer ganzen Woche abschrubbte. Ich schwamm ein paar Bahnen von einem Ende des kleinen Beckens zum anderen. Ich tobte mit Will im Wasser umher, spürte seine Rippen, seine dünnen Arme, seine Ellbogen und seine warme, rutschige Haut. Nancy und ich saßen lange Zeit im Heißwasserbecken und versuchten, die Kälte der vergangenen Nacht zu vertreiben. Auf der Rückfahrt nach Little Lava schaltete ich das Autoradio an, das auf einen Sender aus Reykjavík eingestellt war. Der Sender, den man nur ab und zu auf Anhöhen empfangen konnte, spielte klassische Musik; wir hatten ihn den ganzen Sommer über vielleicht drei- oder viermal gehört. Zufällig wurde gerade ein englischsprachiger Beitrag der BBC gesendet, in dem von einem Passagierflugzeug berichtet wurde, das auf dem Weg nach Paris vor der Küste von Long Island ins Meer gestürzt war.

Nancy und ich fanden die Meldung außergewöhnlich beunruhigend. Wir hatten seit fast zwei Monaten keine Zeitung mehr gelesen. Wir hatten uns vor den Geschehnissen in der Welt zurückgezogen: vor Fährunglücken, Bürgerkriegen, Epidemien, Hungersnöten, Terroranschlägen, Attentaten, Morden – vor den unzähligen traurigen Ereignissen, die zur Routine werden, wenn man tagein, tagaus von ihnen hört, ohne unmittelbar von ihnen betroffen zu sein. Auf Little Lava wurden wir ganz von der Natur in Anspruch genommen und kannten nur ihre begreiflichen Tragödien: das in der Lava gefangene Schaf, die verschwundene junge Raubmöwe, der Rotschenkel im Maul des Fuchses. In diesem Kreislauf diente der Tod dem Überleben und der Fortpflanzung. Den Absturz einer Passagiermaschine empfanden wir in unserer Abgeschiedenheit auf Little Lava als unbeschönigten Wink, dass wir diesen einfachen, friedlichen Ort irgendwann wieder verlassen und in eine schwierige Welt voller Zwist und Schmerz zurückkehren mussten.

Auf dem Rückweg machten wir auf Stóra Hraun Halt, um die Kleidungsstücke abzuholen, die Margrét für uns gewaschen hatte. Da es regnete, hatte sie die Sachen nicht im Freien aufgehängt, sondern in der warmen Wäschekammer getrocknet. Sie überreichte sie uns ordentlich gefaltet in Plastiktüten.

Wie üblich wurden wir zum Kaffee eingeladen. Margrét erkundigte sich, ob wir von dem amerikanischen Flugzeug gehört hätten. »Schrecklich«, sagte sie mit gesenktem Blick. Dann hellte sich ihre Miene auf. Mit der Post war soeben ein Paket für William gekommen – sie nannte ihn »Vilhjálmur«, auf Isländisch. Ich öffnete den Pappkarton, und Will riss das Einwickelpapier der Geschenke auf, die sich darin befanden: verspätete Geburtstagsgeschenke seiner Cousinen und Cousins, der Kinder von Nancys Schwester. Ein Buch. Ein Brettspiel. Und eine Karte von seiner 15-jährigen Cousine Claire, ein selbst gemaltes Aquarell, das einen blauen Reiher in einem Sumpf zeigte. Außerdem hatte ihm Claire ein selbst entworfenes T-Shirt geschickt, auf dem vier verschiedene Insekten die Buchstaben des Alphabets darstellten.

Zwei Tage waren vergangen, als wir das nächste Mal von Little Lava über das Watt wanderten. Nancy machte sich allein mit dem Auto auf den Weg, um sich einige Tage lang in einer 80 Kilometer weiter nördlich gelegenen Gegend umzusehen, die sie als Schauplatz für einen historischen Roman auserkoren hatte. Ich blieb mit Will eine Weile auf Stóra Hraun, wo ich mich mit Margréts Sohn Alli, kurz für »Arilíus«, unterhielt, einem groß gewachsenen und schlanken jungen Mann, der schüchtern, aber freundlich war. Er erholte sich zu Hause von einer Verletzung: Bei einem Unfall in der Fischfabrik, in der er arbeitete, weiter draußen auf Snæfellsnes, hatte er sich den Ringfinger fast vollständig abgetrennt. Er war mit einem Flugzeug nach Reykjavík gebracht worden, wo man ihm den Finger wieder annähte; Kristinn Skarphéđinsson hatte mir erzählt, dass von dem Vorfall sogar in den Abendnachrichten im Fernsehen berichtet wurde.

Ich unterhielt mich mit Alli übers Forellenfischen, das er mit großer Begeisterung ausübte. Ich rief zweimal in den Vereinigten Staaten an, den Maler, der unser Haus strich, und Freunde von uns, die sich um unseren Hund kümmerten. Bei den Anrufen fasste ich mich kurz und sah auf die Uhr, um den Bewohnern von Stóra Hraun die leicht zu berechnenden Gebühren für internationale Ferngespräche anschließend erstatten zu können.

Unmittelbar nachdem ich mein zweites Gespräch beendet und den Hörer aufgelegt hatte, klingelte das Telefon. Ohne zu überlegen, hob ich ab. Ich war überrascht, Englisch anstelle von Isländisch zu hören. Der Anrufer wollte Nancy sprechen. Ich erkannte die Stimme meines Schwiegervaters. Er und unser Neffe Patrick wollten uns in zehn Tagen in Island besuchen, und ich nahm an, dass er deswegen anrief. Mein Schwiegervater war kurzzeitig etwas verwirrt, weil ich ans Telefon gegangen war. Dann bemerkte ich, dass in seiner Stimme eine Aufregung mitschwang, die nichts mit seiner Überraschung zu tun hatte. Er fragte mich, ob ich von der TWA-Maschine gehört hätte. Unsere Nichte Claire war unter den Passagieren gewesen.

Ich sagte es Will, als wir auf einem Felsen bei der Lagune saßen. Ich trauerte um Claire und empfand tiefes Mitleid für ihre Eltern, ihre Großeltern und ihre Brüder, für alle, die sie gekannt und geliebt hatten. Auch mein Sohn tat mir Leid. Wie hart muss es sein, wie bedrohlich muss es erscheinen, wenn die Welt mit einem Mal bösartig wird. Wir hatten ein schmerzliches Jahr hinter uns nach dem Tod meiner Mutter. Unseren neuen Freunden auf Stóra Hraun hatte ich nicht erzählt, was ihr zugestoßen war; es schien keinen Grund zu geben, weshalb sie es erfahren mussten, und ich wollte nicht, dass sie dachten, ich käme von einem Ort, an dem solche Ereignisse an der Tagesordnung sind. Doch sie wussten von dem Flugzeugabsturz und von Claire, und der Verlust war mir deutlich anzumerken gewesen. Aus irgendeinem Grund entschloss ich mich, ihnen jetzt von Mom zu erzählen.

»Dad, was ist mit dem Flugzeug passiert?«, fragte Will.

»Es ist explodiert.«

»Warum ist es explodiert?«

»Das wissen wir nicht.« Ich hielt inne. »Vielleicht war es eine Bombe.«

Er verzog das Gesicht. »Jemand hat eine Bombe in das Flugzeug gelegt?«

»Will, mein Schatz, wir wissen es auch nicht.«

Er vergrub das Gesicht an meiner Brust. Ich hielt ihn fest, und wir weinten beide. Die Ebbe hatte die Lagune neben uns geleert. Alpenstrandläufer fraßen in der Nähe des Ufers. Rotschenkel liefen auf ihren schlanken, orangefarbenen Beinen umher und blieben immer wieder unvermittelt stehen, um ihre Schnäbel in den Sand zu bohren. Möwen gaukelten wie Schneeflocken herab und ließen sich auf der weiten, glitzernden Fläche nieder.

Ich dachte über die Zeit nach, die wir auf Little Lava verbracht hatten. Das Meer, die Vögel, die Berge, das großzügige Licht und die freie Aussicht in alle Richtungen hatten mir Trost gespendet. Auch Island barg Gefahren in sich. Ein Vulkan konnte ausbrechen. Es gab gefährliche Strömungen im Wasser und die unerbittlichen Gezeiten. Löcher und Spalten in der Lava. Herabstürzende Felsen. Böen, die einen von den Klippen wehen konnten. Doch man konnte sich auf solche Gefahren vorbereiten. Man konnte ihnen zwar nicht immer aus dem Weg gehen, aber man konnte Vorsichtsmaßnahmen treffen. Die Natur war gleichgültig gegenüber dem Schicksal einer Bachstelze, eines Adlers, eines Menschen, doch ich entdeckte nichts Boshaftes in dieser Gleichgültigkeit.

Das Personal des Hotels, in dem Nancy wohnen wollte, war telefonisch verständigt worden. Ich musste nach Stóra Hraun zurückgehen und warten, bis sie mich anrief. Laut Nancys Vater erwartete unsere Familie, dass wir nach Hause kamen. Wir würden versuchen, nach Pennsylvania zu fliegen, und wir würden so schnell wie möglich wieder nach Little Lava zurückkehren.

Fast zwei Wochen waren vergangen.

Ich saß am Rand des Lavafelds und blickte hinab auf das Haus auf Little Lava. Das Gras war gereift, während wir in Pennsylvania waren. Es lag wie ein lavendelfarbener Dunstschleier über den Thúfur und den torfbedeckten Ruinen und umsäumte das Haus. Die Grashalme raschelten im Wind. Die Lagune schimmerte silberfarben. Auf der anderen Seite der Bucht ragte der Snæfellsjökull empor, den Halldór Laxness als »Seele, in Luft gehüllt« bezeichnet hat. Der Fuß des Bergs war in dieser wolkenlosen Nacht Anfang August tiefblau, sein Gipfel hob sich bläulich rosa von einem Himmel ab, der von Regenbogenfarben überflutet war: Honiggelb verblasste nach oben hin zu Zitronengelb, das Zitronengelb verdunkelte sich zu einem zarten Blaugrün, dann zu einem Marineblau, dann zu einem Blauviolett.

Amerika war uns zunächst fremd vorgekommen, wie in einem Traum. Am Flughafen in Baltimore wurden wir vom Fahrer eines Kleinbusses abgeholt; ein Freund von uns, dem eine kleine Firma in unserer Gegend gehört, hatte ihn geschickt. Der Kleinbus fuhr mit uns nach Norden in die Nacht. Die Dunkelheit war greifbar, wie ein dicker schwarzer Schleier. Ich hatte zwei Monate lang keine Dunkelheit mehr erlebt. Der Sommer in Pennsylvania war verregnet gewesen, erzählte uns der Fahrer; es regnete auch an diesem Tag, und als wir gegen Mitternacht in unsere Einfahrt fuhren, hatten wir das Gefühl, in einen Brunnen hinabzusteigen. Die Äste der Bäume neigten sich über die Zufahrt und die Lichtung, auf der das Haus stand. Von den üppigen grünen Blättern tropfte Wasser.

Am Morgen fuhren wir in das 110 Kilometer entfernte Montoursville zu Claires Beerdigung. Ihr Leichnam war als einer der ersten aus dem Meer geborgen worden. Andere Familien trauerten um Kinder, die noch immer vermisst wurden. Ich fühlte mich wie ein unbemanntes Boot, das der Wind vor sich her trieb. Man bat mich, beim Gottesdienst für Claire aus der Bibel zu lesen, wozu ich mich gern bereit erklärte. Heute weiß ich nicht mehr, was ich las. In der Kirche waren zahlreiche Trauergäste anwesend. Als wir zum Friedhof fuhren, kamen wir an einer anderen Kirche vorbei, in der ebenfalls um ein Kind getrauert wurde. Wir blieben mehrere Tage in dieser Stadt, in der die Menschen mit großer Würde und Kraft um die verlorenen Leben trauerten: die Leben von 21 Schülern und ihren Begleitern auf Klassenfahrt nach Frankreich.

Nancy, Will und ich machten uns auf den Heimweg zu unserem Haus in den Wäldern. Wir mussten uns vorübergehend auf einer Seite des Hauses einrichten, weil auf der anderen Seite die Maler am Werk waren. Mein Freund brachte uns unseren Hund. Ich bemühte mich, allem, was mit meiner Mutter und ihrem Tod zu tun hatte, aus dem Weg zu gehen, musste aber feststellen, dass es mir nicht gelang. Ich rief die Leute an, denen ich ihr Haus vermietet hatte. Ich setzte mich mit dem Staatsanwalt in Verbindung und erkundigte mich nach dem Stand der Ermittlungen; bis zur Gerichtsverhandlung würde es noch Monate dauern. Ich telefonierte mit meinen beiden Brüdern. Das Beste, was Nancy und ich machten, war, dass wir das Kanu auf den Pick-up luden, an einen See fuhren, durch das von Algen durchzogene Wasser und den Nebel paddelten und am anderen Ufer an Land gingen, um in einem Moor Heidelbeeren zu pflücken.

Wir kehrten mit derselben Maschine wie Nancys Vater und unser Neffe Patrick nach Island zurück. Seit der Explosion, von der inzwischen nur noch als dem »TWA-Flug-800-Desaster« gesprochen wurde, waren 13 Tage vergangen. Der 13-jährige Patrick war Claires jüngerer Bruder. Ich war überrascht, dass ihn seine Eltern so kurz nach Claires Tod in ein Flugzeug steigen ließen. Ich war gerührt, dass sie ihn uns anvertrauten, und ich war stolz auf ihn, weil er sich dafür entschieden hatte, die Reise, auf die er sich seit langem gefreut hatte, trotz allem anzutreten. Weder Nancy noch ich verloren ein Wort darüber, dass wir Claire ursprünglich gebeten hatten, den ganzen Sommer mit uns zu verbringen.

In Island wurde uns tiefes und aufrichtiges Mitgefühl zuteil: von Pétur und Anna; von Thórdur und seinen Eltern, die mich bei sich zu Hause unterbrachten; von anderen Freunden, die den Rest von uns bei sich aufnahmen; von den Angestellten von Icelandair, der staatlichen Fluggesellschaft, die unseren Heimflug so kurzfristig arrangiert und uns sogar erster Klasse untergebracht hatten. Unsere Nachbarn auf Stóra Hraun erwarteten uns mit frischem Brot und Rhabarbermarmelade.

Claire war Nancys *systurdóttir*. Für die Isländer spielen Verwandtschaftsbande eine wichtige Rolle. Die Struktur der isländischen Gesellschaft gründet sich seit der Zeit der Besiedlung auf solche Verbindungen. In Island ist jeder männliche Verwandte, egal wie entfernt, ein *frændi*, ein Blutsverwandter; jede weibliche Verwandte ist eine *frænka*, eine Blutsverwandte. Im Isländischen existieren Wörter für die Schwester der Frau des Bruders oder für den Sohn des Bruders des Großvaters. Und den Isländern – die in einem rauen Land leben, in dem viele einer gefährlichen Arbeit nachgehen und die Schicksalsschläge der Vergangenheit im nationalen Bewusstsein lebendig bleiben – sind die Gefühle, die ein verfrühter Tod auslöst, nicht fremd.

Die Organisation der Fahrt nach Little Lava war dadurch erschwert worden, dass wir alle einschließlich unseres Gepäcks nicht in den Mitsubishi passten. Also war Nancy mit ihrem Vater, Will und Patrick Richtung Norden gefahren, während ich den Bus nahm. Ich stieg etwa zur selben Zeit in Borgarnes aus, als Nancy ihren Vater, die Jungs und das Gepäck auf Little Lava absetzte. Sie überquerte einmal das Watt, um ihren Vater und die Jungs zu begleiten (Patrick trug seinen Pfadfindersack, Will einen Rucksack), und ließ ihren Rucksack und ein paar Taschen auf der anderen Seite stehen. Dann gingen sie und ihr Vater zurück zum Auto: er, um allein eine zweite Fuhre zu schleppen, sie, um mich abzuholen. Es galt, keine Zeit zu verlieren, denn es herrschte Stórstreymi, Springtide, und wir wollten das Watt überqueren, ehe die Flut einsetzte.

Als Nancy an Stóra Hraun vorbeifuhr, hielt Veiga sie an und fragte sie, ob sie ihr ein Paar Schuhe besorgen könne. Nancy wusste nicht, wie sie ihr auf Isländisch erklären sollte, dass wir es eilig hatten und dass gerade kein günstiger Zeitpunkt für einen Einkaufsbummel war. Hinzu kam, dass sie nicht verstand, welche Art Schuhe Veiga wollte, in welcher Größe, und wo sie zu bekommen waren. Also forderte Nancy Veiga auf, sie zu begleiten. Sie wartete, während Veiga wieder hineinging, den Abwasch erledigte und sich für den Ausflug in die Stadt saubere Sachen anzog.

Ich saß in der Zwischenzeit gegen den Pfosten eines Verkehrsschilds gelehnt am Straßenrand. Es war der erste August, ein warmer, sonniger Tag. Auf der Ringstraße, die durch Borgarnes führt, herrschte lebhafter Verkehr.

Auf der anderen Straßenseite stand ein zweistöckiges Gebäude mit Stuckfassade. Wenn ich mich recht erinnere, war eine Arztpraxis darin untergebracht. Eine Tür des Gebäudes ging auf, und eine kleine, grauhaarige Frau kam heraus.

Es war meine Mutter. Einen kurzen Augenblick lang war es nicht einfach nur eine Frau, die aussah wie meine Mutter, es war meine Mutter. Mein Herz füllte sich mit Liebe, die sich langsam in Schmerz verwandelte. Die Frau trat auf den Gehweg, drehte sich um und ging in Richtung Innenstadt. Sie ging mit kurzen, nach außen gerichteten Schritten. Selbstverständlich war sie eine Einheimische, und ich hatte sie noch nie zuvor gesehen.

Viele Autos fuhren vorbei, bis ich endlich den Mitsubishi entdeckte; Nancy hupte. Während Veiga sich auf den Weg ins nächste Sportgeschäft machte, beluden Nancy und ich in dem kleinen Lebensmittelgeschäft der Lkw-Raststätte einen Einkaufswagen mit Nahrungsmitteln. Dann galt es, Veiga wiederzufinden. Wir entdeckten sie schließlich in der Lkw-Raststätte, in neuen violettweißen Laufschuhen und mit einer Eiswaffel in der Hand. Wir setzten sie ins Auto und fuhren schnellstmöglich in Richtung Little Lava. Auf Stóra Hraun schoben wir sie mehr oder weniger aus dem Wagen, verstauten die Lebensmittel in unseren Rucksäcken und marschierten über das Watt. Die Gezeiten hatten zwei Stunden zuvor gewechselt, und die Flut stieg rasch an und schob sich über das von der Sonne aufgewärmte Watt. Im Gehen sahen wir, wie die Priele breiter wurden. Wir zogen die Schuhe aus, krempelten die Hosen hoch und wateten durch sie hindurch.

Im Haus kugelten wir uns vor Lachen, als Nancys Vater beschrieb, wie er im matschigen Schlick stecken geblieben war, fast umgefallen wäre, als er versuchte, sich zu befreien, und seine Stiefel beinahe in Löngufjörur eingebettet zurückgelassen hätte.

Wir wussten bereits, dass während unserer Abwesenheit andere auf Little Lava gewesen waren. Oddný war mit ihrer Tochter Síf gekommen, um Beeren zu pflücken – wir hatten sie eingeladen und bedauerten, sie verpasst zu haben –, und Pétur war mit seinem Bruder Gunnar am selben Tag dort aufgetaucht. Geöffnete Verpackungen auf den Tischen und in den Regalen und Essensreste im Mülleimer hatten die Mäuse wieder ermuntert, die wir mit Fallen und dem Verstauen der Nahrungsmittel in verschließbaren Behältern bereits in den Griff bekommen hatten. Auf dem Boden lag Zigarettenasche herum. Eine Hand voll Münzen war über dem Tisch verstreut. Uns blieb nichts anderes übrig, als die Unordnung – und nicht zuletzt die Tatsache, dass wir uns mehr und mehr wie die Hausherren auf Little Lava vorkamen – mit Humor zu nehmen und Schaufel und Besen zu holen.

Drei Tage nach unserer Rückkehr saß ich am Rand des Lavafelds und sog den Zauber des isländischen Sommers – des ausklingenden isländischen Sommers – und des einsamen Anwesens Little Lava in mir auf.

Die Sonne war hinter den Bergen verschwunden. Die Luft war still. Der Snæfellsjökull hatte sich dunkelblau verfärbt, und die Farben des Himmels waren kälter geworden. Eine Brise wehte durchs Gras, durch das üppige, reife Gras auf der Hauswiese. Ich vermisste ein Geräusch, das uns den ganzen Sommer über begleitet hatte: die Laute, mit denen die Schnepfen im Flug ihr Revier absteckten, diesen bebenden, ansteigenden Ton, der für Nancy klang wie das Lachen von Elfen.

Ich hatte Claires Gesicht deutlicher vor Augen als das meiner Mutter: Überall im Haus von Nancys Schwester hingen Bilder von ihr. Claire war ein hübsches, groß gewachsenes Mädchen gewesen, mit heller Haut und Sommersprossen auf der Nase. Ich erinnerte mich an das Kleid, in dem sie als kleines, selbstbewusstes Mädchen auf Nancys und meine Hochzeit gekommen war. Ich erinnerte mich, wie wir kürzlich zusammen in meinem Kanu gepaddelt waren, auf demselben See, an dem ich mit Nancy Beeren gesammelt hatte, und ich erinnerte mich, wie ich Claire betrachtet und mir gedacht hatte, dass sie jetzt eine Frau war und dass das Leben vor ihr lag wie der See vor dem Bug des Kanus.

Ich fühlte mich müde und leer und hatte das seltsame Gefühl, dass ich mich jetzt mehr in mein Schicksal fügte. Ich war nicht allein in meinem Schmerz, den die jüngsten Ereignisse noch gesteigert hatten. Natürlich war mir das schon vorher bewusst gewesen, aber andere genauso trauern zu sehen, wie ich um meine Mutter getrauert hatte, öffnete mir die Augen. Ich war nicht der einzige Mensch auf der Welt mit einem gebrochenen Herzen, ich war nicht einmal der einzige im engsten Familienkreis. Ich hoffte, dass Little Lava den Schmerz von Nancys Vater und Patrick ebenso lindern würde, wie es den meinen gelindert hatte.

Im Sumpf leuchtete das Wollgras im blassen, klaren Licht. Schafe zogen grasend umher; die Lämmer waren inzwischen fast so groß wie ihre Mütter. Die Flut hatte die Lagune gefüllt und den Stakkholtssteinn verschluckt. Das Wasser breitete sich bereits fächerförmig auf dem Land aus.

Ich betrachtete die »Seele, in Luft gehüllt«. Sie wirkte kalt und fern. Ich hob den Blick in die Richtung, in die der Gipfel zeigte. Am Himmel, genau über dem Berg, war ein Lichtstrahl zu sehen. Ein Stern funkelte, der erste Stern, den ich in diesem Sommer in Island sah.

Windland

Die Tage wurden kürzer. Nachts, bei klarem Himmel, waren jetzt mehr Sterne zu sehen. Das wackelige W der Kassiopeia, der Große und der Kleine Bär. In bedeckten Nächten verlor sich Snæfellsnes in der Dunkelheit, und die Lichter der Bauernhöfe auf der Halbinsel funkelten wie zur Erde gefallene Sterne. Im Haus zündeten wir Kerzen und Lampen an; wir konnten im Bett nicht mehr viel länger als bis zehn Uhr lesen.

Tagsüber streiften Will und Patrick über die Hauswiese und erkundeten den Rand der Lava. Will schien Little Lava letzten Endes als Zuhause akzeptiert zu haben. Seine Lieblingsbeschäftigung war es, die Schafe zu vertreiben, damit sie nicht überall um das Haus ihre Hinterlassenschaften verteilten, die wir anschließend an den Schuhen mit ins Haus trugen; Thórdur hatte den Vorschlag gemacht, dass Will diese Aufgabe übernehmen sollte. Will hielt seinen Wanderstock wie einen Speer und pirschte sich an die Schafe heran. Dann stürmte er auf sie los und schleuderte seine Waffe, worauf sie in alle Richtungen davonstoben. Das brachte ihm den Spitznamen »Vilhjálmur Schafstöter« ein.

Eines Abends tauchte ein Fuchs bei dem Abfallhaufen mit unseren Essensresten auf. Es handelte sich um einen jungen Fuchs, der erst seit kurzem allein auf Streifzug war. Als Will und Patrick sich ihm näherten, stahl er sich ein Stück weit in die Lava davon, wo er mit gespitzten Ohren stehen blieb; später kehrte er zurück und tat sich wieder an den Essensresten gütlich. Der Fuchs zeigte so wenig Scheu vor Menschen, dass ich auf ihn zulief, einen Schrei ausstieß und ihn verjagte. Er musste erzogen werden, andernfalls würde er zwischen all den wachsamen Bauern nicht lange überleben.

Die Gräser im Sumpf wechselten ihre Farbe, von grün zu orange zu zimtfarben zu bronzen. Der Wind beutelte das Wollgras, riss seine Samen fort und verteilte seinen weißen Flaum auf dem Sumpf. Die Goldregenpfeifer hatten begonnen, sich zu versammeln; sie fraßen zu zwanzigst und dreißigst im Watt, dann flogen sie in die Heide, um sich auszuruhen.

Das Heidekraut in der Lava blühte violett. Die Blätter der Heidelbeer- und Krähenbeerensträucher nahmen einen kräftigen malvenfarbenen Ton an; wir pflückten die Beeren und aßen sie an Ort und Stelle oder nahmen sie mit nach Hause und mischten sie mit Skyr, dem isländischen Joghurt. Sie waren klein und voller Kerne und weder so süß noch so zahlreich wie die Heidelbeeren, die wir in dem Sumpf zu Hause in Pennsylvania gepflückt hatten, das zeitlich und räumlich so weit entfernt zu sein schien.

Ich fragte mich, wie Patrick und mein Schwiegervater mit Claires Tod fertig wurden. In Amerika hatten wir ausgiebig darüber gesprochen, jetzt schien es nichts mehr zu sagen zu geben. Claire war das älteste Enkelkind meines Schwiegervaters gewesen. Wie meine Mutter hatte sie ein Loch in unserer Welt hinterlassen, das so groß war, dass der Wind hindurchpfiff.

Wir nahmen unsere Gäste an unsere Lieblingsorte mit. Wir krochen mit dem Mitsubishi auf einer rötlichen Schotterstraße, die sich surreal zwischen hellbraunen, schokoladenbraunen und schwarzen Lavaströmen durchschlängelte, ins Hítardalur hinauf. Das Tal war ein einsamer Ort, wo es nur wenige Bauernhöfe und Hütten für Forellenfischer gab. An dem See am Ende des Tals wimmelte es von Mücken, die uns unablässig ins Gesicht flogen. Wir suchten uns den windigsten Fleck, den wir finden konnten, um unser mitgebrachtes Essen zu verzehren, dann zwängten wir uns wieder in den Wagen und machten uns auf den Weg.

Wir fuhren nach Akrar, wo Gary und ich die jungen Möwen am

Strand vor uns hergetrieben hatten. Es war ein windiger, verregneter Vormittag; am Strand lagen Berge von Seetang. Die Jungen der Mantelmöwen waren inzwischen voll flugfähig. Die Küstenseeschwalben, die einen Monat zuvor so energisch angegriffen hatten, waren noch immer reizbar, aber weniger aggressiv. Ihre Jungen saßen am Fuß der Dünen, ließen sich vom Wind emporheben, um ihre Flügel auszuprobieren, und landeten anschließend unbeholfen im Sand. Die Schwanzfedern der Jungen waren kürzer und weniger stark eingekerbt als die markanten v-förmigen Schwänze der erwachsenen Küstenseeschwalben. Überall am Strand landeten die Eltern mit Elritzen im Schnabel; die jungen Seeschwalben kauerten sich hin, sperrten die Schnäbel auf, reckten ihre mit schwarzen Federn bedeckten Köpfe und bettelten mit wimmernden Lauten. Wir spazierten auf dem goldfarbenen Strand an Skógarnes vorbei, dem Bauernhof von Trausti, Guðríður und Präsident Clean Tone. An den kiesigen Strandabschnitten rollten und rauschten helle Steine im Sog der Wellen. Weiter draußen auf der Halbinsel glitzerte der Snæfellsjökull; eines seiner beiden Hörner ragte schwarz empor, nachdem der Schnee geschmolzen war.

An der Gezeitenlinie machten sich Steinwälzer zu schaffen. Steinwälzer sind pummelige Regenpfeifer, über deren blassen Gesichtern dunkle Balken prangen, die an das Visier eines Ritterhelms erinnern. Sie benutzten ihre leicht nach oben gebogenen Schnäbel, um auf der Suche nach Nahrung kleine Steine und Seegras umzudrehen. Steinwälzer nisten nicht in Island, sondern in Grönland und auf unbewohnten Inseln im Norden Kanadas; sie überwintern in Westeuropa und legen auf dem Weg dorthin einen Zwischenstop in Island ein. Ihre Anwesenheit in Löngufjörur war ein weiteres Anzeichen dafür, dass sich der Sommer seinem Ende zuneigte.

Als Nancy mit Will, Patrick und ihrem Vater einen Ausflug nach Breiðafjörur auf der Nordseite von Snæfellsnes machte, blieb ich auf Little Lava zurück. Am Vormittag ging ich angeln, mit dem üblichen Erfolg. Ich ging am Strand spazieren und beobachtete die Vögel, die sich dort versammelten. Zum Mittagessen machte ich mir Haferbrei. Dann setzte ich mich auf die Eingangstreppe und trank eine Tasse Kaffee. Ich zündete eine Kerze an und las ein Kapitel in *Njáls Saga*, die oft als die bedeutendste klassische isländische Heldensage bezeichnet wird. In den isländischen Sagen dreht sich alles um Zwist und Fehde und Loyalität und Treue; zahlreiche Gelehrte rechnen sie zur besten Literatur des Mittelalters. Doch die Worte entglitten mir wie Staub.

Ich dachte an Mom und Claire. Welcher Tod war der tragischere? War es überhaupt möglich und sinnvoll, sie zu vergleichen? Meine Mutter hatte 73 Jahre gelebt. Sie hatte geheiratet, Kinder großgezogen und erlebt, wie ihre Söhne selbst Familien gründeten; sie hatte ihre Enkelkinder in den Armen gehalten. Claire war gestorben, ehe ihr Leben voll erblüht war.

Die Welt war ein unsicherer Ort. Wenn das Schicksal zuschlagen und meine Mutter und meine Nichte auslöschen konnte, konnte es dasselbe jederzeit auch mit meiner Frau, meinem Sohn oder mit mir tun. Mein ganzes Leben lang war mir bewusst gewesen, dass das Böse existiert und Macht besitzt; man brauchte nur eine Zeitung in die Hand zu nehmen oder ein Buch aufzuschlagen. Ich hatte das Böse respektiert, indem ich es zur Kenntnis nahm. Doch ich hätte es nie für möglich gehalten, dass es in meiner unmittelbaren Nähe zuschlagen könnte.

Little Lava war ein überaus windiger Ort, und ich erlebte es den ganzen Sommer über nur einmal, dass sich die Umgebung in der Lagune spiegelte. An dem Abend, als ich erstmals nach unserer Rückkehr aus den Vereinigten Staaten meinen Kajak hervorholte und zur Bucht in der Nähe des Hauses hinuntertrug, war das Wasser in der Lagune alles andere als ruhig.

Es war spät am Abend, und die Flut hatte eingesetzt. Nancy, ihr

Vater und die Jungs kamen mit, um mich zu verabschieden. Ich setzte Will in den Kajak, schob ihn ein paar Meter in die Lagune hinaus und ließ ihn zum Ufer zurückpaddeln.

Dann nahm ich selbst im Rumpf Platz. Ein paar Minuten lang kam mir der Kajak fremd und tückisch vor, dann hatte ich mich wieder daran gewöhnt. Mein Paddel kreiste, durchschnitt die Wasseroberfläche, tauchte ein. Eine Seeschwalbe begrüßte mich, indem sie mit aufgerissenem, blutrotem Rachen kreischend über meinem Kopf flatterte. Im Norden hingen tief liegende, graue Wolken. Über der riesigen Faxabucht, hinter den Barnasker-Inseln, schwebten Möwen, die immer wieder ins Wasser herabstießen und aussahen wie Salz- und Pfefferkörner. Hinter ihnen erstreckte sich die gerade graue Linie des Horizonts. Man hatte den Eindruck, als würde die Welt dort enden.

Um voranzukommen, musste ich gegen den Wind ankämpfen, der aus derselben Richtung kam wie die Strömung. Als ich aufhörte zu paddeln, blieb der Kajak abrupt stehen. Der Wind drückte den Bug herum. Ich ließ mich im Halbkreis treiben.

Der Strand war leer; alle waren zum Haus zurückgegangen. Mir nichts, dir nichts war ich allein. Vom Wasser aus sah ich weder einen Menschen noch einen Bauernhof oder eine Straße. Vor dem Krater des Eldborg lag Little Lava, das einzige von Menschenhand geschaffene Gebilde weit und breit: das Haus, das uns beherbergte, uns zusammenhielt, uns Schutz bot und uns als Orientierungshilfe bei unseren Wanderungen diente. Das karge Domizil war mir ans Herz gewachsen. Wie schön es doch wäre, dachte ich, wenn wir die Zeit anhalten könnten; wenn wir hier bleiben und die Tage verlängern könnten. Doch die Zeit arbeitete dem entgegen. Als der Sommer seinem Ende zuging, wurden die Tage kürzer und wechselten sich schneller ab, heute folgte unmittelbar auf gestern, während morgen sich bereits herandrängte. Als Mann mittleren Alters sah ich das Leben im selben Licht.

Ich drehte das Boot wieder um und widmete mich dem Paddeln.

Ich brauchte lange, um die Lagune zu durchqueren. Ich hatte vor, die Stóra-Hraun-Inseln zu umrunden, zwischen ihnen oder der größeren Insel und der Spitze der Halbinsel hindurchzuschlüpfen und auf die andere Seite der Lagune zu paddeln. Doch mir gefiel nicht, was auf dem Wasser vor sich ging.

Je weiter ich paddelte, desto höher wurden die Wellen. Der Wind drückte die Flut von links gegen das Boot. Die Wellen schwappten über den Bug und liefen am Deck entlang. Ich fühlte den Schlag, wenn mich eine Welle traf, und spürte, wie sich der Kajak hob und beugte, wenn die Wellen über ihn und an ihm vorbei liefen. Das Boot schaukelte auf und ab, auf und ab. Am Boden jedes Wellentals sah ich mich mit einer schäumenden grünen Wand konfrontiert. Ich paddelte, und der Kajak kletterte die Wand hinauf und durchstieß die Welle auf halber Höhe; dann sackte er wieder ab.

Von einem Wellenkamm aus sah ich, dass einige Wogen bereits brachen, ehe sie mich erreichten. Die meisten Wellen liefen schräg von vorn auf meine Backbordseite zu, während mich andere auf steuerbord trafen. Wenn Wellen aus zwei verschiedenen Richtungen aufeinander stießen, schäumte das Wasser. Ich schloss daraus, dass ich mich im Flusslauf des Lachsflusses befand – inmitten der *straumur*, der Strömungen, vor denen ich gewarnt worden war.

Zwischen der Halbinsel und der Insel brachen die Wellen an teilweise aus dem Wasser ragenden Felsen. Ich beschloss, nicht zu versuchen, mich durch dieses Nadelöhr zu zwängen. Weiter stromabwärts tanzten Eiderenten auf den Wellen und schenkten meinem Boot kaum Beachtung – so schien es zumindest: Ich hatte keine Zeit, mehr als einen flüchtigen Blick auf sie zu werfen, da ich vollauf damit beschäftigt war, jede Welle, die auf mich zurollte, einzuschätzen und mit dem Bug durch sie hindurchzustoßen, kräftig zu paddeln, um voranzukommen, und den Bug auszurichten, um es mit dem nächsten Brecher aufzunehmen. Wenn ich eine Welle falsch las, stürzte sie auf das Deck meines Kajaks, und ich musste mich mit dem Paddel abstützen, um das Boot aufrecht zu halten.

An diesem Abend hatte ich meinen Trockenanzug ausnahmsweise nicht angezogen. Ich hatte keine Lust gehabt, mich in ihn hineinzuzwängen (die Manschetten am Hals und an den Hand- und Fußgelenken saßen mehr als eng) und anschließend schweißgebadet zu sein. Jetzt verfluchte ich meine Bequemlichkeit.

Ich paddelte weiter und näherte mich dem Durchlass zwischen den beiden Inseln. Als ich einen Augenblick lang nicht aufpasste, schob mich die Dünung seitwärts. Ich spürte, dass sich der Kajak neigte, und trimmte ihn, indem ich das Gewicht verlagerte. Mit vereinten Kräften hoben die Welle und eine Windböe das Boot an und schleuderten es zurück. Ich drehte das Heck rasch herum, damit der Bug auf den nächsten Brecher zeigte. Und auf den nächsten und den nächsten und den nächsten.

Ich wollte auf keinen Fall kentern. Ich gestand mir ein, dass ich Angst hatte. Das Wasser war kalt, und die Strömung war kräftig und tückisch. Flut, Wind und Flussströmung: Ich war nicht im Stande, diese drei Naturgewalten zu entschlüsseln.

Im Hinterkopf hatte ich den alten Aberglauben, dass immer drei schlimme Dinge in Folge geschehen. Ich wollte nicht, dass meine Familie von einem dritten Schicksalsschlag heimgesucht würde. Ich dachte an Nancy und Will. Mir war jetzt klar, dass ich nicht in die Faxabucht hinauspaddeln würde. Ich würde mich nicht in die reißende Strömung hinter den Barnasker-Inseln begeben, ich würde nicht versuchen, durch die Brandung von Gamlaeyri in See zu stechen, und ich würde nicht an der Küste hinunterfahren, um die Hvalseyjar-Inseln zu erkunden. Mein Kajaklehrer Nigel Foster wäre enttäuscht von mir gewesen. Doch ich erkannte meine Grenzen, sowohl in physischer als auch in psychischer Hinsicht, und wollte kein Risiko eingehen.

Mein Ausflug auf die andere Seite der Lagune konnte warten. Ich ließ die nächste Welle an mir vorbeirauschen, dann drehte ich das Boot schnell um 180 Grad und richtete den Bug auf Little Lava. Ich musste links kräftiger paddeln als rechts, um den Kajak auf seinem Kurs in Richtung Haus zu halten. Der Wind presste mir meine Jacke gegen den Rücken und versuchte, mir das Paddel aus den Händen zu reißen. Ich ritt auf den Wellenkämmen und spürte, wie das Boot mit jeder Welle nach vorn schoss; ich hörte das Gurgeln des bewegten Wassers, wenn es mich mit sich trug. Dann ließ die Vorwärtsbewegung des Kajaks wieder nach, und die Welle rollte weiter.

Als ich gerade das Paddel ins Wasser tauchen wollte, traf mich eine große Welle. Das Deck wurde überspült. Ich zog das rechte Bein an, streckte das linke aus und drehte den Oberkörper weg vom Wasser. Der Kajak richtete sich wieder auf. Ich drückte ein Blatt des Paddels aufs Wasser, um mich zu stabilisieren. Von da an beobachtete ich jede Welle aus dem Augenwinkel. Ich benutzte das Paddel nur noch, um zu steuern, und hörte auf zu versuchen, das Boot vorwärts zu bewegen.

Ich ließ mich von der Flut nach Hause treiben.

Einem altem Sprichwort zufolge leben die Isländer mit einem Bein auf dem Land und mit dem anderen Bein auf dem Meer. Das soll heißen, dass die Menschen früher für ihr Auskommen gleichermaßen auf Landwirtschaft und Fischerei angewiesen waren. Beides barg Risiken in sich, wenngleich die Wahrscheinlichkeit umzukommen beim Fischen größer war. Ich kann mir kaum vorstellen, in einem der offenen Boote, wie sie die Fischer bis weit ins 20. Jahrhundert hinein benutzten, aufs Meer hinauszurudern. Heute verfügen die Isländer über größere und modernere Fischerboote, aber noch immer finden Männer auf dem Meer den Tod. Stürme können sehr schnell aufkommen, und das Wetter vorherzusagen ist schwierig: westlich von Island, wo die meisten Stürme entstehen, gibt es keine Wetterstationen.

Der stärkste Wind, den ich in Island erlebte, erreichte Stärke acht auf der Beaufort-Skala – Sturmstärke mit beständigen Windgeschwindigkeiten zwischen 63 und 75 Stundenkilometern und noch stärkeren Böen. Dieser Sturm tobte, als ich im November 1988 in den Westfjorden auf Schneehuhnjagd war. Am selben Abend fanden in den Vereinigten Staaten die Präsidentschaftswahlen statt. Die Isländer, bei denen ich wohnte, interessierten sich mehr für das Wahlergebnis als ich. Sie saßen bis spät in die Nacht vorm Fernseher, aßen, tranken und sahen sich die ersten Hochrechnungen an. Der Sturm fegte kreischend um das Dachgesims. Ich zog mich in ein Zimmer im ersten Stock zurück und schlief mit dem Getöse des Sturms in den Ohren ein. Am Morgen erzählten mir meine Freunde, dass George Bush Michael Dukakis geschlagen hatte, was ich ihnen bereits vorausgesagt hatte. Draußen heulte und tobte der Wind noch immer.

Ich ging ins Freie, um mir ein Bild davon zu verschaffen, was dort vor sich ging. Es war schwierig, sich überhaupt auf den Beinen zu halten. Der Wind pfiff durch meine Kleidung und kühlte mich aus. Er wickelte meine Jacke um mich und drohte, mich quer durch den Garten und in den Fjord zu wehen.

Die Möwen schienen sich im Sturm wohl zu fühlen; wenn sie ihre Position ändern wollten, drehten sie sich in den Wind und ließen sich rückwärts treiben, wobei sie über die Schulter blickten und Korrekturen mit den Flügeln machten, bis sie ihr Ziel erreicht hatten. Einar, der Mann, der auf dem Bauernhof zu Hause war, behauptete, dass dieser Sturm im Vergleich zu manch anderen, die er bereits erlebt hatte, harmlos gewesen sei.

Der Name des Hofs lautete Botn, »Boden«, und spielte auf seine Lage am äußersten Ende eines Fjords an. Das Tal, das hinter dem Fjord begann, war zunächst schmal, wurde aber breiter, je weiter es zum Hochland aufstieg. Wenn der Wind vom Hochland her wehte, erzählte mir Einar, wurde er durch das Tal nach unten geschleust und fegte mit stark beschleunigter Geschwindigkeit am Haus vorbei. Wenn Einar mit seinem Pick-up nach Hause kam, musste er manchmal auf allen vieren zur Haustür kriechen, um nicht fortgeweht zu werden. Einmal, so behauptete er, riss eine Bö einen Schuppen voller alter, gusseiserner Heizkörper fort, trug ihn samt Inhalt über einen hüfthohen Zaun und lud ihn im Fjord ab.

Wir erfuhren später, dass der Sturm in der Nacht die Dächer mehrerer Gebäude in einer nahe gelegenen Ortschaft fortgerissen hatte. In einem örtlichen Lachszuchtbetrieb blies der Wind Fische aus den Becken, in denen sie schwammen; die Angestellten kauerten die ganze Nacht auf der windabgewandten Seite der Becken, sammelten die Lachse auf und warfen sie wieder ins Wasser. In der ganzen Gegend herrschte Stromausfall; Botn war davon allerdings nicht betroffen, da der Hof über einen eigenen Wasserkraftgenerator in dem Flusslauf verfügte, der durch das Tal nach unten stürzte.

Kürzlich las ich von einem Sturm, der mit gemessenen Spitzenwindgeschwindigkeiten von 107 Knoten oder 198 Stundenkilometern über die Westfjorde hinwegfegte; die Dauerwindgeschwindigkeit in der Region betrug 145 Stundenkilometer. Von Orkanstärke spricht man bei Windgeschwindigkeiten ab 120 Stundenkilometern. Dieser Sturm riss den Asphalt von den Straßen. Er drückte das Meer in die Fischerdörfer und zerstörte Kais und Häuser. Thórđurs Vater Grétar sagte einmal zu mir, dass seine Vorfahren ihre Heimat nicht Island, »Eisland«, hätten nennen sollen. »Windland wäre ein treffenderer Name gewesen«, meinte er.

Der französische Entdecker und Meereskundler Jean Baptiste Étienne Auguste Charcot, der von 1867 bis 1936 lebte, führte in der Umgebung der Antarktischen Halbinsel, wo eine Insel nach ihm benannt ist, umfangreiche Vermessungsarbeiten durch; darüber hinaus erforschte er das Plankton im Ärmelkanal und führte ozeanografische Untersuchungen in der Nähe der Hebriden, im Polarmeer und vor der Küste Grönlands durch. Sein Schiff trug den Namen *Pourquoi Pas?*, »Warum nicht?«.

Die *Pourquoi Pas?*, ein Dampfschiff, das zusätzlich mit Segeln ausgestattet war und ein Gewicht von 407 Tonnen hatte, war 43 Meter lang, 9,5 Meter breit und stabil genug gebaut, um dem Packeis im Polarmeer standzuhalten. Im August 1936 nahm die *Pourquoi Pas?* vier Mitglieder einer französisch-schweizerischen Expedition an Bord auf, die die Eisdecke Grönlands überquert hatten. Die *Pourquoi Pas?* lief in den Hafen von Reykjavík ein, wo einige kleinere Reparaturen am Schiff durchgeführt wurden. Während das Schiff vor Anker lag, verbrachte der Polarforscher und Ethnologe Vilhjálmur Stefánsson, ein Freund von Dr. Charcot, einen Tag an Bord des Schiffs. Die Mitglieder der Grönlandexpedition hatten das Glück, dass sich ihnen auf einem dänischen Post-Dampfschiff eine Rückfahrgelegenheit nach Europa bot.

Am Nachmittag des 15. September verließ die *Pourquoi Pas?* den Hafen von Reykjavík und fuhr in nordwestlicher Richtung aus der Faxabucht. Das Ziel des Schiffs war Frankreich. In jener Nacht kam ein Sturm auf mit geschätzten Windgeschwindigkeiten von über 110 Stundenkilometern. Der Kapitän der *Pourquoi Pas?*, dessen Name Le Conniac lautete, beschloss, in den Hafen zurückzukehren. Doch der Wind und die starke Strömung hatten das Schiff bereits so weit vom Kurs abgetrieben, dass der Kapitän den Leuchtturm mit einem anderen verwechselte. Das Schiff lief auf ein Riff auf, und die Maschinen fielen aus. Der Kapitän versuchte, die Segel zu setzen, um von den Felsen wegzukommen, doch das Manöver misslang, und die *Pourquoi Pas?* wurde an einen anderen Felsen mit dem Namen Hnokki, »Kobold«, gespült.

In der Dunkelheit brach die *Pourquoi Pas?* auseinander und begann zu sinken. Die Wellen schlugen über das Deck, knickten die Masten ab und spülten etliche Seeleute ins Meer. Die Besatzungsmitglieder versuchten, die Rettungsboote zu Wasser zu lassen, die jedoch umgeworfen wurden oder am Schiffsrumpf zerschellten. Am Morgen entdeckten die Bewohner der Bauernhöfe und der kleinen Dörfer an der Küste im Wasser treibende Wrackteile und eine Rettungsweste mit dem Namen des Schiffs. Kurze Zeit später erspähten sie einen Mann, der sich an einem Stück Holz festhielt – vielleicht hatte er sich auch daran festgebunden –, das in manchen Zeitungsartikeln als Kabinentür, in anderen als Landungsbrücke bezeichnet wurde. Die Isländer holten den Mann an Land, wickelten ihn in Decken und flößten ihm heißen Kaffee ein; einem in der *New York Times* erschienenen Bericht zufolge murmelte der Seemann seinen Namen, Eugène Gouidec, »und verfiel in einen todesähnlichen Schlaf«.

Eine dänische Schaluppe und ein isländisches Kanonenboot bargen 24 Leichname aus der Faxabucht, die allesamt Rettungswesten trugen. Sechs weitere Leichen wurden an Land gespült. Die Männer waren nicht ertrunken, sondern im eisigen Wasser an Unterkühlung gestorben. Die Leichname wurden auf einem grasbewachsenen Hang vor dem Bauernhaus, in dem Eugène Gouidec schlief, in eine Reihe gelegt. Dr. Charcot trug, so berichtete die *Times*, »einen blauen Reiseanzug und das für ihn charakteristische schwarze Hemd mit Krawatte«. Auf Fotos ist eine Reihe von Männern zu sehen, die scheinbar friedlich schlafen. Gouidec war der einzige Überlebende. Er war fünf Stunden im Meer getrieben. Als er am nächsten Tag aufwachte, waren seine Augen vom Salzwasser so verquollen, dass er sie kaum öffnen konnte. Er berichtete, was geschehen war: Als die *Pourquoi Pas?* langsam auseinander brach, stand Charcot neben Kapitän Le Conniac auf der Brücke. Charcot besaß eine Möwe, die er in einem Käfig hielt. Der Vogel war vor der Küste Grönlands an Bord geflogen und so erschöpft gewesen, dass er sich weigerte, das Schiff wieder zu verlassen. Charcot behielt die Möwe als Glücksbringer, ließ sie tagsüber um das Schiff fliegen und sperrte sie nachts wieder ein. Gouidec berichtete, dass Charcot nach unten ging, den Vogelkäfig an Deck holte, seine Tür öffnete und die Möwe freiließ. Dann nahm er wieder seinen Platz auf der Brücke des sinkenden Schiffs ein.

Die Leichname wurden von einem isländischen Fischerboot nach Reykjavík gebracht. Als das Boot anlegte, läuteten in der ganzen Stadt die Glocken, und 2000 Bürgerinnen und Bürger standen schweigend am Kai. Auf einem Bauernhof 80 Kilometer nördlich der Hauptstadt, in der Nähe der Stelle, an der die *Pourquoi Pas?* Schiffbruch erlitten hatte, erfuhr ein sechsjähriges Mädchen namens Ásta, das später Schriftstellerin wurde, von dem Schiffsuntergang. Und ein Teil des Schiffs, ein wunderschönes, blau gestrichenes Stück rötliches Holz trieb in die Lagune neben dem Bauernhof mit dem Namen Little Lava.

Die Isländer sind es gewohnt, Fremde aus ihren ungastlichen Landstrichen und Gewässern zu retten. 1947 sank das britische Schleppnetzboot *Dhoon* vor der Klippe Látrabjarg, die sich um die westlichsten Ausläufer der Westfjorde krümmt. Látrabjarg ist ein knapp 13 Kilometer langer Basaltwall, auf dem Millionen Seevögel nisten. Die Einheimischen lassen sich regelmäßig an Seilen hinab, um Eier aus den Nestern einzusammeln. Als der Trawler Látrabjarg rammte, ließen sich die Bewohner eines nahe gelegenen Dorfs zu dem Wrack hinunter und brachten die zwölf Besatzungsmitglieder in Sicherheit. Auf halber Höhe der Klippe machten sie Halt und versorgten die Seeleute mit heißer Suppe, ehe sie sie das restliche Stück hinaufzogen.

Man hört oft von englischen, französischen und deutschen Touristen, die in Island mit dem Hubschrauber gerettet werden müssen, in der Regel von Gletschern. Ein Norweger nahm die Dienste seiner Retter gleich zweimal in Anspruch. Beim ersten Mal versuchte er, im Kajak von Grönland nach Island zu paddeln, und blieb dabei im Treibeis stecken. Ein Eisbär, der auf den Eisschollen umherstreifte, beobachtete ihn eine Weile abwägend. Der Norweger sandte mit dem Funkgerät, das er bei sich hatte, ein SOS-Signal aus, worauf ein isländischer Helikopter kam und ihn auflas. Zu seinem Entsetzen weigerten sich seine Retter, seinen Kajak mitzunehmen. Sechs Monate später fiel demselben Burschen, den seine Freunde alle nur »diesen dummen Norweger« nannten, sein GPS-Gerät ins Wasser, als er in seinem (neuen) Kajak vor der Südküste Islands paddelte. Die Dünung war zu diesem Zeitpunkt so hoch, dass die Verbindung seines Funkgeräts jedes Mal unterbrochen wurde, wenn sich sein Kajak in einem Wellental befand. Der Norweger hatte keine Skrupel, ein weiteres Mal SOS zu funken.

Während der Arbeit an diesem Buch erfuhr ich, dass Stürme an den Küsten Islands innerhalb von sechs Tagen einen Trawler vor der Halbinssel Reykjanes, ein Containerschiff vor der Ostküste und ein weiteres Containerschiff auf den Sandbänken vor der Südküste versenkt hatten. In diesen sechs Tagen ertranken ein Seemann und ein Retter. Der Helikopter *Líf*, »Leben«, der isländischen Küstenwache rettete 39 Seeleute, indem er sie vom Deck der manövrierunfähigen Schiffe hob oder aus den Fluten pflückte. Zehn Seeleute, die aufblasbare Rettungsanzüge trugen, hatten die Arme ineinander verhakt und hielten sich auf diese Weise zwei Stunden lang über Wasser, während fast zehn Meter hohe Wellen Öl und Abfälle über sie hinwegspülten.

Drei Tage lang regnete und stürmte es ununterbrochen. Wir blieben die meiste Zeit über im Haus, spielten Karten, lasen, unterhielten uns und aßen. Nancys Vater und Patrick würden sich bald auf den Heimweg machen. Nancy, Will und mir blieben noch etwas mehr als zwei Wochen auf Little Lava. Der Gedanke daran, dass wir abreisen mussten, stimmte mich traurig. Auf der anderen Seite freute ich mich auf unser Zuhause in Pennsylvania – auf unser Haus, unseren Hund, unsere Freunde. Ich hatte mir stets Notizen darüber gemacht, was ich in Island erlebt hatte, über die Vögel, die ich gesehen hatte, über das Wetter, über die Vorkommnisse in der Heide, am Strand und im Sumpf. Ich wollte wieder anfangen zu schreiben; ich wollte mein Leben fortsetzen.

Als der Sturm abflaute und die Wolkendecke aufbrach, war ein

Gipfel auf Snæfellsnes mit Neuschnee bepudert. Ich stapfte mit meinem Kajak unter dem Arm durch den Sumpf zur Bucht, und die Schafe stoben vor mir auseinander. Ich verstaute Proviant und eine Wasserflasche im Kajak. Wie üblich machten mir die Gezeiten einen Strich durch die Rechnung, doch der Wind stand günstig, da er aus dem Hnappadalur wehte und mich von hinten anschob.

Ich paddelte durch die Lagune und erreichte die Strömung des Flusses, die das Wasser heute nur schwach wellte. Im Flusslauf schwammen Eiderenten. Inmitten der schwarz-weißen Menge – es mussten an die 1000 Enten gewesen sein – befand sich ein einzelner weißer Schwan. Als ich mich den Eiderenten näherte, murrten und tauchten sie oder schwammen wild flatternd davon: Vielleicht mauserten sie sich noch und waren noch nicht in der Lage zu fliegen. Die Menge teilte sich für mich. Der hektische Flügelschlag zu beiden Seiten klang wie Applaus in einem Konzertsaal.

Auf einer flachen, grasbewachsenen Insel hinter der Stóra-Hraun-Halbinsel, die von hellbraunen Felsbrocken eingesäumt war, befanden sich Gestalten, die aus der Ferne aussahen wie Menschen.

Ich landete das Boot. Überall auf der Insel war in allen möglichen Winkeln Treibholz in den Boden gesteckt worden, an dem Kleiderfetzen hingen und im Wind flatterten. Neben manchen Holzpfosten lagen verrostete Reißverschlüsse – mehr war von den Kleidungsstücken, die sich in der salzigen Luft aufgelöst hatten, nicht übrig geblieben. Einer der Vogelscheuchen diente eine orangefarbene Schleppnetzboje als Kopf. Eine Plastikpfeife ragte aus dem Boden und verlieh dem Wind eine Stimme.

An den Füßen der Vogelscheuchen, unter notdürftigen Schutzdächern aus Brettern, flachen Steinen und Plastikresten, befanden sich Eiderentennester. In den Nestern und daneben lagen blass olivgrüne Eier. Die Daunen waren noch nicht aus den Nestern entfernt worden: Sie waren Eigentum des Bauernhofs Hausthús.

In der Ferne lagen Seehunde wie glänzende Metallspäne am Strand. Abgesehen vom Plätschern des Wassers, dem Klagen des Winds in der Pfeife und den Schreien der Möwen war es völlig still. Austernfischer und Rotschenkel beäugten mich aus dem Schutz der Felsen. Im Wasser schwammen Lachmöwen mit ihren schwarzen Hauben und ihren kecken, spitz zulaufenden Schwanzfedern. Obwohl es meiner Karte nicht mit absoluter Sicherheit zu entnehmen war, hatte ich kaum Zweifel, dass ich mich auf Bæjarey befand, wo früher die Kirche gestanden hatte, deren Gemeindemitglieder an Weihnachten 1562 ertrunken waren. Im Gras ließen Vertiefungen und Muster in dunklerem Grün auf ihr Fundament schließen. Es gab jedoch kein Anzeichen für Gräber. Die Kirche war unter dem Namen Haffjarđareyjarkirkja bekannt gewesen, »Kirche der Inseln des Meeresfjordflusses«.

Der Biografie des Geistlichen Árni Thórarinsson ist zu entnehmen, dass die Kirche nach dem Unglück auf die Ländereien des Bauernhofs Hrossholt verlegt wurde und von dort nach Rauđamel im Hnappadalur, wo sie sich noch heute befindet. Der Geistliche Árni behauptete, dass der Friedhof auf Bæjarey von den Wellen abgetragen worden sei und er selbst zahlreiche Gebeine, von Predigten und Psalmen begleitet, wieder begraben habe. Irgendwann kam Vilhjálmur Stefánsson auf die Insel und nahm mit Erlaubnis der Kirche einige Gebeine für die Universität Harvard mit. Árni ging dem bekannten Forscher zur Hand, der sich zum Verdruss des Geistlichen als Ungläubiger erwies. (»Diese Knochengräber sind alle ungläubig und gottlos«, lautete Árnis Urteil.)

Árni stellte fest, dass die Zähne in den Schädeln ungewöhnlich gut erhalten und gesund waren. Bei zwei Schädeln fiel auf, dass sie keine Verwachsungslinien der Knochen aufwiesen: Sie waren glatt wie Billardkugeln. Árni fragte bei dem Archäologen nach.

Stefánsson untersuchte die Schädel. »Das sind die Schädel von Angelsachsen«, erwiderte er. »Höchstwahrscheinlich von Seeleuten, die hier an Land gespült wurden.«

Die Ebbe setzte ein. Als ich von Bæjarey zurückpaddelte, störte ich die Eiderenten erneut. Über mir flog ein Dutzend Gänse; sie kreisten, hielten die Flügel still, segelten wie fallende Blätter herab und landeten in der sich leerenden Lagune.

Flussströmung, Ebbe und Wind trieben mich auf die Flussmündung zu. Da die Kräfte im Einklang arbeiteten, gab es jedoch keine Verwirbelungen. Um mich aus ihrem Griff zu befreien, musste ich nur kräftig paddeln.

Abschied vom Norden

Als ich eines Morgens an den Strand ging, stellte ich fest, dass die Seeschwalben verschwunden waren. Auf dem Watt wimmelte es von Möwen und Strandvögeln in lockeren Gruppierungen verschiedener Arten, doch unter ihnen war keine einzige Seeschwalbe. Nicht eine einzige, die über einem Priel schwebte und nach Beute Ausschau hielt oder graziös auf mich zuflog, herabstieß und über mir kreisend die Luft mit Beschimpfungen füllte.

Die Seeschwalbenschar hatte sich verabschiedet und mit ihnen der Sommer. An sonnigen Tagen war die Luft einigermaßen warm; doch wenn Wolken am Himmel hingen und der Wind wehte, herrschte eine Kälte, die es im Juli und in der ersten Augusthälfte nicht gegeben hatte. Die Nächte wurden länger und dunkler. Über der Landschaft lag eine melancholische Stimmung. Man hatte den Eindruck, dass eine Veränderung langsam und unmerklich vonstatten gegangen war, während eine größere, zügigere Veränderung noch bevorstand.

Mit ihrem Aufbruch hatten die Seeschwalben ihre Wanderung fortgesetzt. Küstenseeschwalben brüten nicht nur in Island, sondern auch in Grönland, im Norden Kanadas, in Alaska und Sibirien, auf Spitzbergen und den anderen Svalbard-Inseln, in Finnland, Schweden und Norwegen – überall dort, wo klirrende Kälte regiert. Wenn der Sommer verebbt, bahnt sich eine weiße Woge von Seeschwalben den Weg in die Antarktis.

Die Seeschwalben aus Island fliegen in südwestlicher Richtung nach Großbritannien; dort treffen sie auf ihre Artgenossen aus

Skandinavien und Russland und ziehen mit ihnen weiter, vorbei an der Iberischen Halbinsel und der Ausbuchtung Westafrikas. Man geht davon aus, dass sich die Schar vor den Kapverden teilt. Der Großteil der Seeschwalben fliegt am afrikanischen Kontinent entlang, während eine kleinere Zahl nach Westen abdreht, den Atlantik überquert und an der Küste Brasiliens wieder ihren südlichen Kurs einschlägt.

Die vorherrschenden Winde treiben die größere Gruppe der Seeschwalben ostwärts, bis sie sich über dem Indischen Ozean befinden. Am Rand des Packeises, das während des antarktischen Sommers zurückweicht, finden die Seeschwalben reichlich Nahrung. Seeschwalben kommen jedes Jahr in den Genuss von zwei Sommern – einer im Norden, der andere im Süden. Kein anderes Lebewesen sieht so viel Tageslicht wie eine Seeschwalbe. Wenn es Zeit wird, wieder nach Norden aufzubrechen, haben sich die Seeschwalben bis ganz in den Süden des Atlantiks vorgearbeitet. Eine Seeschwalbe legt im Jahr bis zu 40 000 Kilometer zurück, was in etwa dem Umfang der Erde entspricht.

Auf dem Watt in der Nähe des Stakkholtssteinn zählte ich 56 Goldregenpfeifer. Sie fraßen vor sich hin, ohne mir Beachtung zu schenken, und machten mir nur zögerlich Platz, als ich zwischen ihnen durchmarschierte.

Als ich zum Meer wanderte, stieß ich auf lange Seetangstränge, die sich nach dem Ebbestrom ausgerichtet hatten und grünen Pinselstrichen auf einer Leinwand glichen.

Sechs Reiter und ein gutes Dutzend frei laufender Pferde zogen zwischen mir und dem Lachsfluss vorüber. Von weitem waren die Pferde nicht größer als Ameisen. Doch selbst aus dieser Entfernung sah ich, dass sie sich in einer Reihe im Tölt vorwärts bewegten, der flinken, für isländische Pferde typischen Gangart. Beim Tölt lässt das Pferd die Hufe fliegen und krümmt den Hals, während sein Rücken völlig gerade bleibt – wenn man auf einem

Pferd reitet, das im Tölt geht, kann man mit ausgestrecktem Arm einen Bierkrug halten, ohne einen Tropfen zu verschütten. Nancy hatte Haukur zweimal begleitet, wenn er Touristengruppen über das Watt führte; Haukur hatte ihr seine Stute Elfa, »Elfe«, gegeben, die den Tölt gut beherrschte. Nancy beschrieb den Tölt als die bequemste und ruhigste Gangart, in der sie je geritten war.

Die Pferde durchquerten die Stromrinne mit einem Geräusch, das mehr einem Prasseln als einem Plätschern glich. Dann zogen sie über die Stóra-Hraun-Halbinsel weiter, vorbei an der Stelle, wo wir unser Auto parkten. Jetzt war der Parkplatz allerdings frei: Nancy war mit Will nach Reykjavík gefahren, um ihren Vater und Patrick zum Flughafen zu bringen. Ich war mehrere Tage lang allein. Die Einsamkeit, die ich drei Monate zuvor noch als Folter empfunden hatte, war inzwischen erträglich. Trotzdem hatte ich das Bedürfnis, mich ständig zu beschäftigen.

Ich stapfte über das von den Gezeiten ausgeschwemmte Watt. Eine Schar Möwen ließ mich bis auf 100 Meter an sich heran; als ich stehen blieb und mich still hielt, fraßen die Möwen weiter. Sie säumten den Süßwasserpriel wie Schweine einen Trog. Hin und wieder stieß eine von ihnen mit dem Schnabel zu, wenn ihr eine andere zu nahe kam. Die Vögel hoben Seegrasklumpen an, schüttelten sie und pickten alles Fressbare auf, das herausfiel.

In einem der Priele flatterte ein Rotschenkel. Zunächst dachte ich, er sei verletzt und würde sich vor Schmerzen winden; als er den Kopf hob und anfing, an seinem Gefiedern herumzuzupfen, wurde mir jedoch klar, dass er sich nur putzte. Er planschte und wälzte sich so wild hin und her, dass sich eine Möwe ein paar Meter entfernte, stehen blieb und über die Schulter zurückblickte.

Es fing an zu regnen. Ich entfaltete meinen Parka, was genügte, um den Rotschenkel in die Flucht zu schlagen. Auch die Möwen flatterten auf, kreisten und ließen sich in der Nähe einer Gruppe Watvögel nieder, die dicht gedrängt standen, manche von ihnen auf nur einem Bein, und die Köpfe eng an die Brust legten.

Die Watvögel, mindestens 100 an der Zahl und einer so scheu wie der andere, erhoben sich alle gleichzeitig in die Luft, ehe ich mich ihnen nähern konnte. Sie flogen in geschlossener Formation an mir vorbei, eine rostrote Wolke, in der es vereinzelt weiß aufblitzte. Sie trugen nicht das ziegelrote Gefieder, das sie im Frühling getragen hatten, aber waren rot genug, dass ich sie identifizieren konnte. Es handelte sich um Knutts, um die Strandvögel, die, wie mir Kristinn Skarphéðinsson erzählt hatte, jedes Jahr im Frühling in riesigen Scharen im Watt von Löngufjörur Zwischenstation einlegen. Auch jetzt waren sie wieder auf der Durchreise, diesmal jedoch auf dem Weg nach Süden.

Der Regen trommelte auf den Sand und rann in kleinen Rinnsalen über die sanften Schrägen des Watts. Ich erreichte die Mündung des Lachsflusses. Ein Austernfischer stakste nervös hin und her und flatterte davon, als ich näher kam; sein schrilles *Biek-biek-biek* wurde vom Regen verschluckt. So schreckhaft der Austernfischer gewesen war, so gelassen zeigte sich eine Schar purpurfarbener Schnepfenvögel; ich ließ mich in weniger als sechs Metern Entfernung von einer der zutraulichen Kreaturen nieder, die vollkommen mit den regenverwaschenen Felsen verschmolz, als sie die Augen schloss.

In der Stromrinne schwamm ein Seehund in Richtung Meer vorbei. Sein Kopf pflügte durchs Wasser, und das Wasser glättete sich wieder. Der Seehund wirkte wie eine Geistererscheinung.

Die altnordischen Völker betrachteten Geistererscheinungen – *fylgja* auf Isländisch – als bedeutendes Omen. Bei den Geistern handelte es sich entweder um enge Verwandte, die nicht mehr am Leben waren, einem folgten und einen beschützen, oder um Erscheinungen in Gestalt von Tieren, um gespenstische Abbilder von Geschöpfen aus Fleisch und Blut. Wenn einem letztere Sorte Gespenst erschien, war man dazu verdammt, bald zu sterben. In *Njáls Saga* sieht ein Mann namens Thórður auf Njáls Hauswiese ein erschreckendes Zeichen: »In dieser Mulde dort liegt eine blutüberströmte Ziege«, sagt Thórđur zu seinem Freund Njál. Dieser erwidert, dass er weder eine Ziege noch irgendetwas anderes sehen kann. »Was hat das zu bedeuten?«, fragt Thórđur. »Das bedeutet, dass du dem Untergang geweiht bist«, antwortet ihm Njál. »Du hast deinen Geist erblickt. Sei auf der Hut.« Darauf erwidert Thórđur entmutigt: »Das wird mir nichts helfen, wenn das mein Schicksal sein soll.«

Fylgja ist im Isländischen gleichzeitig das Wort für Plazenta, Nahrungsquelle in der Gebärmutter, und später Sinnbild für das undurchschaubare Mysterium der Geburt und den ersten Schritt auf dem schicksalhaften Lebensweg.

Ich machte mich wieder auf den Weg. Im Sitzen hatte mich die klamme Luft ausgekühlt. Auf dem sandigen Grund der Priele wogte und waberte metallisch grünes Gras. Die Berge wurden immer wieder in launenhaftes Licht getaucht.

Einmal mehr fand ich mich bei Toppar wieder. Dieser Ort zog mich an wie ein Magnet; mir schien, als hätte ich ihn stets als Ziel im Hinterkopf gehabt. Dort konnte ich die Landschaft in ihrer Ganzheit auf meine Sinne wirken lassen: Das Watt, die Bucht, der Lachsfluss, die felsigen Inseln und Klippen, sogar die Berge und die Vulkane und die Lavawüsten waren nur eine Kopfdrehung entfernt.

Zwischen den Felsen rasteten Alpenstrandläufer: Bald würden auch sie nach Süden ziehen, zum Teil bis nach Marokko. Kragenenten schwammen gekonnt auf den Wellen, die krachend gegen die Barnasker schlugen. Wie die Eiderenten, die neben ihnen auf Futtersuche waren, würden sie der felsigen Küste Islands den ganzen Winter über treu bleiben.

Ein Sterntaucher – der isländische Name dieser Seetaucherart lautet *lómur* – schwamm mit seinem dolchartig nach oben gekrümmten Schnabel in der Stromrinne. Er lag tief im Wasser wie ein U-Boot. Der Sterntaucher würde vielleicht in Island, vielleicht aber auch irgendwo im Süden überwintern.

Eine Raubmöwe flog vorbei, und ich fragte mich, ob sie eine der beiden Raubmöwen war, deren Nest im Sumpf geplündert worden war. Die Raubmöwen, die in Island brüten, verbringen den Winter weit draußen auf dem Atlantik und fliegen bis südlich des Äquators. Niemand weiß genau, wohin sie ziehen.

Der Seehund lag da wie voll gestopfter Jutesack. Sein Kopf war übel zugerichtet und mit schwarzem Blut verkrustet; Aasfresser hatten ihn an den Augen und Nasenlöchern geöffnet. Trotzdem ging von dem Kadaver etwas Lebendiges aus: von den sauberen, vollendet gekrümmten Krallen an den Vorderflossen und von den ordentlich unter dem Körper versteckten hinteren Flossen.

Überall im Sand hatten Möwen mit ihren Schwimmhäuten Spuren hinterlassen. Der Rücken des Seehunds war mit weißen Spritzern übersät.

Ich hatte es nicht mit einer Geistererscheinung zu tun, sondern mit ziemlicher Sicherheit mit einem Seehund, der, wie mir meine Nase sagte, bereits seit einiger Zeit tot war.

Die Möwen würden sich noch öfter an ihm gütlich tun. Bis Stórstreymi, wenn das Wasser wieder so hoch ansteigen und den Seehund vielleicht von der Sandbank spülen und dem Meer zurückgeben würde, war noch eine Woche hin.

Als ich den Kadaver betrachtete, empfand ich nichts. Ein Haufen Knochen und verwesendes Fleisch. Nichts ließ darauf schließen, woran der Seehund gestorben war; vielleicht einfach nur an Altersschwäche. Ich fragte mich, ob ich von jetzt an für den Rest meines Lebens dem Tod ins Auge sehen konnte, ohne jemals wieder dieselbe Furcht zu spüren, die er einst in mir ausgelöst hatte. War meine Empfindungslosigkeit vielleicht sogar ein Geschenk? Der Tod war ein Teil des Lebens, der mir sehr vertraut geworden war. Die Trauer und die Angst, die mich fast ein Jahr lang in ihrer Gewalt gehabt hatten, ließen mich langsam los. An ihre Stelle trat eine Leere, die nichts jemals ausfüllen konnte.

Die Wellen liefen auf den Sand. Vom Himmel fielen Regentropfen. Ich richtete den Blick aufs Meer, dorthin, wo das Wasser dunkel und tief wurde. Ich blieb eine Stunde lang bei Toppar. An keinem Ort der Welt wäre ich lieber gewesen. Doch die Flut wollte mich nicht bleiben lassen.

Ein neuer Tag, und ich war noch immer allein auf Little Lava; ich war allein und genoss es.

Ich schlüpfte durch eine Lücke in der Mauer um die Hauswiese und marschierte nach Norden. Da niemand wusste, wohin ich ging, ließ ich besondere Vorsicht walten. Ich bewegte mich nur langsam vorwärts, klopfte den Boden prüfend mit meinem Stock ab und hielt Ausschau nach Löchern und Judassteinen.

Plötzlich nahm ich eine Bewegung wahr: ein Fuchs. Er sah mich im selben Moment wie ich ihn, und als er erstarrte, verschmolz er mit den aschgrauen Steinplatten. Dann rannte er davon, wobei er den Felsbrocken mit unvorstellbarer Geschwindigkeit auswich.

Als ich die Felsspitze mit dem Adlerhorst erreichte, kletterte ich nach oben. Der Horst bestand aus Birkenzweigen und vertrockneten Heidekrautstängeln. Die Mulde war mit Moos und Gras ausgekleidet. Auf den Felsen darunter lagen die blanken, krummen Gräten eines Fischs und ein Haufen grauer Federn mit dunklen Fleischresten, auf denen es von Fliegen wimmelte.

Der Engländer John Wooley frönte der viktorianischen Freizeitbeschäftigung des Vogeleiersammelns. Besonders versessen war Wooley auf die Eier von Seeadlern, die er Mitte des 19. Jahrhunderts in großen Stückzahlen in Schottland einsammelte und so zum Aussterben der Seeadler in dieser Region beitrug. Wooley schrieb: »Wer die ganze Schönheit einer wilden Küste auskosten möchte, dem empfehle ich, sich in einen Adlerhorst zu setzen.«

Ich setzte mich in den Horst. Das Licht war grau und stumpf. Die Küste von Snæfellsnes streckte sich nach Westen aus; im Norden und im Osten waren Berge und Vulkane zu sehen.

Ich erinnerte mich daran, wie ich meinen Islandaufenthalt geplant hatte, und dachte an das Buch, das ich schreiben wollte. Ich hatte mir vorgestellt, dass eine Zeit des Erkundens auf mich zukommen würde und ich in eine exotische, abgeschiedene Umgebung eintauchen würde. Und dass ich eine Menge über die Natur an der Küste erfahren und Island und seine Bewohner kennen lernen würde.

Mein Sommer war etwas anders abgelaufen, als ich ihn mir vorgestellt hatte. Ich hatte die Natur nicht studiert. Ich war einfach nur dort gewesen, wo die Natur war, und hatte mich in ihr aufgehalten.

Wenn Nancy, Will und ich das Watt überquerten und in die Stadt zum Einkaufen fuhren oder einen Besuch auf Stóra Hraun oder auf Snorrastađir machten, war ich oft überrascht, Isländisch zu hören. Ich hatte mich überhaupt nicht bemüht, selbst Isländisch zu lernen.

Das Haus und die Landschaft waren meine Rettung gewesen. Was als Expedition begann, wurde zu einer Suche nach Zuflucht.

Henry Beston zog sich kurz nach dem Ersten Weltkrieg in sein Haus auf der Cape-Cod-Halbinsel zurück. Beston war Soldat in Frankreich gewesen. Er hatte Blutvergießen und Verwüstung nicht nur aus nächster Nähe gesehen, sondern war unmittelbar daran beteiligt gewesen. Welche Albträume nahm er mit in seine Hütte am Strand? Davon spricht er in seinem Buch *The Outermost House*, »Das entlegenste Haus«, mit keinem Wort.

Stattdessen schreibt er über »die Drehung des Sonnenrads, die stets grelle, gebieterische Sonne« und darüber, dass das ganze Leben dem Sonnenzyklus folgt. Er schreibt von Stürmen, Wind und Wellen. Er schreibt über das menschliche Leben und stellt fest, dass »die uralten Werte wie Würde, Schönheit und Poesie, die es stützen, von der Natur beseelt sind und aus den Geheimnissen und der Schönheit der Welt geboren werden«.

Obwohl sein Buch erst 70 Jahre alt ist, wirkt es heute beinahe unzeitgemäß in seiner poetischen Sprache und seiner schwermütigen Weisheit.

Beston schreibt oft und wundervoll über Vögel. Über Küstenvögel, »die dünnbeinige, leichtflüglige Schar der eifrigen Watvögel, die emsig pickend umherlaufen«. Er schreibt über Seeschwalben – über *mackarel gulls,* »Makrelen-Möwen«, wie sie auf der Cape-Cod-Halbinsel genannt werden – und schildert, wie sie jeden Störenfried angreifen, der sich ihrem Nest nähert, wie sie ihre soeben flügge gewordenen Jungen füttern und wie sie vor Sonnenuntergang über den Brechern entlangfliegen, »wie spirituelle Wesen in der Dämmerung«.

Er beschreibt, wie er an einem milden Septembermorgen eine Schar Möwen beobachtete, die auf einer Sandbank rastete. Irgendetwas erschreckte die Möwen, worauf sie sich rasch erhoben und südwärts zogen, »in einem langen, flüchtenden Sturm aus Flügeln«. Beston blickte zum Himmel. »Hoch oben sah ich die Vögel und weit hinter ihnen einen Adler, der sich über das Himmelszelt näherte.«

Als ich in dem Adlerhorst saß und auf das Lavafeld und den dunklen Kegel des Eldborg blickte, hörte ich ein heiseres Krächzen. Ich blickte nach oben und sah das Adlerweibchen, das an seiner Größe zu erkennen war. Sie stieß herab und kreiste schimpfend über mir. Dann flog sie in die Lava und landete auf einem zerklüfteten Hügel. Das Männchen erhob sich von dort, wo das Weibchen gelandet war; es kam auf mich zu, kreiste und beschimpfte mich und kehrte dann wieder an dieselbe Stelle zurück. Ich nahm an, dass sich dort der junge Adler befand.

Der Rückweg nach Little Lava war kalt und beschwerlich. Über dem Westen Islands hatten sich Wolken festgesetzt. Der Wind war stürmisch und böig. Über dem Lavafeld gingen Schauer nieder, graue, wandernde Wände aus Regentropfen. Snæfellsnes sah aus wie eine lange, flache Steinplatte, da seine Gipfel und der Gletscher von den Wolken verhüllt waren.

Das Haus kam ins Blickfeld. Es tat gut, die Lava hinter sich zu lassen und über die weiche Erde zu gehen. Die Blumen auf der Hauswiese waren alle verwelkt, bis auf wenige gelbe, im Gras verstreute Habichtskrautblüten. Als ich mir wie schon so oft in diesem Sommer den Weg durch die Thúfur bahnte, scheuchte ich eine Schnepfe auf. Sie stieß ihren heiseren Schrei aus und flog einen Bogen in Richtung Sumpf. Ich hatte bereits seit mehreren Tagen keine Schnepfe mehr gesehen und fragte mich, ob auch sie aufgebrochen waren. Die isländischen Schnepfen fliegen nach Süden in die Sümpfe und Moore Irlands.

Ich ging ins Haus und machte Feuer. Ich machte mir nichts vor, denn ich wusste, wie kalt es in diesem Haus und in diesem Land im Winter werden konnte.

Wie die Schnepfen war auch ich bereit aufzubrechen. Ich durfte es mir leisten, Little Lava zu lieben, da ich es verlassen konnte.

Ein Besucher aus der Heide

Der Kajak glitt an der Seehundspitze vorbei. Im Wasser spiegelten sich Felsen und Inseln. Die Brise war gerade stark genug, um die Oberfläche zu riffeln und die Details verschwimmen zu lassen.

Vier Regenbrachvögel flogen mit langen, baumelnden Beinen über mich hinweg. Weiter oben bahnte sich ein Zug Gänse den Weg über den Himmel. Sechs Schwäne – die weißen Eltern und vier dunkle Junge – schwammen ans Ufer der Lagune, watschelten in das Gras im Salzsumpf und begannen zu fressen.

Ich schlüpfte zwischen den Stóra-Hraun-Inseln durch. Auf der Sandbank rasteten Scharen von Eiderenten. Ausnahmsweise musste ich einmal nicht gegen den Wind ankämpfen. Der Kajak glitt sanft über Löngufjörur. Ich hatte kein bestimmtes Ziel im Auge. Da Nancy und Will noch immer in der Stadt waren, musste ich nicht zu einer vereinbarten Uhrzeit zurück sein, und niemand würde sich Sorgen machen, wenn ich zu lange unterwegs war.

Ich hörte auf zu paddeln. Das Boot lief auf Grund, blieb stehen und schaukelte sanft auf dem Wasser, das dieselbe perlmutterne Farbe hatte wie der Himmel. Ich saß im Boot und hatte das Gefühl, zwischen Himmel und Erde zu schweben.

Als an jenem Abend die Ebbe einsetzte, näherte sich ein Pick-up unserem Parkplatz. Ich saß gerade am Küchentisch und schrieb in mein Notizbuch. Der Pick-up rangierte hin und her, bis er in Richtung Lagune zu stehen kam. Die Scheinwerfer blendeten zweimal auf.

Ich ging über die Hauswiese. Der Mann, der auf mich zukam, passierte forschen Schrittes den Sumpf auf der anderen Seite. Wir erreichten beide zur selben Zeit das Watt und trafen uns in der Nähe des Stakkholtssteinn.

Heiđar grinste breit, breitete die Arme aus und drückte mich ungestüm an sich. Für einen Isländer war dieses Benehmen eher extrovertiert, aber schließlich war Heiđar kein gewöhnlicher Isländer.

»Hallo, mein Freund«, begrüßte er mich. Er ging einen Schritt zurück und musterte mich von oben bis unten. »Du siehst gut aus.«

»Du auch«, entgegnete ich, und es hatte tatsächlich den Anschein, als würden die Dinge gut laufen für Heiđar. Laut Kalender war noch immer Sommer, was bedeutete, dass er als Führer beim Lachsfischen arbeitete. In einem Monat würde er sich wieder als Jäger verdingen, was er auch acht Jahre zuvor getan hatte, als ich ihn in den Westfjorden kennen gelernt hatte. Er trug nagelneue, brusthohe Anglerstiefel einer exklusiven amerikanischen Firma, eine hellbraune Weste mit zahlreichen Taschen über einem Wollpullover mit Lederflicken an den Ellbogen und eine Kappe mit langem Schirm, dazu eine getönte Brille, die ich noch nie an ihm gesehen hatte. »Die?«, sagte er. »Die brauche ich, damit ich die Fische im Wasser sehe.« Er nahm die Brille ab und steckte sie in ein Etui. »Sehr nützlich und sehr teuer.« Er blickte zu Little Lava hinüber. »Ich hatte keine Ahnung, dass das Haus so abgeschieden liegt.«

Wir machten uns auf den Weg.

Ich hatte Heiđar im Dezember zuvor besucht, als ich in Island war, um Little Lava erstmals in Augenschein zu nehmen; Pétur hatte mich bei ihm zu Hause in Reykjavík abgesetzt. Wir saßen in Heiđars Wohnzimmer und tranken Kaffee. Draußen war es dunkel und regnete in Strömen. Seine Frau war in der Küche, kam aber nicht heraus, um mich zu begrüßen; ich fragte mich, ob das zu bedeuten hatte, dass Heiđar öfter Gäste empfing, die nur wenig mit seiner Frau gemein hatten. Im Hintergrund lief amerikanische Country-Musik im Radio. Ein Moderator sagte irgendetwas auf Isländisch, dann ertönte ein Song mit dem nasal gesungenen Refrain: »*There's something women like about a pickup man.*« – »Es gibt etwas, das Frauen an Schwerenötern gefällt.«

An jenem Abend bot Heiđar an, mir ein Gewehr Kaliber 22 für den Sommer zu leihen. Damit hätte ich Seehunde schießen können (»Iss nur den Rückenstreifen«, riet er mir, »und lass die Finger vom Rest«) und hin und wieder ein Schneehuhn oder sogar einen großen, fleischigen Austernfischer. Ich entschied mich jedoch, das Gewehr nicht auszuleihen, und kam nicht dazu, mich mit Heiđar in Verbindung zu setzen, als ich zu Beginn des Sommers nach Island zurückkehrte. Aber ich erinnerte mich daran, dass er Ende August als Führer am Haffjarđará arbeitete, fuhr zu dem Anglerhotel und hinterließ dort eine Nachricht für ihn.

»Hast du gleich hergefunden?«

»Ich habe bei dem Bauernhaus angehalten und gefragt«, sagte Heiđar. »Ich war gestern schon mal hier, aber da war Flut.« Er entdeckte die Lücke in der Stufe zum Sumpf und schlüpfte rasch hindurch. »Hast du schon Fische gefangen?«

»Nicht einen einzigen.«

Er blieb stehen und sah mich erstaunt an.

Ich zuckte mit den Achseln und führte verschiedene Ausreden an. Dann erzählte ich ihm von meinem Kajak und dass ich mit ihm eine völlig neue Seite von Löngufjörur entdeckt hatte. Und ich berichtete über die Adler und wie ich ihren Horst gefunden hatte. Wir stapften über die Hauswiese. Vor dem Haus blieben wir auf den Stufen stehen. Der Himmel verdunkelte sich; von Westen zog eine Wolkenbank heran.

Ich bot Heiđar etwas zu essen an, doch er hatte keinen Hunger. »Du kannst dir gar nicht vorstellen, wie viel man in der Ferienanlage vorgesetzt bekommt«, sagte er und ließ sich auf den Walknochenstuhl fallen. »Lauter Delikatessen. Nur vom Feinsten. Sie haben dort einen Koch, einen Isländer – der, bei dem du die Nachricht hinterlassen hast. Du musst unbedingt zum Abendessen vorbeikommen, ich kann das arrangieren. Morgen, wenn ich vom Fluss zurückkomme. Ich hole dich ab.«

»Vorerst«, meinte er und grinste, »hätte ich nichts gegen einen Whiskey ...« Im Dezember hatte mich Heiđar bei sich zu Hause gebeten, eine Flasche seines Lieblingswhiskeys bereitzuhalten, Johnnie Walker Black. Als ich am Flughafen im Duty-Free-Shop war, hatte ich nicht mehr an seine Bitte gedacht. Doch ich hatte eine Flasche Scotch im Regal stehen, einen edlen Tropfen von den Orkneyinseln. Ich stellte die Flasche auf den Tisch und holte zwei Gläser.

»Eine Schande, so einen guten Whiskey an mich zu verschwenden«, meinte Heiđar lachend, knöpfte eine der Taschen an seiner Weste auf und holte eine Coca-Cola-Dose heraus. Er goss eine großzügige Menge Whiskey in sein Glas und schüttete einen Schuss Cola dazu.

»Ihr hattet einen schönen Sommer«, sagte er. »So warm und sonnig.« Draußen ließ das Licht nach, und Wolken verhüllten die Berge. Als sich Heiđar eine Zigarette anzündete, betonte die Flamme des Streichholzes seine Wangenknochen. Auf dem Fensterbrett stand eine Schale mit einer Kerze. Ich zündete die Kerze an.

Heiđar erzählte mir von den Anglern, die er betreut hatte: eine ungarische Baronin, den Vizepräsidenten einer Bank in Manhattan und ein Konsortium Goldschürfer aus den Vereinigten Staaten, Schottland und Südafrika. Letztere hatten vor, in Island nach Gold zu suchen, wo dieses Edelmetall bislang noch nicht auf kommerzieller Basis abgebaut wird. »Sie sagen, Island sei der neue Wilde Westen«, erzählte Heiđar. »Ich fuhr sie durch die Gegend, und als wir anhielten, hoben sie am Straßenrand einen Stein auf – das Straßenbauamt hat dort Füllmaterial aufgeschüttet. Und sie meinten: ›Mein Gott, Heiđar, woher stammt dieser Stein?‹«

»Du hast wirklich mit den ganz großen Nummern zu tun«, sagte ich.

Heiđar erwiderte völlig ernst: »Das liegt daran, dass ich der beste Lachsführer in Island bin.«

»Wer war die berühmteste Persönlichkeit, die du jemals betreut hast?«

»Tja«, Heiđar blies Zigarettenrauch aus der Nase, »ich würde sagen …« Er hielt inne. »Ted Turner und Jane Fonda. Das war vor ein paar Jahren. Leider konnte ihr Flugzeug in Atlanta wegen eines Gewitters nicht starten.« Er zuckte mit den Achseln. »Also haben sie ihren Angeltrip abgesagt.« Er schenkte sich noch einmal ein.

»Was macht die Schneehuhnjagd?«

»Die läuft hervorragend. Ich habe natürlich noch immer Nóra. Sie ist ein großartiger Hund. Und der Pointer macht sich auch sehr gut – der Hund, den ich aus Schweden bekommen habe. Weißt du, früher habe ich mit der Rjúpa-Jagd meinen Lebensunterhalt verdient. Ich brauchte das Geld, also musste ich auch dann auf die Jagd gehen, wenn das Wetter schlecht war, bei Regen, Schnee und Kälte. Jetzt jage ich in erster Linie zum Vergnügen. Die Lachsfischerei läuft so gut, dass ich es mir erlauben kann, nur dann auf die Jagd zu gehen, wenn ich Lust dazu habe.«

»Wie groß ist denn deine Ausbeute?«

»Früher habe ich im Jahr etwa 600 Vögel geschossen. Jetzt sind es nur noch um die 200. Ich verkaufe sie nur noch an Freunde und Bekannte und nicht mehr an Restaurants.«

»Ich erinnere mich gern an die Zeit, als wir beide mit Venni und Einar in den Westfjorden auf die Jagd gegangen sind.«

Heiđar nickte. »Das ist eine gute Gegend, um zu jagen.« Er drückte seine Zigarette aus und nahm eine neue aus der Schachtel. »Und, bekommt ihr hier *tóur* zu Gesicht?«

Tóur, »to-er« ausgesprochen, ist der Plural von »Fuchs«.

»Als ich im Mai hier ankam, haben sie eine Menge Radau veranstaltet«, sagte ich. »Nancy hat in der Lava einen Fuchsbau entdeckt, vor dem zwei Junge spielten. Manchmal sehen wir sie beim Jagen. Sie kommen her und fressen die Essensreste, die wir wegwerfen.«

Heiđar verzog das Gesicht, legte den Kopf in den Nacken und stieß ein langes, klagendes Heulen mit einem kehligen Unterton aus. Dann sah er mich grinsend an. Er lehnte sich im Stuhl zurück und heulte noch einmal. Es klang genauso wie der Fuchs, den ich am Anfang des Sommers gehört hatte, dessen Laute in der Lavaheide hin und her zu wandern schienen.

»Heiđar« bedeutet Heide und ist der zweite Vorname meines Freundes. Sein eigentlicher Name lautet Ásgeir. Die meisten kennen ihn als Ásgeir Heiđar, doch seinen Freunden gestattet er, ihn nur Heiđar zu nennen, und so stellte er sich auch mir vor. Er erzählte mir, dass sein Vater Däne sei und weder seine Mutter geheiratet und noch ihn als seinen Sohn anerkannt habe. Deshalb sieht Heiđar auch keine Veranlassung, seinen Vater anzuerkennen, indem er seinen Namen benutzt. Er ist einer der weniger Männer in Island, die kein »-sson« im Namen tragen – wie in Jónsson, Magnússon, Snorrason oder Hjartarson.

»Die Füchse töten tatsächlich Schafe«, sagte Heiđar. Er schenkte sich noch einen Whiskey mit einem Schuss Cola ein. »Sobald ein Fuchs gelernt hat, Schafe zu töten – indem er einen anderen Fuchs dabei beobachtet oder es selbst lange genug übt –, macht er für den Rest seines Lebens Jagd auf Schafe. Deshalb erschießen die Bauern Füchse.«

Ich sagte, dass ich mir kaum vorstellen könne, wie es einem zierlichen, schlanken Fuchs von etwa fünf Kilo gelang, ein stämmiges isländisches Schaf von annähernd 50 Kilo zu töten.

»Sie beißen ihnen immer und immer wieder ins Gesicht.« Heiđar machte eine schnelle, schnappende Bewegung mit einer Hand. »Das Schaf verblutet. Einmal sah ich, wie ein Fuchs lange Zeit im Kreis um ein Schaf lief und überlegte, wie er es töten konnte. Ich weiß nicht, ob ihm etwas eingefallen ist.«

»Füchse fressen haufenweise Vögel. Ein Fuchs kann sechs Vögel auf einmal im Maul tragen und zu seinen Jungen bringen.« Heiđar nahm seine Zigarette aus dem Mund, legte den Kopf in den Nacken und heulte erneut, fünf- oder sechsmal hintereinander. Das klagende Heulen erfüllte das dunkle Haus. Er nahm einen Schluck aus seinem Glas und stellte es wieder ab. »Eines Nachts, als meine Angler alle in der Hütte schliefen und ich noch am Fluss war, hörte ich am anderen Ufer einen Fuchs heulen. Ich erwiderte sein Heulen. Er muss sich in mich verliebt haben. Wir heulten uns stundenlang an.«

Ich schenkte uns beiden nach. Der Scotch hatte einen rauchigen, erdigen Geschmack; ich genoss jeden Tropfen. Nach jedem Schluck brannte mein Rachen, und ein leichtes Zittern überkam mich. Ich merkte, dass ich immer betrunkener wurde. Ich war seit Jahren nicht mehr betrunken gewesen. Mein Gesicht fühlte sich warm an, meine Lippen waren taub, und meine Hand bewegte sich langsam, als ich das Glas an die Lippen setzte. Mein Kopf war klar und arbeitete auf Hochtouren.

Ich erinnerte mich an eine Geschichte, die mir Heiđar irgendwann erzählt hatte. »Erzähl mir noch mal, wie du den Adler gefangen hast.«

Heiđar grinste. »Ich habe Fotos von ihm gemacht. Ich zeige sie dir irgendwann mal.«

Es war Sommer. Heiđar kletterte auf den Berg hinter dem Bauernhof, wo wir zusammen Schneehühner gejagt hatten. Heiđars Frau, Einar und seine Frau und deren zwei Töchter angelten in dem Bach, der das Tal hinabfloss. Sie hatten Heiđars Labradorhündin Nóra bei sich.

Der Adler kreiste über dem Berg. Als er einem Falkennest zu nahe kam, flogen die Falken auf und stießen von oben auf den Adler herab. Die schnelleren, wendigeren Falken attackierten den größeren Vogel so lange mit ihren Krallen, bis sie ihn zu Boden zwangen. Der Adler rammte einen Felsvorsprung und kauerte sich verstört und keuchend hin.

Heiđar näherte sich dem Adler und fotografierte ihn. Er rechnete damit, dass er jeden Moment davonfliegen würde. Es war ein riesiger Adler mit hellem Kopfgefieder. Heiđar zog seinen Pullover aus und warf ihn über den Vogel. Dann band er ihm mit einem seiner Schnürsenkel die Füße zusammen. Der Adler wehrte sich nicht, als er ihn hochhob. Heiđar kletterte mit dem Adler in den Armen vom Berg herunter. Als er sich seiner Frau und seinen Freunden näherte, rief er sie, doch sie hörten ihn nicht, weil der Bach so laut rauschte. Heiđar hatte eine Hundepfeife in der Tasche. Als er sie blies, sah Nóra auf und rannte auf ihr Herrchen zu; ihr plötzliches Verschwinden erregte die Aufmerksamkeit von Heiđars Frau und seinen Freunden.

Als alle zu ihm blickten, nahm Heiđar sein Messer, schnitt die Fesseln des Adlers durch und warf ihn in die Luft. Der riesige Vogel sauste dicht über den Köpfen seiner Freunde hinweg. Dann schlug er mit den Flügeln und flog davon.

»Kurz bevor ich ihn losließ«, erzählte mir Heiđar, »sah mich der Adler an. Er starrte mir in die Augen, als wollte er mir sagen: ›Wie kannst du es wagen, mich anzufassen?‹«

Die Kerze, mein Gesicht und Heidars Gesicht spiegelten sich im Fenster wider. Heidar trank sein Glas leer und stellte es schwungvoll auf den Tisch. Dann trug er ein isländisches Gedicht vor, das er selbst verfasst hatte. Es war voller Alliterationen und Binnenreime und verglich seine Feinde mit den Würmern, die man in Kabeljaus findet. Es folgte ein weiteres Gedicht, das angeblich von liederlichen Frauen vom Land handelte. Heiđar erzählte mir, dass das Goldsucher-Konsortium plante, einen Lachsfluss zu pachten und ihn zum Flussaufseher zu machen. Sie wollten ihm ein königliches Gehalt dafür bezahlen, dass er den Fluss bewachte und sie betreute, wenn sie angeln gingen. Er beteuerte noch einmal: »Ich bin der beste Lachsführer von ganz Island«, und fügte hinzu: »Außerdem bin ich der letzte Jäger Islands.«

Wir reichten die Flasche hin und her, bis sie leer war. Heiđar meinte, ich solle auf Dauer nach Island ziehen. Er bot mir an, mir alles über das Land beizubringen. Er wollte mich an die besten Orte für die Rjúpa- und Gänsejagd mitnehmen. Er wollte mir zeigen, wie man Fische fängt. Er wollte mit mir ins Ödland im Landesinnern fahren und mir verraten, wo sich die heißen Quellen befanden, die Pfade und die Oasen und die Höhlen. »Ich werde dir alles zeigen«, versprach er.

Ich war mir sicher, dass er es ernst meinte, und wog das Angebot in Gedanken ab. Nancy würde einem solchen Schritt zweifellos zustimmen – vielleicht würde sie sogar darauf drängen. Will war jung genug, um noch Isländisch zu lernen; was mich betraf, hatte ich in dieser Hinsicht allerdings keine großen Hoffnungen. Mom war nicht mehr am Leben – auch sie war also kein Hinderungsgrund. Island war ein wunderschönes, verlockendes Land. Doch es würde schwierig für mich werden, wenn nicht gar unmöglich, dort meinen Lebensunterhalt als Schriftsteller zu verdienen. Vielleicht könnte ich es als Jäger oder als Jagdgehilfe schaffen, zusammen mit Heiđar. Doch ich hatte meine Wurzeln in Pennsylvania. Und der Winter im Norden war ein langer, Furcht erregender Tunnel, für den einen das Licht des Sommers nicht entschädigen konnte.

Als ich Heiđar anbot, ihn auf dem Rückweg über den Sumpf zu begleiten, lehnte er ab. »Nein«, sagte ich, »du kennst den Weg nicht. Du könntest hinfallen und nass werden.« Für einen Isländer mit Heiđars Erfahrung in der freien Natur war diese Bemerkung eine Beleidigung. Aber ich wollte nicht, dass dieser offensichtlich glückliche Mann das Glück von Little Lava fortnahm.

Im Freien urinierten wir gegen einen grasbewachsenen Hügel. Die Hauswiese sah aus wie eine wellige Decke. Der Wind trug den Geruch des Meeres zu uns. Der Himmel hatte sich zugezogen. Es war bereits nach Mitternacht, und das Licht war schwach.

»Wir gehen jetzt *ađ thúfaganga*«, verkündete Heiđar. Torkelnd setzte er sich zwischen den Hügeln in Bewegung. »Los, komm!«, rief er mir über die Schulter zu. Ich lief los.

Wir rannten den Hang hinunter. Es war verrückt. Ein falscher Schritt, und ich hätte mir einen Knöchel verstauchen oder ein Knie ruinieren können.

Ich folgte Heiđar, als er durch eine Lücke im Stacheldrahtzaun preschte. Wir rannten über den Sumpf und scheuchten Schafe auf, die mit polternden Hufen über den feuchten Boden Reißaus nahmen. Wir sprangen über die gewundenen Bäche. Die Rispen der Wollgräser schwebten wie Sterne über dem schwarzen Untergrund; wir flogen über sie hinweg.

Wir sprangen hinunter aufs Watt, befreiten uns aus dem klebrigen Schlick, liefen zum Stakkholtssteinn. Dann verlangsamten wir unser Tempo und marschierten schwer atmend und lachend weiter. Die Priele schlängelten sich über die silbrig glänzende Fläche. Ein schwacher Lichtstreifen markierte den Horizont. Als wir auf der anderen Seite des Watts ankamen, fingen wir wieder an zu laufen, zwischen den Thúfur hindurch, bis wir Heiđars Pick-up erreichten. Keiner von uns war hingefallen, obwohl ich zweimal gestolpert war und mich mit den Handflächen im Schlamm und im Gras abstützen musste.

Heiđar lachte noch immer, als er die hintere Tür der Fahrerkabine seines Pick-ups öffnete. Seine Hunde sprangen heraus. Nóra rieb ihre feuchte Nase an meiner Hand und wedelte mit dem Schwanz; die Pointerhündin Nella wollte ebenfalls gestreichelt werden. Ich spürte die samtenen Ohren, die Rippen, den keuchenden Atem und die warmen Zungen der beiden Hunde. Es schien, als lachten sie ebenfalls.

Ich schüttelte Heiđar die Hand. Wir umarmten uns noch einmal und vereinbarten, wann ich zum Abendessen in das Hotel kommen sollte. Heiđar stieg in den Wagen und startete den Motor.

Auf dem Rückweg sog ich die unzähligen Gerüche des Sumpfs ein. Ein Rotschenkel erhob sich in die Nacht und stieß einen Schrei aus, der so rein und wild und unwissend war, dass mir das Herz lachte. Auf der anderen Seite des Watts sah ich den winzigen Lichtpunkt der Kerze, die auf Little Lava am Fensterbrett stand. Sie führte mich zurück.

Überquerung

Nancy und Will waren seit einer Woche wieder aus Reykjavík zurück. Wir waren damit beschäftigt, das Haus auf unsere Abreise vorzubereiten. Ich nahm die geologische Karte von Snæfellsnes von der Wand, faltete sie zusammen und verstaute sie in meinem Rucksack. Anschließend warf ich einen Blick in meinen Taschenkalender und zählte die Kreuze in der rechten oberen Ecke der Seiten. Ich kam auf 102: Im Lauf des Sommers hatte ich 102-mal den Sumpf und das Watt überquert. Das klang nach ständigem

Während des Morgenspaziergangs. © Gary Thornbloom

Kommen und Gehen, obwohl ich eigentlich den Eindruck hatte, diese Zeit an einem Ort verbracht zu haben, verwurzelt gewesen zu sein, zu Hause. Unser vorletzter Tag auf Little Lava: Mein Morgenspaziergang würde der letzte sein.

Ich fragte mich, wie lange es dauern würde, bis alle Spuren unserer Anwesenheit verwischt waren. Wie viele Monate würden vergehen, bis der verdorbene Skyr und die Papierschildchen an den Teebeuteln auf dem Abfallhaufen verrottet waren? Wie lange würde das Gras brauchen, um den Pfad, den wir zur Quelle ausgetreten hatten, verschwinden zu lassen? Wie oft musste die Flut kommen, um unsere Fußspuren im Sand zu verwischen?

Little Lava würde mir fehlen. Trotzdem freute ich mich auf die bewaldeten Hügel meiner Heimat. Die Zeit glitt dahin wie ein Kajak, der von der Strömung und vom Wind vorangetrieben wird. Ich war bereit für jede Herausforderung, die auf mich zukam.

Will und ich gingen mit seinem Drachen nach draußen und ließen ihn in das klare, vollkommene Blau aufsteigen. Will setzte sich auf meinen Schoß und hielt die Schnur. Das Sonnenlicht brachte das Watt zum Glitzern. Der Sumpf erstrahlte in den Farben des Herbsts. Am Ende der Halbinsel ragte der Snæfellsjökull rein und weiß empor; sein Gipfel war die einzige Wolke am Himmel. Der Tag war ein vergängliches Geschenk. Ich erinnerte mich daran, dass jeder Tag ein vergängliches Geschenk ist.

»Da kommt jemand«, rief Nancy und griff zu ihrem Fernglas. »Es ist Pétur.«

Mit einem Rucksack auf dem Rücken kam Pétur übers Watt auf uns zu. Wir empfingen im am Rand der Hauswiese.

Er wollte ein paar Tage bleiben, um zu fotografieren und zu zeichnen. Er hatte Lammsteaks und eine Flasche Wein für unser letztes Abendessen auf Little Lava dabei.

Am Morgen verabschiedeten wir uns. Nancy, Will und ich stapften hinunter zum Sumpf. Nancy weinte. Wir marschierten über das Watt. Als wir beim Auto ankamen, blickten wir ein letztes Mal zurück. Das Haus verschmolz mit der Lava. Eine große Gestalt überquerte die Hauswiese in Richtung Haus.

Ich nahm meinen Rucksack ab.

Dank

Zur Entstehung dieses Buchs haben viele Menschen beigetragen. Allen voran half mir meine Frau Nancy Marie Brown, indem sie mich während der qualvollen, zermürbenden Monate unterstützte, die auf den Tod meiner Mutter folgten; sie bewies das richtige Gespür und bestärkte mich darin, an unseren Islandplänen festzuhalten. Sie übersetzte Textstellen und Gespräche, half mir dabei, mich an Begebenheiten und Ereignisse zu erinnern, die ich vergessen hatte, und sie las mehrmals das Manuskript und machte Verbesserungsvorschläge. Manchmal vergesse ich, ihr zu sagen, wie sehr ich ihre Fähigkeiten und ihre unerschütterliche Loyalität zu schätzen weiß.

Leonard Rubinstein hat eine frühe Rohfassung gelesen, ihre Mängel erkannt und mir gezeigt, wie ich sie beseitigen kann. Er war mein Lehrmeister und ist bis heute mein Freund geblieben; ich kenne niemanden, der mehr Fingerspitzengefühl im Umgang mit Texten besitzt als er.

Mein Lektor Paul Elie wusste immer, wann es an der Zeit war, mich anzurufen und zu fragen, wie es mit dem Buch voranging, und wann es besser war, mich in Ruhe zu lassen. Auch er half mir zu erkennen, was ich erzählen wollte und musste.

In Island waren zwei Freunde unentbehrlich: Thórđur Grétarson half mir beim Kauf eines Autos (das er nach unserer Abreise auch wieder verkaufte) und lotste mich auch bei anderen Gelegenheiten durch die moderne isländische Gesellschaft. Er spürte alte Bücher und Dokumente für mich auf, übersetzte

Passagen daraus und las einen Manuskriptentwurf. Pétur Baldvinsson half mir beim Herrichten des Hauses auf Little Lava und erwies sich auch in vielen anderen Angelegenheiten als treuer Gefährte. Seine Zeichnung des Hauses ziert die neunte Seite.

Thórđurs Eltern Grétar Guđbergsson und Gúđný Thórđardóttir waren so liebenswürdig, uns mit offenen Armen in ihrem Heim aufzunehmen, während wir uns in Reykjavík aufhielten. Sie waren überaus reizend, ganz besonders zu unserem Sohn William.

Anna Gyđa Gylfadóttir und ihre Mutter Oddný haben es uns ermöglicht, auf Little Lava zu wohnen. Sie hängen sehr an diesem Familiensitz, und ich bin ihnen dankbar, dass sie uns den Sommer dort verbringen ließen. Dank gebührt auch ihren Verwandten Haukur Sveinbjörnsson und Ingibjörg Jónsdóttir von Snorrastađir, die uns die Erlaubnis gaben, auf ihrem Grund und Boden zu wandern, und sich auch sonst in vieler Hinsicht sehr entgegenkommend zeigten.

Schließlich möchte ich mich noch ganz besonders bei der Familie von Stóra Hraun bedanken: bei Kristján, Margrét, Arilíus, Kristín, Jón Thór, Guđlaug, Sigurveig und Thóra (die Will aus der Jauchegrube rettete, ein Abenteuer, das auf diesen Seiten nicht auftaucht). Sie waren wunderbare Nachbarn.

Folgenden Personen gilt ebenfalls mein Dank (ich zähle sie in keiner bestimmten Reihenfolge auf und bitte bei all denen um Entschuldigung, die ich versehentlich vergessen habe): Kristinn Skarphédinsson und Haukur Jóhannesson vom Náttúrufræđistofnun Íslands, Hjörtur Hinriksson und seiner Familie auf Helgafell, Sólveig Gunnarsdóttir, Vésteinn Jónsson, Magnús Jóhannsson und Anna Mariá Áugústsdóttir, Ástfríđur Sigurđardóttir, Kristín Vogfjörđ, Guđrún Bjarnadóttir, Guđmundur Páll Òlafsson, Bernard Scudder, Patrick J. Stevens von der Cornell University's Fiske Icelandic Collection, Matthew Driscoll, Nigel Foster, Larry Edwards, Ralph Diaz, Richard Fortmann und Anne

Crowley, Bob Montler, Dale Gericke und Elizabeth Llewellyn, John und Amy Bravis, Margaret Brittingham, Upton Brady, Lynn Warshow, Icelandair und Feathercraft Kayaks.